DAS WINTER KOCHBUCH

Jane Lawson

DAS WINTER KOCHBUCH

120 REZEPTE DIE LEIB UND SEELE WÄRMEN

Christian Verlag

INHALT

EINFÜHRUNG 06

GEGEN DEN WINTERBLUES 10
WAS UNS WÄRMT [illegible]
IM LUXUS SCHWELGEN 166
FEIN UND FESTLICH TAFELN 226

DANK 280
REGISTER 282

EINFÜHRUNG

Wie oft habe ich mich schon gefragt, was sich das Schicksal wohl dabei gedacht haben mag, als es mich in Australien auf die Welt kommen ließ. Ich verabscheue die Schwüle, die im Sommer auf dem Land lastet, und sehne mich derweil nach dem Winter mitsamt seinen herzhaften und deftigen Speisen. Es kommt vor, dass ich an einem brütend heißen Weihnachtstag die Klimaanlage bis zum Anschlag aufdrehe, nur um vor dem Kamin einen Glühwein genießen zu können. Und während ich darauf warte, dass der gefüllte Truthahn mit in Gänseschmalz gebräunten Kartoffeln und süßlich-würzigem Rotkohl fertig gart, freue ich mich schon auf das anschließende üppige Dessert.

Meine Begeisterung für weiße Weihnachten nahm ihren Anfang, als man mir in meiner Kindheit erzählte, mein Urgroßvater väterlicherseits sei ein wagemutiger Kapitän aus Deutschland gewesen. In meinen Träumen stellte ich mir einen Seebären vor, der ein prächtiges Segelschiff aus Holz durch eisige Fluten steuerte. In seinem buschigen Nikolausbart glitzerte die vom tosenden Wind hochgepeitschte Gischt, und ab und zu holte er seinen Flachmann hervor, um einen kräftigen Schluck Schnaps daraus zu nehmen. Ich sah ihn in der Messe sitzen, umgeben von seiner Mannschaft, die gebannt seinen Erzählungen von Fahrten über die Weltmeere lauschte. Alle hatten mächtige Stücke von geschmortem Fleisch und Berge von Sauerkraut auf ihren Tellern und grölten schunkelnd derbe Seemannslieder. Ordentlich berauscht fiel der Held meiner Fantasien schließlich in seine Koje, um am nächsten Tag wieder in alter Stärke den Elementen zu trotzen.

Von meinen deutschen Wurzeln entschieden mehr fasziniert als von den australischen, sehnte ich als Jugendliche oft den Tag herbei, an dem ich endlich meine »wahre Heimat« besuchen würde. Dabei tauchten vor meinem geistigen Auge Bilder von Burgen und Blumenwiesen auf, von Schwarzwälder Kirschtorte, Brezeln und Männern in Trachtenjanker und Lederhose.

Im Lauf der Zeit versuchte ich, im weitläufigen Verwandtenkreis meines Vaters mehr über dieses geheimnisvolle Kapitel meiner Herkunft zu erfahren, stieß dabei jedoch trotz meiner Hartnäckigkeit immer wieder auf eine Mauer des Schweigens. Als ich längst erwachsen war, offenbarte man mir, mein geliebter zur See fahrender Urgroßvater sei nichts weiter als ein Hirngespinst gewesen. Mein Großvater habe, wie es hieß, die Geschichte aus unerfindlichen Gründen in die Welt gesetzt, und mein Vater habe den Mythos weiter am Leben erhalten, bis er dann selbst das Zeitliche segnete.

Meine Träume zerplatzten damit wie Seifenblasen, doch das konnte meiner so lange genährten Begeisterung für jene europäischen Länder, in denen Väterchen Frost zu Hause ist, nichts anhaben. Von all den Gegenden der Welt, die ich bisher gesehen habe, haben es mir die Schneeregionen in Europa am meisten angetan. Bergdörfer in den Alpen, Märchenschlösser, gotische Kirchen, rustikale Hütten, kleine Gassen mit holprigem Kopfsteinpflaster, murmelnde Gebirgsbäche, Kuhglocken, Weihnachtsmärkte mit ihrer stimmungsvollen Beleuchtung und der liebliche Duft von Glühwein und Maronen, die über der Glut rösten, haben mich schon buchstäblich zu Tränen gerührt. Zu winzigen Tränen in perfekter Schneeflockenform natürlich!

Außer köstlichen Erinnerungen bringe ich von meinen Reisen immer auch Rezepte mit. So sind viele der in diesem Buch vorgestellten Zubereitungen von den Streifzügen inspiriert, die ich in den letzten Jahren durch Deutschland, Österreich, Tschechien und Ungarn, Russland und das Baltikum, Skandinavien, Frankreich, die Schweiz und Italien unternommen habe.

Jedes dieser Länder pflegt seine eigene, unverwechselbare Esskultur, und dennoch entdeckt man auch Entsprechungen oder zumindest gewisse Parallelen. Beispielsweise hatte ich immer gemeint, der Borschtsch sei eine einzigartige Spezialität Russlands und der Ukraine, bis mir auch in anderen Teilen Europas ähnliche, wenngleich vielleicht weniger aufwendige Rote-Bete-Suppen begegneten. In Anbetracht der Vergangenheit Tirols und Südtirols verwundert es nicht, dass es Pendants zu den italienischen Gnocchi auch auf der österreichischen Seite gibt. Die Ungarn backen herrliche Mohnkuchen, die man unter anderen Namen ebenso in Polen finden kann, möglicherweise angereichert mit einer zusätzlichen würzenden Zutat, die in der ungarischen Küche undenkbar wäre. In Finnland erfreuen sich karelische Piroggen großer Beliebtheit, die ursprünglich aus Russland stammen, und was den Deutschen der Glühwein, ist den Skandinaviern ihr Glögg, der Mandeln und Rosinen enthält.

In all diesen Fällen hat man sich aus dem kulinarischen Fundus direkter oder entfernterer Nachbarländer Zubereitungen herausgepickt, die vorzüglich auch in die eigene Küche passten, und sich zu eigen gemacht. Ganz ähnlich hatte ich mir zum Ziel gesetzt, möglichst viele Varianten eines bestimmten Rezepts ausfindig zu machen, um dann aus diesen die für meinen Geschmack optimale Version zu entwickeln. Puristen werden einen solchen Ansatz kaum gutheißen, weil Traditions- oder gar Nationalgerichte als unantastbar gelten. Ich hingegen empfinde derartige Neuinterpretationen als Bereicherung. Nicht anders haben sich letztlich die Küchen von Regionen und Ländern über die Jahrhunderte weiterentwickelt und verfeinert.

Damit die Zubereitungen dem Geschmack des Originals möglichst nahekommen, empfehle ich, bei den von mir genannten Zutaten zu bleiben. Die meisten dürften ohne jede Mühe erhältlich sein, anderes wie etwa der Schwarzkohl ist auch außerhalb seiner italienischen Heimat auf Bauernmärkten allmählich im Kommen. Und bei außergewöhnlichen Zutaten, zum Beispiel Melasse oder auch Konfitüre von Moltebeeren, werden Sie über das Internet fündig. Lassen Sie sich von der Länge vieler Rezepte nicht abschrecken. Denn bei näherem Hinsehen werden Sie feststellen, dass die meisten eigentlich aus mehreren kleinen Rezepten für Einzelzubereitungen bestehen, die man auch solo oder als Ergänzung zu anderen Gerichten servieren kann. Und wenn ein Rezept doch einmal etwas mehr Zeit und Aufwand erfordert, dann wird dieser Einsatz dadurch wettgemacht, dass sich eine größere Menge ergibt und man die Reste hervorragend nochmals aufwärmen oder auch einfrieren kann.

Nachfolgend präsentiere ich Ihnen eine kleine, aber erlesene Auswahl aus den zahlreichen herzhaften und süßen Speisen, die ich im Winter nicht nur unglaublich gern esse, sondern mit derselben Lust zubereite. Schon wenn sich in der Küche allmählich die warmen, würzigen Aromen ausbreiten, empfinde ich das als großes sinnliches Vergnügen. All jene, die den Winter nicht zuletzt wegen seiner kulinarischen Genüsse genauso lieben wie ich, finden hier hoffentlich reichlich Stoff zum Schwelgen.

Eine Woche bevor dieses Buch in Druck ging, feierte ich meinen vierzigsten Geburtstag, und bei diesem Anlass machte mir die jüngste Schwester meines Vaters unbeabsichtigt ein wunderbares Geschenk: Sie hatte aus persönlicher Neugier Nachforschungen angestellt und dabei, wie sie mir nun erzählte, herausgefunden, dass meine Urgroßmutter väterlicherseits aus Deutschland stammte. Und als wäre das nicht genug, erfuhr ich dann noch, dass sich ihr Heimatort ganz nahe an der Grenze zu Dänemark befunden hatte. Ich war überwältigt – und bin es, während ich diese Zeilen schreibe, erneut –, hatte ich mich doch auch in diesem Land spontan sehr zu Hause gefühlt und bei Begegnungen mit den Menschen dort so oft gemeint, Verwandte vor mir zu haben. Am Ende hatten sich also meine Fantasien, wenngleich auf etwas andere Weise, bewahrheitet.

So wie ich mich über diese unerwartete Wendung freue, mögen Sie Freude haben an der Sammlung ausgewählter Rezepte, die ich im winterlichen Europa zusammengetragen habe.

GEGEN DEN WINTER-BLUES

OB SIE DEN TAG AUF DER SKIPISTE ZUGEBRACHT ODER SICH AUF DEM WEG VON DER ARBEIT NACH HAUSE MIT EISIGEM REGEN HERUMGESCHLAGEN HABEN, DER IN JEDE PORE DRINGT – DER KÖRPER LECHZT ANSCHLIESSEND NUR NACH WÄRME UND BEHAGLICHKEIT. DA KOMMEN DIE HIER VORGESTELLTEN REZEPTE FÜR DEFTIGE SUPPEN, HERZHAFTE SNACKS, VERLOCKENDE SÜSSIGKEITEN UND GETRÄNKE MIT GARANTIERTEM WOHLFÜHLFAKTOR GERADE RECHT.

BITTERBALLEN

FÜR 6–8 PERSONEN

4 EL Butter
1 kleine Zwiebel, sehr fein gehackt
½ Stange Sellerie, sehr fein gehackt
1 kleine Möhre, sehr fein gehackt
250 g Hackfleisch vom Kalb
100 g Hackfleisch vom Schwein
2 Knoblauchzehen, zerdrückt
1 TL fein gehackte Thymianblättchen
750 ml Rinderbrühe
375 ml Vollmilch
1 Lorbeerblatt
1 TL frisch gepresster Zitronensaft
1 große Handvoll glatte Petersilie, fein gehackt
1½ TL frisch geriebene Muskatnuss
75 g Mehl
Salz und Pfeffer
325 g frische Weißbrotbrösel
3 Eier

Pflanzenöl zum Frittieren
verschiedene Senfsorten zum Servieren

In einer großen Pfanne bei mittlerer Temperatur 1 Esslöffel Butter zerlassen. Zwiebel, Sellerie und Möhre darin weich und hellbraun braten. Nun das gesamte Fleisch mit dem Knoblauch und dem Thymian etwa 5 Minuten mitbraten, bis es seine rosa Farbe verliert, und währenddessen mit einem Kochlöffel gründlich zerkleinern. Brühe und Milch mit dem Lorbeerblatt hinzufügen. Bei geringer Hitze 1¼ Stunden köcheln lassen, bis das Fleisch sehr weich ist. Vom Herd nehmen und durch ein Sieb gießen, dabei die Flüssigkeit auffangen. Zitronensaft, Petersilie und einige kräftige Prisen Muskatnuss untermischen.

Die restliche Butter in einem Topf bei mittlerer Hitze zerlassen. Das Mehl hinzufügen und 2 Minuten gleichmäßig rühren. Nach und nach 300 Milliliter der noch warmen Garflüssigkeit angießen und dabei mit einem Schneebesen rühren, sodass eine glatte Sauce entsteht. Zum Kochen bringen und einige Minuten eindicken lassen. Die Sauce vom Herd nehmen und das Fleisch mit der restlichen Muskatnuss untermischen. Die Masse abschmecken, dann auf einer Platte verstreichen und mit Frischhaltefolie abdecken. Für etwa 3 Stunden in den Kühlschrank stellen, bis sie sehr kalt und fest geworden ist.

Von der Masse einen gehäuften Teelöffel abstechen und zu einer Kugel rollen. Auf diese Weise die gesamte Fleischmasse zügig zu insgesamt etwa 32 gleich großen Bällchen verarbeiten. Die Weißbrotbrösel auf zwei Teller verteilen, die Eier in einer flachen Schale leicht verquirlen. Die Bällchen einzeln in den Bröseln wenden, dann ins Ei tauchen und schließlich in den Bröseln auf dem zweiten Teller wenden. Auf einer Platte 2 Stunden im Kühlschrank gut durchkühlen.

Eine Fritteuse oder einen großen Topf mit schwerem Boden zu einem Drittel mit Öl füllen. Auf 180 °C erhitzen – die Temperatur ist erreicht, wenn ein Brotwürfel in 15 Sekunden bräunt. Die Bitterballen portionsweise 2–3 Minuten frittieren, bis sie rundum goldbraun sind. Auf Küchenpapier abtropfen lassen und heiß mit Senf servieren.

Anmerkung: Die Fleischbällchen sind in den Niederlanden und Flandern beliebt. Zu ihrem Namen kamen sie, weil man sie ursprünglich zu einem Magenbitter, niederländisch: Bittertje, servierte.

GULASCHSUPPE MIT KÜMMEL-KLÖSSCHEN

FÜR 6–8 PERSONEN

3 Scheiben Frühstücksspeck, gewürfelt
2 Zwiebeln, gehackt
2 rote Paprikaschoten, von Samen und Scheidewänden befreit, gewürfelt
1 große Möhre, fein gewürfelt
2 EL Olivenöl
1 kg Kalbfleisch zum Schmoren, zum Beispiel Schulter oder Keule, in 1,5 cm große Würfel geschnitten
2 Knoblauchzehen, zerdrückt
2 EL edelsüßes Paprikapulver
½ TL Kümmelsamen, geröstet und gemahlen
1 Prise Cayennepfeffer
1½ EL Tomatenmark
250 ml Rotwein
2 l Rinderbrühe
1 Handvoll glatte Petersilie, fein gehackt
Salz und Pfeffer

FÜR DIE KÜMMEL-KLÖSSCHEN
150 g Mehl
¼ TL Backpulver
1 TL Kümmelsamen, geröstet und grob zerstoßen
½ TL Salz
1 Ei

Den Speck in einem großen Topf 8 Minuten anbraten, bis er knusprig ist. Mit einem Schaumlöffel herausnehmen. Die Zwiebeln in das ausgebratene Fett geben und bei niedriger bis mittlerer Temperatur hellgelb anbraten. Paprika- und Möhrenwürfel zusammen mit 1 Prise Salz hinzufügen und 10 Minuten mitgaren, bis sie weich sind. Die Gemüsemischung aus dem Topf nehmen und beiseitestellen.

Die Temperatur erhöhen, das Öl in den Topf geben und die Fleischwürfel portionsweise anbraten, bis sie ringsum gebräunt sind. Das gesamte Fleisch zusammen mit Knoblauch, Paprikapulver, Kümmel und Cayennepfeffer wieder in den Topf geben und 1 Minute durchmischen, damit sich die Gewürze gleichmäßig verteilen. Tomatenmark und Wein unterrühren. Nun die Speck-Gemüse-Mischung dazugeben und die Brühe zusammen mit 500 Millilitern Wasser angießen. Einmal aufkochen und dann bei milder Hitze 1½–2 Stunden köcheln lassen, bis das Fleisch gar ist. Zwischendurch nach Bedarf aufsteigenden Schaum abschöpfen.

Inzwischen für die Klößchen das Mehl mit dem Backpulver in eine Schüssel sieben. Kümmel und Salz untermischen. In einer Tasse das Ei mit 1 Esslöffel kaltem Wasser verquirlen und in die Mehlmischung einarbeiten, sodass ein dicker, aber geschmeidiger Teig entsteht (nach Bedarf noch 1–2 Teelöffel Wasser hinzufügen). Den Teig auf einer leicht bemehlten Arbeitsfläche in zwei Portionen teilen und diese jeweils zu einer 3 Zentimeter dicken Rolle formen. Mit der Handfläche etwas flach drücken und anschließend mit einem scharfen Messer quer in 3 Millimeter dicke Scheiben schneiden. Die Scheiben nebeneinander auf ein sauberes Küchentuch legen und mindestens 30 Minuten ruhen lassen.

Kurz bevor die Suppe fertig ist, die Klößchen hineingeben. Wenn sie nach etwa 5 Minuten an die Oberfläche steigen, weitere 2 Minuten garen. Die Petersilie in die Suppe einrühren. Abschmecken und servieren.

Variationen: Die Klößchen weglassen. Stattdessen die Suppe mit insgesamt 1 Teelöffel Kümmel würzen und 15 Minuten vor Ende der Garzeit zwei mehligkochende Kartoffeln, geschält und gewürfelt, hineingeben. Nach Belieben Sauerrahm dazu reichen.

KÄSEFONDUE

FÜR 6 PERSONEN

1 Knoblauchzehe
250 ml trockener Weißwein
300 g Gruyère (Greyerzer), fein gewürfelt
200 g Emmentaler, fein gewürfelt
3 TL Maisstärke
1½ EL Kirschwasser (ersatzweise ein anderer milder, klarer Obstbrand)
frisch geriebene Muskatnuss nach Geschmack
frisch gemahlener schwarzer Pfeffer

AUSSERDEM
Weißbrot mit fester Krume, Roggenbrot oder Pumpernickel, gewürfelt beziehungsweise in Stücke geschnitten
gekochter Schinken oder Salami, gewürfelt beziehungsweise in Stücke geschnitten, oder auch kleine gekochte Garnelen
Gemüse, etwa Streifen von knackigem rohem Fenchel, Paprikaschoten oder Möhren, vorgekochte kleine neue Kartoffeln, Champignons oder Spargelspitzen
Essiggurken, Kapernfrüchte, Silberzwiebeln oder Mixed Pickles

Den Fonduetopf mit der halbierten Knoblauchzehe ausreiben und diese danach wegwerfen. Den Rechaud in die Tischmitte stellen und anzünden. 200 Milliliter Wein in den Topf gießen und diesen auf den Rechaud setzen. Den Wein erhitzen, bis er köchelt.

Den gesamten Käse in einer Schüssel mit der Maisstärke mischen und eine kleine Handvoll davon in den Wein geben. Mit einem Kochlöffel rühren, und zwar nicht im Kreis, sondern in Form einer Acht. Sobald der Käse zu schmelzen beginnt, wieder eine Handvoll dazugeben und unablässig weiterrühren. Auf diese Weise den gesamten Käse im Topf zum Schmelzen bringen. Lassen Sie sich nicht davon irritieren, dass die Masse zunächst einen festen Kloß bildet, bevor sie zu einer Art glatter Sauce schmilzt. Unablässig rühren und nun langsam das Kirschwasser dazugießen. Die Masse mit Muskatnuss und schwarzem Pfeffer aus der Mühle abschmecken.

Während des gesamten Essens die Masse gerade so heiß halten, dass sie kleine Blasen bildet, denn bei stärkerer Hitze zieht der Käse Fäden. Daher nach Bedarf zwischendurch die Flamme erlöschen lassen, aber dann rechtzeitig wieder entzünden, bevor der Käse auskühlt. Mit schwindender Menge wird die Masse dickflüssiger. Durch Zugabe des restlichen Weins lässt sie sich wieder verflüssigen. Dafür den Wein zuvor etwas erwärmen.

Man spießt jeweils ein Stück Brot, Schinken, Salami oder Gemüse auf seine Fonduegabel, tunkt es in den Käse und rührt vor dem Herausnehmen kurz im Topf herum. So tragen alle am Tisch dazu bei, dass die Masse geschmeidig bleibt.

Zwischendurch isst man die sauer eingelegten Beigaben, die den schweren Käse bekömmlicher machen. Während des Essens und auch kurz danach sollte man keinen Wein oder andere kalte Getränke zu sich nehmen, sonst liegt der Käse wie ein Stein im Magen. Stattdessen kann man dazu ein Gläschen Kirschwasser reichen oder den Alkohol, der auch in der Käsesauce enthalten ist.

Anmerkung: Ein Wein mit viel Säure lässt den Käse besser schmelzen. Nach Bedarf zusätzlich ½ Teelöffel Zitronensaft hinzufügen.

MARONEN MIT MANDELN UND HASELNÜSSEN

FÜR 6 PERSONEN

- 500 g frische Maronen
- 500 ml Hühner- oder Rinderbrühe
- 2 EL Butter
- 2 EL Honig
- 1 Msp. gemahlener Piment
- 1 Rosmarinzweig, die Blättchen abgestreift und fein gehackt
- ½ TL gemahlene Fenchelsamen
- 40 g Haselnusskerne
- 40 g ganze blanchierte Mandeln
- 1 TL Meersalz

Den Backofen auf 180 °C vorheizen. Mit einem kleinen, scharfen Messer die Schale der Maronen auf der Unterseite kreuzweise einritzen. Die Maronen mit der Brühe und 250 Millilitern Wasser in einen Topf geben. Zum Kochen bringen und 15 Minuten garen, danach abseihen. Die Maronen leicht abkühlen lassen und schälen.

Die Butter mit dem Honig, Piment, Rosmarin und den Fenchelsamen in eine große, ofenfeste Pfanne geben und bei mittlerer Temperatur zerlassen. Vom Herd nehmen. Maronen, Haselnüsse und Mandeln gründlich untermischen.

Die Pfanne in den Ofen schieben, bis die Maronen nach 20–25 Minuten weich und die Nüsse und Mandeln goldbraun sind, dabei gelegentlich umrühren. Herausnehmen, mit dem Meersalz bestreuen und nochmals gut durchmischen.

Die Mischung etwas abkühlen lassen und lauwarm direkt aus der Pfanne servieren, am besten zum Aperitif.

BORSCHTSCH MIT MEERRETTICHSAHNE

FÜR 6–8 PERSONEN

3 Rote Beten (etwa 600 g)
1 EL Olivenöl
1 kg Rindfleisch mit Knochen (Querrippe)
1 große Zwiebel, gehackt
1 große Möhre, fein gehackt
2 TL Kümmelsamen
4 Knoblauchzehen, fein gehackt
1 TL gemahlener Piment plus ¼ TL zusätzlich
1 Lorbeerblatt
1 TL zerkrümelte getrocknete Steinpilze
3 l Rinderbrühe
1 Dose Tomatenstücke (400 g)
½ kleiner Rotkohl, in feine Streifen gehobelt
1 EL Apfel- oder Rotweinessig
1 TL brauner Zucker
Salz und Pfeffer
1 große Handvoll Dill, gehackt

FÜR DIE MEERRETTICHSAHNE
125 g Sauerrahm
1 EL Meerrettich, frisch gerieben oder aus dem Glas

Die Roten Beten unter fließendem Wasser gründlich abbürsten. In einem großen Topf reichlich mit Wasser bedecken. Zum Kochen bringen und etwa 2 Stunden garen, bis die Knollen durch und durch weich sind und sich mit einem kleinen, scharfen Messer leicht einstechen lassen. Vom Herd nehmen und im Kochwasser abkühlen lassen.

Inzwischen das Olivenöl in einem großen Topf bei mittlerer bis hoher Temperatur erhitzen. Das Fleisch portionsweise darin anbraten und auf einem Teller beiseitestellen. Zwiebel, Möhre und Kümmel in den Topf geben und braten, bis die Zwiebel hellgelb ist. Den Knoblauch mit 1 Teelöffel Piment und dem Lorbeerblatt hinzufügen und 30 Sekunden anschwitzen. Das Fleisch wieder in den Topf geben und die Pilze untermischen. Die Brühe, die Tomaten, den Rotkohl und den Essig hinzufügen. Einmal aufkochen und dann bei milder Hitze 2 Stunden köcheln lassen, bis das Fleisch sehr weich ist. Den Topf vom Herd nehmen und das Fleisch herausheben. Sobald es etwas abgekühlt ist, das Fleisch von den Knochen lösen, in mundgerechte Stücke schneiden und zurück in den Topf geben. Die Knochen wegwerfen.

Die abgekühlten Roten Beten aus dem Wasser nehmen, schälen und über einer Schüssel grob raspeln (da ihr Saft stark färbt, dabei am besten Gummihandschuhe tragen). Das Kochwasser der Roten Beten durch ein Haarsieb in den Suppentopf gießen und dann die Roten Beten dazugeben. Gründlich umrühren und die Suppe auf hoher Stufe aufkochen lassen. Den Zucker und den restlichen Piment einrühren, den Borschtsch mit Salz und Pfeffer abschmecken und zuletzt mit dem Dill bestreuen.

Für die Meerrettichsahne in einer kleinen Schüssel den Sauerrahm mit dem Meerrettich verrühren. Den heißen Borschtsch in Suppenschalen anrichten und auf jede Portion einen Klecks Meerrettichsahne geben. Mit einem Gläschen russischem Wodka genießen.

KRÄUTERBREZELN MIT SENFBUTTER UND SCHINKEN MIT HONIGGLASUR

ERGIBT 12 STÜCK

FÜR DIE BREZELN
1 EL Trockenhefe
1 EL brauner Zucker
600 g Weizenmehl
1 TL Salz
2 EL zerlassene Butter
300 ml Vollmilch, erwärmt
1 große Handvoll Dill, fein gehackt
½ TL getrockneter Majoran oder Thymian
2 EL Natron
grobes Meersalz

Die Hefe mit dem Zucker und 3 Esslöffeln warmem Wasser in einer Tasse verrühren. Mit Frischhaltefolie verschließen und 15 Minuten ruhen lassen, bis die Mischung schäumt.

Das Mehl mit dem Salz in eine Schüssel sieben. In die Mitte eine Mulde drücken und die Hefemischung zusammen mit der Butter, der Milch, dem Dill und dem Majoran oder Thymian hineingeben. Alles mit einem Kochlöffel vermischen, bis ein ziemlich fester Teig entsteht. Auf eine leicht bemehlte Arbeitsfläche geben und 5 Minuten mit den Händen kneten, bis er glatt und geschmeidig ist. Eine große Schüssel dünn mit Öl ausstreichen, den Teig hineingeben, mit einem Küchentuch abdecken und das Ganze in eine große Plastiktüte packen. Dabei die Tüte auf keinen Fall fest um die Schüssel legen, denn der Teig braucht Platz, um aufzugehen. An einem warmen, zugfreien Platz (etwa neben dem warmen Herd) 50–60 Minuten ruhen lassen, bis er sein Volumen verdoppelt hat. Danach den Teig noch einmal kurz durchkneten, wieder abdecken und weitere 15 Minuten gehen lassen.

Den Backofen auf 200 °C vorheizen und zwei Bleche einfetten. Den Teig in 12 gleich große Portionen teilen. Auf der leicht bemehlten Arbeitsfläche eine Teigportion zu einem etwa 1,5 Zentimeter dicken Strang rollen und diesen parallel zur Kante der Arbeitsfläche ausrichten. Die Enden behutsam zum Körper hinführen, sodass ein fast geschlossenes Oval entsteht, dann die beiden Enden miteinander verschlingen und die Zipfel rechts und links unter das Mittelteil schieben und andrücken. Die übrigen Teigstücke auf die gleiche Weise zu Brezeln formen.

In einer Schüssel das Natron in 1 Liter heißem Wasser auflösen. Die Brezeln darin eintauchen oder rundum mit der Lauge bestreichen. Die Brezeln mit etwas Abstand auf den Backblechen verteilen und mit Meersalz bestreuen. Noch 10 Minuten ruhen lassen und anschließend 25–30 Minuten backen, bis sie gleichmäßig schön gebräunt sind.

Inzwischen für die Senfbutter alle Zutaten gründlich verrühren und in eine kleine Schüssel füllen.

Für den Schinken in einer großen Pfanne die Butter bei mittlerer bis hoher Temperatur zerlassen. Sobald sie heiß ist, einige Schinkenscheiben hineingeben, goldbraun braten und beiseitestellen. Nachdem alle Schinkenscheiben gebraten sind, den Honig mit dem Essig und 2 Esslöffeln Wasser in die Pfanne geben. Zum Kochen bringen und dicklich einköcheln lassen. Alle Schinkenscheiben zurück in die Pfanne geben und in der Glasur wenden, bis sie gleichmäßig überzogen sind.

Den Schinken direkt aus der Pfanne zusammen mit den warmen Brezeln und der Senfbutter servieren. Jeder Gast bekommt ein scharfes Messer, mit dem sich die Brezeln gut aufschneiden lassen. Zwischen die Hälften gibt man dann die Senfbutter und Schinkenscheiben.

Tipp: Wenn es schnell gehen soll, kann man einfach fertige Laugenbrezeln kaufen und vor dem Servieren kurz aufbacken.

FÜR DIE SENFBUTTER
125 g weiche Butter
1 EL körniger Senf
2 TL scharfer Senf

FÜR DEN SCHINKEN MIT HONIGGLASUR
1 EL Butter
750 g Kochschinken, vom Metzger in kleine dicke Scheiben geschnitten
100 g Honig
1 EL Apfelessig

KARTOFFEL-WRAPS MIT RÄUCHERLACHS UND GURKEN-RELISH

ERGIBT 8 STÜCK

FÜR DAS GURKEN-RELISH

1 TL Zucker
1½ EL Weißweinessig
1 Handvoll Dill, fein gehackt
½ TL Salz
2 kleine, feste Gurken, in sehr feine Scheiben geschnitten

FÜR DIE EI-SARDELLEN-BUTTER

2 hart gekochte Eier, gepellt und fein gehackt
3 EL weiche Butter
1 eingelegte Sardelle, abgetropft und sehr fein gehackt
2 TL Kapern in Essigsud, abgetropft und fein gehackt
½ Handvoll Schnittlauch, in feine Röllchen geschnitten
frisch gemahlener schwarzer Pfeffer

FÜR DIE WRAPS

2 große, vorwiegend festkochende Kartoffeln, zum Beispiel Désirée (insgesamt etwa 400 g), gewaschen, aber ungeschält
2 EL zerlassene Butter plus mehr zum Braten
2½ EL Sahne
½ TL Zucker
1 TL Salz
125 g Mehl
16 Scheiben Räucherlachs zum Servieren

Für das Gurken-Relish Zucker, Essig, Dill und Salz in einer korrosionsbeständigen Schüssel verrühren, bis sich der Zucker gelöst hat. Die Gurkenscheiben gründlich untermischen. Das Relish mit Frischhaltefolie abdecken und bis zum Servieren kalt stellen.

Für die Ei-Sardellen-Butter die Eier mit der Butter und der Sardelle in einer Schüssel fein zerdrücken und dabei vermischen. Kapern und Schnittlauchröllchen sowie schwarzen Pfeffer aus der Mühle nach Geschmack hinzugeben. Die Butter kann im Voraus zubereitet und kalt gestellt werden. Vor dem Servieren muss sie jedoch wieder Zimmertemperatur annehmen.

Die Kartoffeln in einem Topf mit Wasser aufsetzen. Zum Kochen bringen und etwa 20 Minuten garen, danach abgießen. Die Kartoffeln pellen und sorgfältig zerdrücken. Die zerlassene Butter und die Sahne unterrühren und anschließend rasch Zucker, Salz und so viel Mehl zugeben, dass ein geschmeidiger, leicht klebriger Teig entsteht.

Zu 8 gleich großen Kugeln formen, auf einen Teller geben und mit Frischhaltefolie abdecken, damit der Teig nicht austrocknet. Nun die erste Kugel auf der leicht bemehlten Arbeitsfläche vorsichtig zu einem etwa 3 Millimeter dicken Kreis ausrollen.

Eine große beschichtete Pfanne bei mittlerer Temperatur erhitzen. Mit zerlassener Butter auspinseln, den ausgerollten Teig vorsichtig hineinlegen und 2 Minuten braten, bis sich oben große Blasen und auf der Unterseite dunklere Stellen zeigen.

Behutsam wenden, noch 1 Minute braten und dann auf eine vorgewärmte Servierplatte geben. Zum Warmhalten mit einem sauberen Küchentuch abdecken.

Inzwischen die nächste Teigkugel ausrollen und braten, sobald die Pfanne frei ist. (Wenn Sie schon ein Routinier am Herd sind, können Sie auch mit zwei Pfannen gleichzeitig arbeiten.)

Sobald der letzte Fladen zubereitet ist, sofort servieren. Die Ei-Sardellen-Butter, den Räucherlachs und das Gurken-Relish einfach dazu reichen. Das Rollen der Wraps übernehmen die Gäste selbst.

250ml (1 cup)

MIESMUSCHELN IM FENCHELSUD

FÜR 4–6 PERSONEN

Die Muscheln abbürsten und entbarten, dabei alle Exemplare aussortieren und wegwerfen, die schadhaft sind oder die sich, wenn man sie auf eine feste Unterlage klopft, nicht schließen. Die vorbereiteten Muscheln bis zur Zubereitung in den Kühlschrank stellen.

Die Butter in einem großen Topf bei mittlerer Temperatur zerlassen. Speck, Lauch, Fenchel, Möhre und Sellerie hinzufügen und unter gelegentlichem Rühren braten, bis die Zutaten nach etwa 10 Minuten weich sind. Dann den Knoblauch mit den Gewürzen untermischen und 1 Minute weiterbraten. Die Temperatur auf höchste Stufe stellen. Die Brühe zusammen mit dem Aquavit in den Topf gießen und nach dem ersten Aufwallen 5 Minuten kochen lassen.

Die Muscheln in den Topf geben und zugedeckt bei weiterhin hoher Temperatur etwa 5–6 Minuten garen, dabei den Topf gelegentlich rütteln. Muscheln, die sich während der Kochens nicht geöffnet haben, heraussuchen und wegwerfen. Die Hälfte des Fenchelgrüns in den Topf geben, nach Geschmack pfeffern und salzen. Die Muscheln mit dem Fond in tiefen Tellern oder Suppenschalen anrichten. Jede Portion mit etwas von dem restlichen Fenchelgrün und einem Klecks Crème fraîche garnieren. Dazu gibt es knuspriges Weißbrot oder auch Roggenbrot, um den Fond aufzutunken. Und vergessen Sie nicht, die Flasche mit dem Aquavit und passende Gläser auf den Tisch zu stellen.

Variation: Wer eine sahnige Suppe bevorzugt, nimmt zunächst die fertig gegarten Muscheln mit einem Schaumlöffel aus dem Topf und sortiert geschlossene Exemplare aus. Dann die Crème fraîche in den Fond einrühren und die Muscheln zurück in den Topf geben.

Anmerkung: Aquavit wird im skandinavischen Raum aus Getreide oder Kartoffeln destilliert und ist gewöhnlich mit einer Gewürzmischung, darunter Kümmel, Anis, Dill, Fenchel und Koriander, aromatisiert.

2 kg Miesmuscheln
1 EL Butter
2 Scheiben Frühstücksspeck, fein gehackt
1 Stange Lauch, nur das Weiße, in feine Scheiben geschnitten
½ Fenchelknolle (etwa 150 g), fein gewürfelt, das Grün gehackt und zum Garnieren beiseitegelegt
1 Möhre, fein gewürfelt
200 g Knollensellerie, fein gewürfelt
2 Knoblauchzehen, zerdrückt
½ TL gemahlene Fenchelsamen
½ TL Kümmelsamen
½ TL gemahlener Kreuzkümmel
1 l Fischfond
60 ml Aquavit (siehe Anmerkung) oder Anisschnaps
Salz und Pfeffer
125 g Crème fraîche

KARELISCHE PIROGGEN

ERGIBT 12 STÜCK

FÜR DIE REISFÜLLUNG

140 g Rundkornreis
375 ml Vollmilch
3 EL Butter
2 Eigelb
50 g Schinken oder auch gekochter oder geräucherter Lachs, in feine Streifen geschnitten
100 g Lappi (finnischer Schnittkäse) oder Edamer, gerieben
1 Frühlingszwiebel, fein gehackt
Salz und Pfeffer

FÜR DEN TEIG

300 g feines, helles Roggenmehl oder eine Mischung aus Roggenvollkornmehl und Weizenmehl (Type 405 oder 550) zu gleichen Teilen
1 TL Kümmelsamen, geröstet
1 Msp. gemahlener Koriander
½ TL Salz
1½ EL Pflanzenöl
1 EL zerlassene Butter

Ei-Sardellen-Butter (siehe Seite 26) zum Servieren (nach Belieben)

In einem großen Topf den Reis mit 310 Millilitern Wasser aufsetzen. Einmal aufkochen und dann auf kleinerer Stufe ohne Deckel 20 Minuten köcheln lassen, bis er das Wasser größtenteils aufgesogen hat. Die Milch einrühren, einen Deckel auflegen und das Ganze weitere 20 Minuten köcheln lassen, sodass ein dicker Reisbrei entsteht. Vom Herd nehmen und die Butter unterziehen. Den Reisbrei vollständig abkühlen lassen. Die Eigelbe, den Schinken oder Lachs und den Käse sowie die Frühlingszwiebel sorgfältig unterziehen. Die Reismasse mit Salz und Pfeffer abschmecken.

Für den Teig das Mehl in eine Schüssel sieben und die Gewürze zusammen mit dem Salz gleichmäßig untermischen. Nun in kleinen Mengen abwechselnd insgesamt 150 Milliliter Wasser sowie jeweils etwas von dem Öl und der Butter einarbeiten, bis schließlich ein fester Teig entsteht. In 12 gleich große Portionen teilen und zu Kugeln rollen. Auf der leicht bemehlten Arbeitsfläche zu dünnen Kreisen von etwa 12 Zentimetern Durchmesser ausrollen. Damit sie bis zu ihrer Verarbeitung nicht austrocknen, mit Frischhaltefolie abdecken.

In die Mitte des ersten Teigfladens etwa 1½ Esslöffel der Reisfüllung geben und bis 2 Zentimeter vor dem Rand verstreichen. Die Teigränder nach oben klappen und in gleichmäßigen Abständen zusammendrücken, sodass die Füllung becherförmig umschlossen ist. Auf dieselbe Weise die übrigen Teigfladen und den Rest der Reismasse verarbeiten. Die Piroggen mit etwas Abstand in mit Backpapier ausgelegte ofenfeste Formen setzen und für mindestens 20 Minuten, nach Bedarf aber auch länger, kalt stellen.

Den Backofen auf 220 °C vorheizen. Die Piroggen 20 Minuten backen, bis die Teighülle knusprig und die Füllung oben zart gebräunt ist. Heiß servieren und nach Belieben dazu Ei-Sardellen-Butter (siehe Seite 26) reichen.

Variation: Als Basis für die Füllung eignet sich ebenso ein Kartoffel- oder Möhrenpüree.

SCHWEINERIPPCHEN MIT PFLAUMENGLASUR

FÜR 6 PERSONEN

125 ml Slibowitz (Pflaumenbrand) plus 1 EL zusätzlich
60 ml Apfelessig
2 TL gemahlene Fenchelsamen
½ TL gemahlener Ingwer
¾ TL gemahlener Kümmel
½ TL gemahlener Piment
¼ TL weißer Pfeffer
¼ TL getrockneter Majoran
5 Knoblauchzehen, angedrückt
2,5 kg Schälrippchen vom Schwein, in Stücke mit je drei Rippen geteilt
Salz und Pfeffer
2 große Zwiebeln, in Scheiben geschnitten
3 Scheiben Frühstücksspeck, grob gehackt
2 EL Honig
100 g Pflaumenmus

Slibowitz und Essig mit den Gewürzen, dem Majoran und dem Knoblauch in eine große korrosionsbeständige Schüssel geben. Die Rippchen hinzufügen und gründlich durchmischen. Die Schüssel fest mit Frischhaltefolie verschließen und die Rippchen mindestens 6 Stunden, nach Belieben auch über Nacht, im Kühlschrank marinieren. Währenddessen gelegentlich in der Marinade wenden.

Den Backofen auf 180 °C vorheizen. Zwiebeln und Speck in einem flachen Bräter verteilen. Die Rippchen mit der fleischigen Seite nach unten nebeneinander hineinlegen. Die gesamte Marinade darüberträufeln und etwa 1,5 Liter Wasser dazugießen, sodass die Rippchen vollständig bedeckt sind. Mit Salz und Pfeffer würzen, dann die Form fest mit Alufolie verschließen und die Rippchen 2 Stunden im Ofen garen, bis das Fleisch zart ist. Herausnehmen und die Temperatur auf 220 °C erhöhen.

Die Rippchen auf einen Teller geben und beiseitestellen. Die Zwiebel-Speck-Mischung ebenfalls herausnehmen und nach Belieben eine Kohl- oder Kartoffelbeilage zu dem Gericht damit anreichern.

Den Bräter säubern und mit einem großen Stück Alufolie auslegen. Ein Drahtgitter in den Bräter setzen und die Rippchen mit der fleischigen Seite nach oben nebeneinander darauflegen.

In einer Schüssel 1 Esslöffel Slibowitz mit dem Honig, dem Pflaumenmus und 1 Esslöffel warmem Wasser mit einem Schneebesen glatt rühren. Die Rippchen gleichmäßig damit bestreichen und 30 Minuten im Ofen braten, dabei immer wieder mit der Flüssigkeit beträufeln, sodass sie zuletzt vollständig glasiert sind. Auf einer Platte anrichten, mit der restlichen Flüssigkeit beträufeln und servieren.

Tipp: Zum Säubern der Finger für jeden Gast eine Schale mit warmem Wasser und einem Spritzer Apfelessig auf den Tisch stellen.

HÜHNERSUPPE MIT NUDELN UND GEMÜSE

FÜR 8 PERSONEN

1 kg Hühnerkarkassen oder Hühnerklein
1 Zwiebel, gehackt
Olivenöl zum Beträufeln
Salz
3 Knoblauchzehen, angedrückt
2 frische Lorbeerblätter
1 ganzes Huhn (etwa 1,5 kg)
1 Stange Lauch, nur das Weiße, in feine Scheiben geschnitten
1 kleiner Kohlrabi, gewürfelt
2 kleine Steckrüben oder Pastinaken (insgesamt etwa 300 g), gewürfelt
2 Möhren, gewürfelt
2 Stangen Sellerie, gewürfelt
1 kleine Knolle Sellerie, gewürfelt
200 g dünne getrocknete Eiernudeln oder Spaghettini
80 g enthülste frische oder Tiefkühlerbsen
3 EL fein gehackter Dill
½ Handvoll Schnittlauch, in Röllchen geschnitten
½ Bund glatte Petersilie, gehackt

Den Backofen auf 190 °C vorheizen. Die Hühnerkarkassen mit der Zwiebel in eine ofenfeste Form geben, mit etwas Olivenöl beträufeln und mit Salz bestreuen. Für 40 Minuten in den Ofen schieben, bis sie goldbraun angeröstet sind. In einen großen Topf umfüllen, 1,5 Liter Wasser angießen und den Knoblauch sowie die Lorbeerblätter hinzufügen. Einmal aufkochen und dann bei reduzierter Temperatur 1½ Stunden lebhaft köcheln lassen, dabei nach Bedarf abschäumen. Den Topf vom Herd nehmen. Die Brühe durch ein feines Sieb gießen und zurück in den Topf füllen. Die Rückstände im Sieb wegwerfen.

Das Huhn innen und außen abspülen. Zusammen mit dem Lauch sowie dem übrigen gewürfelten Gemüse in den Topf geben. Die Flüssigkeit zum Kochen bringen und dann bei verminderter Temperatur 40 Minuten köcheln lassen. Das Huhn vorsichtig aus dem Topf nehmen und etwas abkühlen lassen. Die Brühe weiter leise köcheln lassen.

In einem großen Topf reichlich Wasser mit Salz zum Kochen bringen und die Nudeln darin nach Packungsanweisung al dente garen. Abseihen und zusammen mit den Erbsen in die köchelnde Brühe geben. Umrühren und die Erbsen etwa 4–5 Minuten garen. Inzwischen das Huhn enthäuten und die Haut wegwerfen. Das Fleisch von den Knochen lösen, in mundgerechte Stücke teilen und ebenfalls in die Suppe geben. Dill, Schnittlauch und Petersilie einrühren, die Suppe abschmecken und sofort servieren.

ERBSENSUPPE MIT GERÄUCHERTER SCHWEINSHAXE

FÜR 4–6 PERSONEN

500 g gelbe oder grüne Schälerbsen
3 EL Butter
1 große Zwiebel, gehackt
1 große Möhre, gewürfelt
1 Stange Sellerie, gewürfelt
1 geräucherte Schweinshaxe (etwa 750 g)
1 Handvoll Sellerieblätter, fein gehackt
1 Thymianzweig, die Blättchen fein gehackt
1 Majoranstängel, fein gehackt
1 Prise gemahlene Nelken
60 ml Apfelessig plus 1 EL zusätzlich
3 TL scharfer Senf
Salz und Pfeffer

Die Schälerbsen über Nacht in kaltem Wasser einweichen und anschließend abseihen.

In einem großen Topf die Hälfte der Butter bei mittlerer Temperatur zerlassen. Zwiebel, Möhre und Sellerie darin 5 Minuten anschwitzen. Die Erbsen, die Schweinshaxe, die Sellerieblätter, den Thymian und Majoran, das Nelkenpulver, den Essig und 2,5 Liter Wasser hinzufügen. Auf hoher Stufe einmal aufkochen und dann bei reduzierter Temperatur 3 Stunden köcheln lassen, bis das Fleisch fast vom Knochen fällt. Unterdessen immer wieder den Schaum, der sich an der Oberfläche sammelt, abschöpfen. Das Fleisch aus dem Topf nehmen und abkühlen lassen. Sobald es sich anfassen lässt, die Schwarte entfernen. Anschließend das Fleisch auslösen, in mundgerechte Stücke teilen und beiseitelegen.

Den Senf und die restliche Butter in die Suppe einrühren und diese dann portionsweise in der Küchenmaschine oder mit einem Stabmixer glatt pürieren. Zurück in den Topf geben und langsam wieder erwärmen. Das Fleisch hinzufügen, die Suppe abschmecken und noch 1 Esslöffel Essig einrühren.

Die Suppe, begleitet von Knäckebrot oder Roggenbrot und Butter, heiß servieren.

Variation: Anstelle von Schweinshaxe kann man Wurst, etwa Mettwürstchen, oder frisches oder gepökeltes Schweinefleisch in der Suppe garen.

Tipp: Da die Suppe beim Abkühlen dicker wird, zum erneuten Aufwärmen nach Bedarf weitere Brühe sowie etwas Essig hinzufügen.

HERZHAFTE ZWIEBELSUPPE MIT KÄSETOASTS

FÜR 6 PERSONEN

100 g Butter
5 große Zwiebeln (insgesamt etwa 1 kg), in Scheiben geschnitten
1,5 l Kalbs- oder Rinderbrühe
1 Thymianzweig
1 Lorbeerblatt
2 TL Cognac oder ein anderer Weinbrand
60 ml Sahne (nach Belieben)
¼ TL frisch geriebene Muskatnuss
Salz und Pfeffer
6 dicke Scheiben altbackenes Baguette oder Sauerteigbrot
2 Knoblauchzehen, halbiert
100 g Gruyère (Greyerzer), gerieben
25 g Parmesan, gerieben
Thymianblättchen zum Garnieren

Die Butter in einem großen Topf bei mittlerer Temperatur zerlassen. Die Zwiebelscheiben darin durchmischen, bis sie gleichmäßig vom Fett überzogen sind, und etwa 5 Minuten anschwitzen, dabei immer wieder rühren. Bei geringer Hitze 30–40 Minuten unter gelegentlichem Rühren weitergaren, bis die Zwiebeln goldbraun sind.

Die Brühe mit Thymian und Lorbeerblatt hinzufügen und zum Kochen bringen. Anschließend die Hitze reduzieren und die Brühe 45 Minuten köcheln lassen. Den Cognac zusammen mit der Sahne, falls verwendet, einrühren und den Alkohol einige Minuten verdampfen lassen. Die Suppe zuletzt mit der Muskatnuss sowie Salz und Pfeffer nach Geschmack würzen.

Kurz bevor die Suppe servierbereit ist, den Backofengrill auf höchster Stufe vorheizen und die Brotscheiben von beiden Seiten hellbraun rösten. Auf einer Seite mit den Knoblauchhälften einreiben und mit dieser Seite nach oben nebeneinander auf ein mit Backpapier ausgelegtes Blech legen. Die beiden Käsesorten mischen und die Röstbrotscheiben gleichmäßig damit bestreuen. Erneut unter den Grill schieben, bis der Käse goldbraun ist und Blasen wirft. Die fertigen Käsetoasts mit den Thymianblättchen bestreuen.

Die Suppe in flache Portionsschalen schöpfen (dabei Thymianzweig und Lorbeerblatt entfernen) und jeweils einen Toast mit der Käsekruste nach oben darauflegen. Sofort servieren.

Variation: Für einen etwas milderen Geschmack die Zwiebeln nur weich werden lassen, ohne sie anzubräunen, und die Hälfte der Brühe durch Milch ersetzen.

SCHWEDENBURGER »OBEN OHNE« MIT ROTE-BETE-SALAT

FÜR 4 PERSONEN

FÜR DIE BURGER

250 g Filet von festem, weißfleischigem Fisch, ohne Haut und Gräten
250 g Hackfleisch vom Kalb
1 kleine Zwiebel, gerieben und ausgedrückt
1 Knoblauchzehe, zerdrückt
160 g frische Weißbrotbrösel
100 g Sauerrahm
1 Handvoll glatte Petersilie, fein gehackt
1 Thymianzweig, die Blättchen fein gehackt
¼ TL frisch geriebene Muskatnuss
1 kräftige Prise gemahlener Kümmel
1 kräftige Prise weißer Pfeffer
1 TL fein abgeriebene Schale von einer unbehandelten Zitrone
Salz
2 EL Pflanzenöl
1 EL Butter
4 dicke Scheiben helles Roggenbrot oder Weißbrot
4 Scheiben Hushallsost (milder schwedischer halbfester Schnittkäse), Port-Salut oder Butterkäse

FÜR DEN ROTE-BETE-SALAT

1 vorgekochte Rote Bete (etwa 200 g)
1 EL Aquavit (siehe Anmerkung Seite 29)
1 kleine Handvoll Dill, fein gehackt
2 TL Kapern in Essigsud, abgetropft und gehackt
1 kräftige Prise gemahlener Piment
1 TL geriebener Meerrettich
etwa 2 TL Apfelessig (nach Geschmack)
Salz und Pfeffer

Das Fischfilet grob würfeln und dann in der Küchenmaschine fein zerkleinern, sodass eine weiche Masse entsteht. In einer Schüssel mit dem Hackfleisch, der Zwiebel, dem Knoblauch, den Bröseln, dem Sauerrahm, den Kräutern und Gewürzen sowie dem Zitronenabrieb sorgfältig vermengen. Mit Frischhaltefolie abdecken und für 4–6 Stunden kalt stellen.

Inzwischen die Rote Bete grob raspeln und mit Aquavit, Dill, Kapern, Piment, Meerrettich und Essig vermischen. Den Rote-Bete-Salat mit Salz und Pfeffer abschmecken und beiseitestellen.

Für die eigentliche Zubereitung die Fisch-und-Fleisch-Masse aus dem Kühlschrank nehmen, nach Geschmack salzen und nochmals gut durchmischen. Zu 4 ovalen Frikadellen formen, die etwa 1,5 Zentimeter dick, 8 Zentimeter lang und 6 Zentimeter breit sind. Das Öl mit der Butter in einer großen Pfanne bei mittlerer Temperatur erhitzen. Die Frikadellen hineinlegen und von beiden Seiten 5 Minuten braten, bis sie innen eben durchgegart und außen goldbraun sind.

Gleichzeitig die Brotscheiben von beiden Seiten leicht toasten. Auf einzelnen Tellern jeweils mit 1 Scheibe Käse belegen. Darauf eine Frikadelle geben, mit etwas Rote-Bete-Salat krönen und sofort servieren.

TARTIFLETTE

FÜR 4 PERSONEN

200 g luftgetrockneter Schinken am Stück
1 kg vorwiegend festkochende Kartoffeln, zum Beispiel Désirée, geschält, in 1½ cm dicke Scheiben geschnitten, dann quer halbiert
1 Zwiebel, gehackt
1 TL Thymianblättchen, fein gehackt
150 g frische Pilze, zum Beispiel Steinpilze, in Scheiben geschnitten
125 ml trockener Weißwein
250 g Crème fraîche
1 Knoblauchzehe, fein gehackt
Salz und Pfeffer
500 g Reblochon (siehe Anmerkung), entrindet

Den Backofen auf 240 °C vorheizen. Den Schinken in 1 x 3 Zentimeter große Streifen schneiden und in eine ofenfeste gusseiserne Pfanne geben. Bei mittlerer Temperatur 10 Minuten braten, bis das Fett ausgetreten ist. Den Schinken mit einem Schaumlöffel herausnehmen und auf Küchenpapier abtropfen lassen.

Die Kartoffeln zusammen mit der Zwiebel in die Pfanne mit dem ausgelassenen Fett geben und auf mittlerer bis hoher Stufe braten, bis die Zwiebelstückchen nach etwa 5 Minuten weich sind. Thymian und Pilze hinzufügen und weitere 5 Minuten braten, bis die Pilze weich werden. Den Wein angießen und den Alkohol auf der höchsten Stufe 1 Minute verkochen lassen. Die Pfanne vom Herd nehmen. Die Crème fraîche, den restlichen Schinken und den Knoblauch untermischen. Nach Geschmack salzen und pfeffern.

Den Käse würfeln und über die Kartoffel-Schinken-Pilz-Mischung streuen. Die Pfanne in den Ofen schieben und nach 10 Minuten die Temperatur auf 190 °C herunterschalten. Das Gericht weitere 30 Minuten backen, bis die Kartoffeln gar sind – sie müssen sich mit einem spitzen Messer mühelos einstechen lassen.

Heiß servieren, nach Belieben begleitet von einem knackigen grünen Salat.

Anmerkung: Reblochon ist ein französischer Kuhmilchkäse mit weichem Teig und vollmundigem Geschmack. Als Ersatz bieten sich Vacherin, Raclette oder ein noch fester Brie an, auch Taleggio oder Fontina sind geeignet.

HOTDOGS MIT BRAT-WURST UND SÜSSEM HAUSMACHERSENF

FÜR 6 PERSONEN

FÜR DEN SENF (1 Woche im Voraus zubereiten)
6 EL gelbe Senfsamen
60 ml Apfelessig
1 Lorbeerblatt
1 EL geriebene Zwiebel
2 Knoblauchzehen, zerdrückt
½ TL gemahlener Piment
¾ TL gemahlener Zimt
1 kleine Prise Cayennepfeffer
2 EL brauner Zucker
1½ TL Salz

6 dünne Rostbratwürste (je etwa 100 g)
1 EL Butter
2 Zwiebeln, in feine Scheiben geschnitten
250 ml Weißbier
6 lange, schmale Weizenbrötchen
weiche Butter zum Bestreichen
Mayonnaise zum Servieren (nach Belieben)
Tomatenketchup zum Servieren (nach Belieben)

Die Senfsamen über Nacht in kaltem Wasser einweichen. Abspülen und gut abtropfen lassen, anschließend in einem Mörser leicht zerstoßen, um die Aromen freizusetzen. Mit Essig, Lorbeerblatt, Zwiebel, Knoblauch, Gewürzen und 375 Millilitern Wasser in einen Topf geben. Einmal aufkochen und dann bei reduzierter Hitze 25 Minuten unter ständigem Rühren köcheln lassen, bis die Masse eindickt. Zucker und Salz hinzufügen und rühren, bis sich der Zucker gelöst hat. Den Senf noch heiß in ein sauberes Schraubglas füllen und dieses fest verschließen. Nach dem Auskühlen im Kühlschrank aufbewahren – vor der Verwendung muss der Senf mindestens 1 Woche ruhen. Er hält sich bis zu 2 Monate.

Für die Bratwürste eine schwere Pfanne mit etwas Öl ausstreichen und bei mittlerer Temperatur erhitzen. Die Würste einstechen, in die Pfanne geben und von allen Seiten kurz anbraten. Sobald sie ihre Farbe verändern, die Butter und gleichzeitig die Zwiebeln dazugeben und 10 Minuten mitbraten, bis sie hellgelb angelaufen sind. Das Bier und 125 Milliliter Wasser dazugießen und etwa 10 Minuten köcheln lassen, dabei die Zwiebeln gelegentlich durchmischen und die Würste häufiger wenden, bis sie vollständig durchgegart und zart sind.

Die Brötchen so aufschneiden, dass die Hälften an einer Seite noch zusammenhängen. Mit Butter bestreichen und jeweils mit 1 Wurst und einem Teil der Zwiebeln füllen. Den Senf sowie nach Belieben Mayonnaise und Ketchup dazu reichen.

Variation: Dieses Rezept schmeckt auch mit anderer Wurst, etwa Schlesischer (weißer) Bratwurst oder einer der zahlreichen regionalen Spezialitäten. Für Eilige gibt es süßen Senf in guter Qualität fertig zu kaufen.

GRAUPENSUPPE MIT PILZEN UND HERING, DAZU WÜRZIGE KRÄUTERSAHNE

FÜR 4–6 PERSONEN

Die Graupen gründlich abspülen und über Nacht in Wasser einweichen. Anschließend in ein Sieb abgießen und gut abtropfen lassen.

Das Öl mit der Butter in einem großen Topf bei mittlerer Temperatur erhitzen. Die Zwiebel mit der Möhre und dem Sellerie darin unter gelegentlichem Rühren hellgelb braten. Die braunen Champignons zusammen mit dem Knoblauch untermischen und 5 Minuten braten, bis sie weich werden. Steinpilze, Lorbeerblatt, Thymian, Piment, weißen Pfeffer und Hering dazugeben. Gut durchmischen und die Brühe in den Topf gießen. Auf hoher Stufe sprudelnd erhitzen und dann 30 Minuten kochen lassen. Die Graupen und Kartoffeln in die Suppe geben. Nach dem erneuten Aufwallen bei reduzierter Hitze noch 30 Minuten köcheln lassen, bis die Graupen und Kartoffeln gar sind. Zuletzt mit Salz und Pfeffer abschmecken.

Inzwischen für die Kräutersahne die gehackten Pilze mit Essig, Knoblauch, weißem Pfeffer und einigen kräftigen Prisen Salz in einer Schüssel vermischen und 1 Stunde marinieren, damit sich die Aromen schön entfalten und verbinden. Den Sauerrahm und die Kräuter untermischen und die Schüssel bis zum Servieren in den Kühlschrank stellen. Die heiße Suppe in einzelne Schalen schöpfen und jede Portion mit einem Klecks der würzigen Kräutersahne garnieren.

200 g Perlgraupen
1 EL Pflanzenöl
2 EL Butter
1 große Zwiebel, gehackt
1 große Möhre, fein gewürfelt
2 Stangen Sellerie, fein gewürfelt
400 g braune Champignons, fein gehackt
2 Knoblauchzehen, zerdrückt
einige Scheiben von getrockneten Steinpilzen, zerkrümelt
1 Lorbeerblatt
1 Thymianzweig, die Blättchen fein gehackt
¼ TL gemahlener Piment
¼ TL weißer Pfeffer
1 ganzer eingelegter Hering (etwa 100 g), 1 Stunde in kaltem Wasser entsalzt, oder 2 eingelegte Sardellen, abgetropft und sehr fein gehackt
2 l Kalbs- oder Hühnerbrühe
1 große mehligkochende Kartoffel, fein gewürfelt
Salz und Pfeffer

FÜR DIE KRÄUTERSAHNE
100 g weiße Champignons, fein gehackt
2 EL Weißweinessig
2 Knoblauchzehen, zerdrückt
1 Msp. weißer Pfeffer
Salz
125 g Sauerrahm
1 kleine Handvoll Dill, gehackt
1 Handvoll glatte Petersilie, gehackt

KNUSPRIG GEBRATENE SANDWICHES

FÜR 4 PERSONEN

8 dünne Scheiben altbackenes italienisches Weißbrot mit knuspriger Kruste, etwa Ciabatta
weiche Butter zum Bestreichen
2 EL Senffrüchte (Mostarda), sehr fein gehackt
1 kleine Frühlingszwiebel, fein gehackt
125 g Provolone, Fontina oder Mozzarella, in Scheiben geschnitten
125 g Salami oder luftgetrockneter Schinken, in feine Scheiben geschnitten
3 große Eier
60 ml Vollmilch
1 Oreganostängel, die Blättchen fein gehackt
1 Prise frisch geriebene Muskatnuss
Salz und Pfeffer
2 EL Olivenöl
1 EL Butter zum Braten, nach Bedarf etwas mehr

Alle Brotscheiben auf einer Seite mit Butter bestreichen und mit dieser Seite nach oben nebeneinander auf die Arbeitsfläche legen. Senffrüchte und Frühlingszwiebel mischen und auf 4 der Brotscheiben verteilen. Die Hälfte der Käsescheiben darauflegen, gefolgt von den gesamten Salami- oder Schinkenscheiben sowie dem restlichen Käse. Die 4 unbelegten Brotscheiben mit der gebutterten Seite nach unten auf den Käse legen und die Sandwiches gut zusammendrücken.

Die Eier mit der Milch, dem Oregano und der Muskatnuss gründlich verquirlen. Mit Salz und Pfeffer nach Geschmack würzen.

In einer großen Pfanne die Hälfte des Olivenöls und der Butter bei mittlerer Temperatur erhitzen. Zwei der Sandwiches behutsam, damit sie nicht auseinanderfallen, von beiden Seiten in das verquirlte Ei tauchen, anschließend den Überschuss über der Schüssel abtropfen lassen. In die Pfanne geben und von beiden Seiten je 4 Minuten goldbraun braten. Herausnehmen, auf Küchenpapier abtropfen lassen und danach im schwach vorgeheizten Backofen warm halten. Die Pfanne auswischen, den Rest des Olivenöls und der Butter wie zuvor darin erhitzen und die beiden übrigen Sandwiches genauso braten. Sofort servieren.

Variationen: Gebratene Sandwiches sind in vielen europäischen Ländern beliebt, und das Repertoire ist breit gefächert. Packen Sie hinein, was Ihnen schmeckt, oder probieren Sie die folgenden Kombinationen, wobei der Oregano entfällt:

- Dänischer Havarti (ähnelt dem Tilsiter) oder norwegischer Ridder (sahnig-würzig), Schinken und Honigsenf.
- Rahmfrischkäse, Graved Lachs oder Räucherlachs, dazu Kapern oder Dillgurken. Für diese Variante helles Roggenbrot verwenden und etwas gehackten Dill unter die Eier rühren.
- Gjetost (norwegischer Käse aus Ziegen- und Kuhmilch mit karamelliger Note), Preiselbeerkompott und luftgetrockneter Rehschinken.
- Mozzarella, mit Knoblauch gebratene Champignonscheiben, Oliven.
- Schinken, Gruyère (Greyerzer) und Dijonsenf.

CHAMONIX MONT-BLANC

WINTERGEMÜSE MIT STREUSELKRUSTE

FÜR 6 PERSONEN

Den Backofen auf 190 °C vorheizen. Sechs Souffléförmchen oder kleine Gratinschalen von etwa 375 Millilitern Fassungsvermögen dünn mit Butter ausstreichen. Möhren, Sellerie, Pastinake und Süßkartoffel in 1,5 Zentimeter große Würfel schneiden. Das Gemüse in einem Topf mit kochendem Wasser etwa 5 Minuten garen, bis es gerade weich wird. Abseihen, dabei das Kochwasser auffangen. Das Gemüse beiseitestellen.

In einem Topf ½ Esslöffel Butter bei mittlerer bis hoher Temperatur zerlassen und den Speck mit dem Lorbeerblatt darin einige Minuten hellbraun anbraten. Das Weiße der Frühlingszwiebeln untermischen und 3 Minuten mitbraten, bis die Stückchen weich werden. Den Topfinhalt zum Gemüse geben. Das Lorbeerblatt entfernen.

Erneut ½ Esslöffel Butter in dem Topf zerlassen, das Mehl einstreuen und verrühren. Langsam 185 Milliliter des aufgefangenen Kochwassers dazugießen und dabei ständig weiterrühren. Als Nächstes behutsam und gleichmäßig die Crème fraîche unterziehen. Die Sauce zuletzt mit dem Knoblauch und der Muskatnuss aromatisieren und mit Salz sowie etwas schwarzem Pfeffer aus der Mühle abschmecken. Die Gemüse-Speck-Mischung und das Grün der Frühlingszwiebeln untermischen. Die Masse in die vorbereiteten Förmchen füllen.

Für die Streuselkruste die Butter mit den Fingerspitzen in das Mehl einarbeiten, bis Streusel entstehen. Gemahlene Mandeln, Parmesan und Rosmarin untermengen und die Streusel dann gleichmäßig auf dem Gemüse verteilen. Die Förmchen für 25 Minuten in den Ofen schieben, bis die Kruste gleichmäßig gebräunt ist. Heiß servieren und dazu einen grünen Salat reichen.

1 EL Butter
2 Möhren
½ kleine Knolle Sellerie
1 Pastinake
1 kleine Süßkartoffel (nach Belieben mit weißem oder orangefarbenem Fleisch)
100 g Pancetta oder durchwachsener Speck, fein gewürfelt
1 Lorbeerblatt
4 Frühlingszwiebeln, das Weiße und das Grün separat gehackt
3 TL Mehl
250 g Crème fraîche
1 Knoblauchzehe, zerdrückt
¼ TL frisch geriebene Muskatnuss
Salz und frisch gemahlener schwarzer Pfeffer

FÜR DIE STREUSELKRUSTE

60 g Butter
2½ EL Mehl
35 g gemahlene Mandeln
35 g geriebener Parmesan
¼ TL fein gehackte Rosmarinblättchen

VOLLKORN-PIROGGEN MIT LAMM UND AUBERGINE

FÜR 8 PERSONEN

FÜR DIE FÜLLUNG
1 EL Pflanzenöl
1 EL Butter
1 Zwiebel, fein gehackt
½ kleine Aubergine (etwa 200 g), in 1 cm große Würfel geschnitten
400 g Hackfleisch vom Lamm
2 Knoblauchzehen, zerdrückt
½ TL gemahlener Piment
1½ TL gemahlener Kreuzkümmel
½ TL frisch geriebene Muskatnuss
1 Lorbeerblatt
80 ml Wodka
250 ml Rinderbrühe
2 TL frisch gepresster Zitronensaft
Salz und Pfeffer
1 Handvoll Koriandergrün oder glatte Petersilie, fein gehackt

Für die Füllung das Öl mit der Butter in einem Topf bei mittlerer Temperatur erhitzen. Die Zwiebel mit den Auberginenwürfeln darin etwa 10 Minuten unter häufigem Rühren braten, bis sie hellgelb ist. Die Gemüsemischung aus dem Topf nehmen und beiseitestellen.

Das Hackfleisch in den Topf geben und braun anbraten, dabei mit einer Gabel gründlich zerkleinern. Den Knoblauch zusammen mit dem Piment, dem Kreuzkümmel und der Muskatnuss untermischen und das Fleisch noch 1 Minute braten. Die Zwiebel-Auberginen-Mischung zusammen mit dem Lorbeerblatt, dem Wodka, der Brühe, dem Zitronensaft und 500 Millilitern Wasser hinzufügen. Einmal aufkochen und dann bei reduzierter Temperatur zugedeckt 1–1½ Stunden köcheln lassen, bis das Fleisch ganz zart ist und sich kaum noch Flüssigkeit im Topf befindet. Vom Herd nehmen, nach Geschmack salzen und pfeffern und leicht abkühlen lassen. Koriandergrün oder Petersilie untermischen und die Füllung anschließend im Kühlschrank völlig erkalten lassen.

Für den Teig die Hefe mit dem Zucker, 2 Teelöffeln des feinen Mehls und 60 Millilitern der warmen Milch in einer Schüssel verrühren. Mit Frischhaltefolie abdecken und 15 Minuten ruhen lassen, bis die Mischung schäumt. Nun die Hälfte des verquirlten Eigelbs und die zerlassene Butter einrühren. Das übrige feine Mehl sowie das Vollkornmehl in eine separate Schüssel sieben und das Salz sowie die im Sieb zurückgebliebene Kleie untermengen. In die Mitte eine Mulde drücken und die Hefemischung, den Sauerrahm und die Hälfte der restlichen Milch hineingießen. Alles gründlich verrühren und nach Bedarf etwas mehr Milch hinzufügen, sodass schließlich ein ziemlich fester Teig entsteht. Auf der leicht bemehlten Arbeitsfläche 10 Minuten mit den Händen kneten, bis er glatt und geschmeidig ist. In eine große, mit Fett ausgestrichene Schüssel geben und darin wenden, bis er gleichmäßig eingefettet ist. Die Schüssel mit Frischhaltefolie verschließen und an einen warmen, zugfreien Platz (etwa neben den warmen Herd) stellen, bis der Teig nach 50–60 Minuten sein Volumen verdoppelt hat.

Den Backofen auf 200 °C vorheizen. Den Teig nochmals kurz durchkneten und etwa 5 Millimeter dick ausrollen. Mit einer 8 Zentimeter großen runden Ausstechform 8 Kreise ausstechen und diese anschließend möglichst dünn ausrollen, ohne dass der Teig dabei reißt. In die Mitte jeweils 1½–2 Esslöffel der gekühlten Fleisch-Gemüse-Füllung geben. Die Teigränder mit Eiweiß bestreichen, die Stücke zu Halbmonden zusammenklappen und die Ränder mit den Zinken einer Gabel sorgfältig versiegeln.

Die Piroggen mit einigem Abstand auf gefettete Backbleche legen. Den Rest des Eigelbs mit 1 Esslöffel Wasser verrühren und die Oberseiten damit bestreichen. Im vorgeheizten Ofen etwa 25 Minuten goldbraun backen. Heiß servieren und nach Belieben einen Klecks Joghurt oder Sauerrahm dazugeben.

Anmerkung: Man kann die Piroggen auch frittieren. Dafür in einer Fritteuse oder einem großen Topf mit schwerem Boden reichlich Öl auf 180 °C erhitzen (die Temperatur ist erreicht, wenn ein Brotwürfel in 15 Sekunden bräunt). Die Teigtaschen portionsweise hineingeben, bis sie nach etwa 5 Minuten goldbraun sind.

Variationen: Diese Teigtaschen lassen sich mit so ziemlich allem füllen – herzhaft oder süß. Hier einige Vorschläge: Pilze, Dill und Frischkäse; Lachs, Meeresfrüchte oder Huhn in Béchamelsauce; Spinat, Zwiebel und Käse; durchwachsener Speck, Kohl, Zwiebel und Kartoffeln; Schinken, Kohl, Zwiebeln und Kartoffeln. Auch mit süßen Füllungen, etwa aus Quark oder Ricotta mit Früchten oder Konfitüre, schmecken die Piroggen ausgezeichnet. Lassen Sie also Ihrer Fantasie freien Lauf.

FÜR DEN TEIG

2 TL Trockenhefe
1 TL extrafeiner Zucker
225 g Mehl (Type 405)
125 ml warme Vollmilch
4 Eigelb, leicht verquirlt
1½ EL zerlassene Butter
150 g Weizenvollkornmehl
½ TL Salz
60 g Sauerrahm
1 Eiweiß, leicht verquirlt
griechischer Joghurt (10 % Fett) oder Sauerrahm zum Servieren (nach Belieben)

FISCHFRIKADELLEN MIT CURRY-REMOULADE

FÜR 6 PERSONEN

Für die Frikadellen die Schüssel und das Hackmesser der Küchenmaschine einige Stunden kühlen. Die Fischfilets sorgfältig von allen Gräten befreien und grob würfeln. Zugedeckt kalt stellen.

Die Küchenmaschine schnell zusammensetzen und die Fischfilets mit der Zwiebel, der Sahne, dem Ei und dem Eiweiß rasch zu einer glatten Paste verarbeiten. Brösel, Mehl, Muskatnuss, Zitronenabrieb, Dill, weißen Pfeffer und Salz kurz, aber gründlich untermixen. Die Fischmasse zugedeckt für 1 Stunde in den Kühlschrank stellen.

Alle aufgelisteten Zutaten für die Remoulade verrühren. Zugedeckt ebenfalls kalt stellen.

Für die Zubereitung der Frikadellen einen kräftigen Schuss Öl mit etwas Butter in einer großen Pfanne bei mittlerer Temperatur erhitzen. Von der Fischmasse mit einem Löffel kleinere Portionen abstechen, mit etwas Abstand in die Pfanne geben und leicht flach drücken. Etwa 2 Minuten braten, bis die Frikadellen auf der Unterseite zart gebräunt sind, danach wenden und von der anderen Seite noch 1–2 Minuten braten, bis sie soeben durchgegart sind. Auf Küchenpapier abtropfen lassen und dann entweder gleich servieren – ganz frisch schmecken sie am besten – oder aber im schwach vorgeheizten Ofen warm halten, bis alle Frikadellen gebraten sind (dabei nach Bedarf noch etwas Öl und Butter in die Pfanne geben).

Die Frikadellen zuletzt mit dem Schnittlauch bestreuen. Mit Zitronenspalten und der Remoulade servieren.

Anmerkung: Anstatt Frikadellen zu braten, kann man die Fischmasse auch zu Bällchen formen und diese in einem köchelnden Fischfond einige Minuten pochieren, um sie dann entweder abzuseihen und mit der Remoulade zu genießen oder in der Brühe zu servieren.

Variation: Ersetzen Sie den weißfleischigen Fisch zur Hälfte durch frischen Lachs.

500 g Filet von festem, weißfleischigem Fisch, etwa Kabeljau oder Victoriabarsch
½ kleine Zwiebel, gerieben und ausgedrückt
185 ml Sahne, gekühlt
1 Ei
1 Eiweiß
40 g frische Weißbrotbrösel
40 g Mehl
1 Msp. frisch geriebene Muskatnuss
¼ TL fein abgeriebene Schale von einer unbehandelten Zitrone
1½ TL fein gehackter Dill
1 kräftige Prise weißer Pfeffer
1 TL Salz
Pflanzenöl zum Braten
1 EL Butter
1 EL Schnittlauchröllchen
Zitronenspalten zum Servieren

FÜR DIE CURRY-REMOULADE

125 g Mayonnaise
1½ TL Dijonsenf
1 kleine Gewürzgurke, fein gehackt
1 eingelegte Sardelle, abgetropft und sehr fein gehackt
1½ TL Meerrettich, frisch gerieben oder aus dem Glas
½ TL Currypulver
½ TL Zucker
1½ EL Schnittlauchröllchen
1 TL fein gehackter Dill

POLENTA-PIZZA MIT DREIERLEI KÄSE, KARAMELLISIERTEN ZWIEBELN UND NÜSSEN

FÜR 4 PERSONEN

1 EL Olivenöl
2 EL Butter
2 rote Zwiebeln, in feine Scheiben geschnitten
125 ml italienischer Süßwein, zum Beispiel Moscato oder Vinsanto
2 EL Zucker
1 Knoblauchzehe, zerdrückt
175 g Instantpolenta
1 TL Salz
150 g Fontina (mild-würziger Käse aus dem Aostatal), gerieben
50 g geriebener Parmesan
2 TL kleine Oreganoblättchen plus mehr zum Garnieren
40 g Walnusskerne, gehackt
75 g Gorgonzola oder Saint-Augur, zerkrümelt

Das Olivenöl mit 1 Esslöffel Butter in einer kleinen Pfanne bei mittlerer Temperatur erhitzen und die Zwiebelscheiben darin 15 Minuten hellgelb anbraten. Den Wein mit dem Zucker hinzufügen und zum Kochen bringen. Anschließend bei reduzierter Temperatur 5 Minuten köcheln lassen, bis die Zwiebeln goldbraun und karamellisiert sind, wobei sie jedoch nicht anbrennen dürfen. Vom Herd nehmen und den Knoblauch untermischen.

Inzwischen knapp 700 Milliliter Wasser sprudelnd erhitzen. Langsam die Polenta mit Salz und 1 Esslöffel Butter hineingeben und 5 Minuten rühren, bis der Maisbrei eindickt. In ein mit Öl ausgestrichenes Pizzablech von 30 Zentimetern Durchmesser gießen und gleichmäßig verstreichen. Vollständig auskühlen lassen.

Den Backofen auf 200 °C vorheizen.

Die Zwiebelmischung gleichmäßig auf der kalten Polenta verteilen, dabei einen 1 Zentimeter breiten Rand frei lassen. Fontina und Parmesan mischen und über die Zwiebeln streuen. Darüber 2 Teelöffel Oreganoblättchen und die Walnüsse sowie zuletzt den Blauschimmelkäse verteilen.

Das Blech für 20 Minuten in den Ofen schieben, bis der Käse Blasen wirft und leicht gebräunt ist. Mit weiteren Oreganoblättchen bestreuen und dann direkt vom Blech servieren.

Anmerkung: Anstelle einer großen Pizza können Sie ebenso vier kleine Einzelportionen zubereiten. Da es sich um ein ziemlich gehaltvolles Gericht handelt, passt als Beigabe gut ein Salat aus Rucola und/oder Radicchio mit einem säuerlichen Dressing.

BROTSUPPE MIT BIER UND KNOBLAUCHSAHNE

FÜR 6 PERSONEN

2 EL Butter
1 große Zwiebel, fein gehackt
4 große Scheiben Pumpernickel
4 dicke Scheiben helles Roggenbrot
¼ TL gemahlener Kümmel
¼ TL gemahlener Piment
¼ TL gemahlener Ingwer
¼ TL weißer Pfeffer
2 Lorbeerblätter
375 ml Weizenbier
1,5 l Kalbs- oder Rinderbrühe
1 TL brauner Zucker
Salz und Pfeffer

FÜR DIE KNOBLAUCHSAHNE
150 g Sauerrahm
2 Knoblauchzehen, zerdrückt
1 EL Apfelessig
1 große Scheibe Pumpernickel, zerkrümelt, zum Servieren

Die Butter in einem großen Topf bei mittlerer Temperatur zerlassen und die Zwiebel darin 10 Minuten hellgelb anbraten. Inzwischen das Brot entrinden und in kleine Stücke schneiden.

Die gemahlenen Gewürze und Lorbeerblätter in die Pfanne geben und 1 Minute unter Rühren mitbraten, sodass sie ihr Aroma entfalten. Das Bier und die Brühe zusammen mit dem gesamten Brot sowie dem Zucker hinzufügen. Einmal aufkochen lassen und den Schaum, der sich an der Oberfläche sammelt, abschöpfen. Die Suppe bei milder Hitze 40 Minuten köcheln lassen, bis sie schön sämig ist und einen guten, intensiven Duft verströmt. Mit einem Stabmixer oder portionsweise in der Küchenmaschine pürieren und mit Salz und Pfeffer abschmecken.

Während die Suppe kocht, den Sauerrahm mit dem Knoblauch und dem Essig in einer kleinen Schüssel verrühren und bis zum Servieren in den Kühlschrank stellen.

Die Suppe kochend heiß in tiefe Teller füllen. Auf jede Portion einen Klecks Knoblauchsahne geben und zuletzt noch einige Pumpernickelkrümel darüberstreuen.

Anmerkung: Beim Abkühlen dickt die Suppe ein. Daher etwas Brühe hinzufügen, falls sie aufgewärmt werden muss.

POLENTAKUCHEN MIT MARONEN-HONIG-FENCHEL-BUTTER

FÜR 8 PERSONEN

Den Backofen auf 170 °C vorheizen.

Die Feigen mit dem Weinbrand und 1 Esslöffel Wasser in einen kleinen Topf geben. Einmal aufkochen lassen und dann bei abgeschaltetem Herd 20 Minuten ziehen lassen, bis die Früchte die gesamte Flüssigkeit aufgesogen haben. Abkühlen lassen und anschließend grob hacken.

Die Butter mit dem Honig im Mixer bei hoher Geschwindigkeit hell und cremig aufschlagen. Bei laufendem Gerät die Eigelbe eines nach dem anderen gründlich untermischen. Mit einem Rührlöffel die gehackten Feigen, den Zitronen- und Orangenabrieb, den Apfel, die Pinienkerne, die gemahlenen Mandeln, das Mehl, das Backpulver und die Polenta gründlich untermengen. Die Milch mit dem Vanilleextrakt einrühren, sodass schließlich ein glatter, sehr geschmeidiger Teig entsteht. Die Eiweiße zu steifem Schnee schlagen und 1 großen Löffel davon mit einem Schneebesen energisch unter den Teig rühren. Anschließend den restlichen Eischnee behutsam unterheben.

Eine Kastenform von 8 x 20 Zentimetern mit Butter ausstreichen und den Teig einfüllen. Für 50 Minuten in den Ofen schieben, bis der Kuchen oben zart gebräunt ist und ein in die Mitte eingestochener Spieß sauber wieder herauskommt. Den Kuchen auf ein Gitter stürzen und etwas abkühlen lassen.

Inzwischen alle Zutaten für die Maronen-Honig-Fenchel-Butter sorgfältig verrühren und die Mischung in eine kleine Schale füllen.

Den Polentakuchen noch warm aufschneiden und mit der aromatisierten Butter servieren. Nach Belieben mit etwas Honig beträufeln.

60 g getrocknete Feigen
60 ml Weinbrand
200 g Butter
175 g Honig plus mehr zum Servieren (nach Belieben)
3 Eier, getrennt
1 TL fein abgeriebene Schale von einer unbehandelten Zitrone
1 TL fein abgeriebene Schale von einer unbehandelten Orange
1 Apfel, geschält, vom Kerngehäuse befreit und gerieben
50 g Pinienkerne
50 g gemahlene Mandeln
100 g Mehl, gesiebt
¼ TL Backpulver
150 g grobe Polenta
125 ml Vollmilch
1 TL Vanilleextrakt

FÜR DIE MARONEN-HONIG-FENCHEL-BUTTER

125 g weiche Butter
140 g ungesüßtes Maronenpüree
1 EL Honig
¾ TL Fenchelsamen, geröstet und gemahlen

KRAPFEN MIT MOKKASAUCE

FÜR 6 PERSONEN

15 g Frischhefe
185 ml lauwarme Vollmilch
2 EL Zucker
300 g Mehl
1½ TL gemahlener Zimt
¼ TL Salz
2 Eigelb, leicht verquirlt
2½ EL zerlassene Butter
Pflanzenöl zum Ausbacken
Vanillezucker zum Wenden (siehe Anmerkung)

FÜR DIE MOKKASAUCE
1 l Vollmilch
2½ EL Zucker (nach Belieben auch weniger oder mehr)
½ TL Vanilleextrakt
1 EL starker Espresso (nach Belieben auch mehr)
1 EL ungesüßtes dunkles Kakaopulver
250 g Bitterschokolade, gerieben
6 große Eigelb, verquirlt
Rum oder Wodka nach Geschmack (nach Belieben)
gekühlte Schlagsahne und gemahlener Zimt oder geriebene Muskatnuss zum Servieren (nach Belieben)

Für die Krapfen die Hefe in eine kleine Schüssel bröckeln und in 60 Millilitern warmer Milch auflösen, anschließend 1 Teelöffel Zucker einrühren. Die Mischung lose mit Frischhaltefolie abdecken und 15 Minuten ruhen lassen, bis sie schäumt.

Das Mehl in eine große Schüssel sieben. Den Zimt, das Salz und den restlichen Zucker untermengen. In die Mitte eine Mulde drücken und die Hefemischung hineingeben. Die Eigelbe, die zerlassene Butter und einen Großteil der restlichen Milch dazugießen und alles zu einem geschmeidigen Teig verarbeiten, dabei nach Bedarf noch etwas mehr Milch hinzufügen.

Den Teig auf der leicht bemehlten Arbeitsfläche etwa 5 Minuten mit den Händen kneten, bis er ganz glatt ist. In eine mit Butter ausgestrichene Schüssel geben und darin wenden, bis er gleichmäßig eingefettet ist. Lose mit Frischhaltefolie abdecken und an einem warmen, zugfreien Platz (etwa neben dem warmen Herd) 50–60 Minuten gehen lassen, bis er sein Volumen verdoppelt hat.

Den Teig anschließend nochmals kurz durchkneten und dann etwa 1,5 Zentimeter dick ausrollen. Mit einem runden Teigausstecher von 3 Zentimetern Durchmesser insgesamt etwa 30 Kreise ausstechen und auf ein gefettetes Backblech legen. Erneut lose mit Frischhaltefolie abdecken und 10–15 Minuten zum Aufgehen beiseitestellen.

Während der Teig ruht, die Sauce zubereiten. Dafür die Milch bis auf 2 Esslöffel in einen Topf geben und den Zucker, den Vanilleextrakt, den Espresso sowie das Kakaopulver hinzufügen. Bei mittlerer Temperatur erhitzen und mit einem Schneebesen rühren, bis sich der Zucker gelöst hat, dabei die Mischung jedoch nicht aufkochen lassen. Vom Herd nehmen, die Schokolade hineingeben und rühren, bis sie beinahe geschmolzen ist. In einer großen Schüssel die Eigelbe mit den restlichen 2 Esslöffeln Milch verquirlen. Die heiße Milchmischung mit einem Schneebesen einrühren. Die Sauce beiseitestellen.

Eine Fritteuse oder einen großen Topf mit schwerem Boden zu einem Drittel mit Öl füllen. Auf 180 °C erhitzen – die Temperatur ist erreicht, wenn ein Brotwürfel in 15 Sekunden bräunt. Die Krapfen portionsweise 2–3 Minuten ausbacken, bis sie schön aufgegangen und goldbraun sind. Auf Küchenpapier abtropfen lassen und noch heiß in Vanillezucker wälzen. Im sanft aufgeheizten Backofen warm halten, bis sämtliche Krapfen ausgebacken sind.

Gleichzeitig die Sauce bei mittlerer Temperatur unter ständigem Rühren 10 Minuten erwärmen, bis sie so stark eindickt, dass sie den Rücken eines Kochlöffels überzieht. Den Rum oder Wodka, falls verwendet, einrühren und die Sauce gleichmäßig auf 6 Schalen verteilen. Die noch heißen Krapfen mit der Sauce sowie nach Belieben mit gekühlter Schlagsahne und Zimt oder Muskatnuss servieren.

Anmerkung: Echter Vanillezucker, der sich auch gut zum Süßen heißer Getränke eignet, lässt sich leicht selbst herstellen, indem man eine Vanilleschote in ein Glas mit extrafeinem Zucker steckt und dieses gut verschließt. Je länger der Zucker durchzieht, desto intensiver wird sein Aroma.

Tipp: Die Krapfen kann man auch ohne die Mokkasauce servieren. Reichen Sie Marmelade oder Kompott dazu, nach Belieben auch Sirup zum Beträufeln.

SAFRANSCHNECKEN MIT ZIMT UND KORIANDER

ERGIBT 16 STÜCK

25 g Frischhefe
2 kräftige Prisen Safranfäden
250 ml warme Vollmilch
2 EL Zucker
525 g Mehl
1 Ei plus 1 weiteres Ei zum Bestreichen
1 Eigelb
2 EL zerlassene Butter
½ TL Salz
150 g weiche Butter
100 g brauner Zucker
2 EL gemahlene Mandeln
1 EL gemahlener Zimt
1½ EL gemahlener Koriander

FÜR DIE ZITRONENGLASUR
125 g Puderzucker, gesiebt
2 EL frisch gepresster Zitronensaft
½ TL Vanilleextrakt

Die Hefe mit dem Safran und 80 Millilitern warmer Milch in eine Schüssel geben und rühren, bis die Hefe aufgelöst ist. Den Zucker und 2 Teelöffel Mehl einrühren. Die Schüssel fest mit Frischhaltefolie verschließen und 15 Minuten beiseitestellen, bis der Inhalt schäumt.

Das Ei, das Eigelb und die zerlassene Butter verrühren und unter die Hefemischung ziehen. Das restliche Mehl mit dem Salz in eine große Schüssel sieben und in die Mitte eine Mulde drücken. Die Hefemischung und einen Großteil der restlichen Milch hineingießen und die Zutaten gründlich vermengen. Dabei nach Bedarf etwas mehr Milch hinzufügen, sodass schließlich ein geschmeidiger Teig entsteht. In eine große eingefettete Schüssel geben und darin wenden, bis der Teig gleichmäßig glänzt. Locker mit Frischhaltefolie abdecken und an einem warmen Ort (zum Beispiel neben dem warmen Herd) gehen lassen, bis sich nach 1 Stunde das Volumen verdoppelt hat.

Den Teig auf der leicht bemehlten Arbeitsfläche zusammenschlagen und dann 5 Minuten kneten, bis er glatt und elastisch ist und nicht mehr klebt. Etwa 5 Millimeter dick zu einem 50 x 50 Zentimeter großen Quadrat ausrollen. Mit der weichen Butter bestreichen. Braunen Zucker, Mandeln, Zimt und Koriander vermengen und gleichmäßig auf den Teig streuen. Die Teigplatte fest aufrollen und anschließend mit einem scharfen Messer in 3 Zentimeter dicke Scheiben schneiden. Die Schnecken auf mit Backpapier ausgelegte Bleche legen, dabei genügend Abstand lassen. Erneut, mit Frischhaltefolie abgedeckt, an einem warmen Platz in etwa 1 Stunde auf das Doppelte aufgehen lassen.

Inzwischen den Backofen auf 200 °C vorheizen. Das zweite Ei mit 1 Esslöffel kaltem Wasser leicht verquirlen und die Schnecken auf der Oberseite damit bepinseln. In 15–20 Minuten goldbraun backen. Danach auf einem Kuchengitter, mit einem sauberen Küchentuch bedeckt, 5 Minuten abkühlen lassen.

Währenddessen den Puderzucker mit dem Zitronensaft, dem Vanilleextrakt und so viel Wasser verrühren, dass eine nicht zu dickflüssige Glasur entsteht. Die Hälfte davon über die Schnecken träufeln und, wenn diese nach 10 Minuten weiter ausgekühlt sind, mit der restlichen Glasur bestreichen. Mit einer Tasse Tee oder Kaffee genießen.

PANETTONE MIT SCHMELZENDER MARSHMALLOW-SCHOKO-FÜLLUNG

ERGIBT 8 STÜCK

1 großer Panettone, in acht Scheiben von 1 cm Dicke geschnitten
100 g weiche Butter
Amaretto zum Beträufeln
2 Tafeln (je 100 g) Bitterschokolade mit 70 % Kakaoanteil
12 weiße Marshmallows, halbiert
30 g Puderzucker
1 TL gemahlener Zimt

Die Panettonescheiben so beschneiden, dass Quadrate von 10 x 10 Zentimetern entstehen. Die Scheiben anschließend so durchschneiden, dass sie jeweils zwei Rechtecke von 5 x 10 Zentimetern ergeben. Die Stücke auf einer Seite großzügig mit Butter bestreichen.

Ein Stück Frischhaltefolie auf der Arbeitsfläche ausbreiten und 8 Panettonestücke mit der gebutterten Seite nach unten darauflegen. Etwas Amaretto daraufträufeln. Ein sehr scharfes Messer in heißes Wasser tauchen und die Schokoladentafeln damit jeweils in 4 breite Stücke schneiden. Auf die vorbereiteten Panettoneschnitten je 1 Stück Schokolade und darauf nebeneinander 3 Marshmallow-Stücke platzieren. Zuletzt die 8 übrigen Panettoneschnitten mit der gebutterten Seite nach oben darauflegen. Insgesamt entstehen auf diese Weise also 8 »Sandwiches«.

Eine große beschichtete Pfanne bei mittlerer Temperatur erhitzen. Die Panettone-»Sandwiches« vorsichtig, sodass die Füllung nicht herausrutscht, hineingeben und 2–3 Minuten braten. Ebenso vorsichtig wenden und von der zweiten Seite nochmals 2–3 Minuten braten, bis sowohl die Schokolade als auch die Marshmallows geschmolzen sind und der Panettone goldbraun und knusprig ist. Sofort auf eine Servierplatte geben.

Den Puderzucker mit dem Zimt vermischen und die heißen »Sandwiches« damit bestäuben. Warm servieren.

BIERKUCHEN MIT ROSINEN UND WALNUSS-STREUSELN

FÜR 8 PERSONEN

Die Rosinen in einer Schüssel mit kochendem Wasser bedecken und quellen lassen, bis sie nach 20 Minuten schön prall sind. Abseihen und grob hacken.

Für die Streusel alle angegebenen Zutaten gründlich vermengen. Den Backofen auf 170 °C vorheizen.

Butter, Sauerrahm, Zucker, Kardamom und Zitronenabrieb in die Schüssel der Küchenmaschine füllen und auf hoher Stufe hell und cremig rühren. Bei weiter laufendem Gerät die Eier einzeln gründlich daruntermischen. Den Vanilleextrakt und die Rosinen unterziehen. Das Mehl und das Backpulver in eine separate Schüssel sieben. Die Hälfte davon in die Buttermischung einarbeiten und dann die Hälfte des Biers gründlich einrühren. Schließlich den Rest des Mehls und dann das übrige Bier untermischen. Den Teig in eine 23 Zentimeter große beschichtete oder gebutterte und mit Backpapier ausgelegte Springform füllen und die Streusel gleichmäßig auf der Oberfläche verteilen.

Den Kuchen auf der mittleren Schiene 50–55 Minuten backen. Zur Garprobe einen Spieß in die Mitte einstechen: Beim Herausziehen darf kein Teig an ihm haften. Zunächst kurz in der Form und anschließend auf einem Kuchengitter weiter abkühlen lassen. Warm oder mit Zimmertemperatur servieren.

Anmerkung: Mit Eiscreme schmeckt dieser Kuchen genauso köstlich wie mit frisch geschlagener Sahne, umso mehr, wenn sie mit Zucker und einem Hauch gemahlenem Kardamom abgeschmeckt ist. Man kann ihn auch einfach mit etwas Butter bestreichen.

85 g Rosinen
150 g weiche Butter
125 g Sauerrahm
170 g extrafeiner Zucker
½ TL gemahlener Kardamom
1 TL fein abgeriebene Schale von einer unbehandelten Zitrone
3 große Eier, zimmerwarm
1 TL Vanilleextrakt
375 g Mehl, gesiebt
½ TL Backpulver
170 ml helles Bier
Eiscreme oder Schlagsahne zum Servieren (siehe Anmerkung)

FÜR DIE STREUSEL

100 g weiche Butter
125 g brauner Zucker
90 g Walnusskerne, grob gehackt
60 g Marzipan, gehackt (nach Belieben)
50 g Mehl

GLÜHWEIN

FÜR 8 PERSONEN

1 unbehandelte Orange, in Scheiben geschnitten
¼ TL gemahlener Kardamom
½ TL gemahlener Koriander
1 TL gemahlener Zimt
½ TL gemahlene Fenchelsamen
½ TL gemahlener Ingwer
3 Gewürznelken
60 g gehobelte Mandeln (nach Belieben)
40 g Rosinen (nach Belieben)
750 ml Rotwein
250 ml Portwein
2 EL Zucker
125 ml Aquavit (siehe Anmerkung Seite 29)
8 Zimtstangen zum Servieren (nach Belieben)

In einem Topf 750 Milliliter Wasser mit den Orangenscheiben, Kardamom, Koriander, Zimt, Ingwer, Fenchelsamen und Nelken zum Kochen bringen. Anschließend bei reduzierter Temperatur 5 Minuten köcheln lassen. Den Topf vom Herd nehmen und den Inhalt 15 Minuten ziehen lassen, sodass sich die Aromen gut entfalten.

Durch ein feines Sieb in einen sauberen Topf seihen. Die Mandeln und Rosinen, falls verwendet, hinzufügen. Rotwein und Portwein dazugießen und dann bei mittlerer Temperatur den Zucker einrühren, bis er vollständig gelöst ist. Dabei die Mischung nicht aufkochen lassen. Den Aquavit dazugießen und den Glühwein in 8 Keramikbecher oder hitzebeständige Gläser füllen. Langstielige Löffel aus Metall verhindern nicht nur, dass hitzeempfindliche Trinkgefäße platzen, mit ihnen lassen sich auch gut die Mandeln und Rosinen herausfischen. Für ein intensiveres Aroma geben Sie zusätzlich je 1 ganze Zimtstange in die Becher oder Gläser.

Anmerkung: Für eine alkoholfreie Variante kann man Rotwein und Portwein durch Traubensaft oder Johannisbeersirup, nach Anweisung des Herstellers verdünnt, ersetzen.

HEISSER KIRSCHPUNSCH MIT MINZE

FÜR 4 PERSONEN

Den Kirschsaft mit dem Teebeutel und den getrockneten Kirschen in einem Topf bei mittlerer bis hoher Temperatur zum Kochen bringen, danach bei verringerter Hitze 5 Minuten köcheln lassen. Vom Herd nehmen und 20 Minuten ziehen lassen. Erneut auf hoher Stufe aufkochen und gleich wieder vom Herd ziehen. Den Teebeutel herausnehmen und nach 1 Minute, wenn die Mischung ganz leicht abgekühlt ist, den Likör und das Kirschwasser einrühren. Den Punsch in hitzebeständige Gläser füllen und mit einem Löffel oder einer Gabel zum Essen der Kirschen sofort servieren.

1 l Kirschsaft
1 Beutel Pfefferminztee
2 EL getrocknete Sauerkirschen
80 ml Kirschlikör
80 ml Kirschwasser

WARMER APFEL-TODDY

FÜR 6 PERSONEN

750 ml klarer Apfelsaft
½ TL frisch geriebene Muskatnuss
1½ TL Pimentkörner
1 kleiner Apfel, vom Kerngehäuse befreit und in feine Scheiben geschnitten
500 ml Cidre
80 ml Calvados

Den Apfelsaft mit Muskatnuss und Piment in einem Topf zum Kochen bringen. Vom Herd nehmen und 15 Minuten ziehen lassen. Anschließend bei hoher Temperatur nochmals kurz aufkochen.

Inzwischen die Apfelscheiben in einen großen Krug geben. Den heißen Apfelsaft durch ein sehr feines Sieb dazugießen. Mit Cidre und Calvados auffüllen und den Toddy sofort servieren.

GROG VON BLACK BALSAM

FÜR 4 PERSONEN

Den Likör auf 4 hitzebeständige Gläser oder Keramikbecher verteilen. Jeweils 1 Streifen Orangenschale hinzufügen und 1 kleine Prise gemahlene Gewürznelken einstreuen. Mit frisch aufgekochtem und nur ganz leicht abgekühltem Wasser aufgießen. In jedes Glas 1 Teelöffel Butter geben, aber nicht umrühren. Nach Geschmack mit etwas braunem Zucker süßen.

Anmerkung: Rigas Melnais Balzams lautet der lettische Originalname des schwarzen Kräuterlikörs, und er ist auch auf dem Etikett zu lesen, das die traditionellen Steingutflaschen ziert. Zu den natürlichen Ingredienzen gehören Blüten, Wurzeln und eben Kräuter. Man genießt den »schwarzen Balsam aus Riga« auch pur als Magenbitter oder zum Beispiel mit Wodka gemischt.

200 ml Riga Black Balsam (siehe Anmerkung) oder brauner Rum
4 Streifen fein abgeschälte Schale von einer unbehandelten Orange
1 Prise gemahlene Gewürznelken
4 TL Butter
brauner Zucker nach Geschmack

KAFFEE MIT LEBKUCHENGEWÜRZ

FÜR 4 PERSONEN

25 g fein gemahlener Kaffee (geeignet für einen französischen Kaffeebereiter)
1 TL gemahlener Zimt
¼ TL gemahlener Koriander
½ TL gemahlener Ingwer
1 kleine Prise gemahlene Gewürznelken
etwa 3 TL Melasse (nach Geschmack)
½ TL Vanilleextrakt
4 Zimtstangen zum Servieren
Milch oder Sahne zum Servieren
brauner Zucker zum Servieren

Das Kaffeepulver mit den Gewürzen in den Glaszylinder des Kaffeebereiters füllen und mit ½ Liter kochendem Wasser überbrühen. Melasse und Vanilleextrakt einrühren und mit ½ Liter kochendem Wasser auffüllen. Nach 3 Minuten den Filter herunterdrücken.

Die Zimtstangen in 4 große hitzebeständige Gläser oder Keramikbecher geben und den Kaffee dazugießen. Milch oder Sahne und braunen Zucker separat reichen.

HEISSE SCHOKOLADE MIT MANDELN

FÜR 4 PERSONEN

Die Sahne steif schlagen und die Marshmallows unterziehen. Zugedeckt bis zur Verwendung in den Kühlschrank stellen.

Die Schokolade raspeln oder fein hacken und in eine hitzebeständige Schüssel füllen.

In einem Topf die Milch mit dem Vanilleextrakt, dem Mandelaroma und dem Kakaopulver unter gelegentlichem Rühren erhitzen, bis sie beinahe kocht. Anschließend auf kleinerer Stufe 3 Minuten köcheln lassen. Durch ein feines Sieb zur Schokolade gießen und kräftig mit einem Schneebesen rühren, bis sie geschmolzen ist und die Mischung eine gleichmäßige Farbe angenommen hat. Die Flüssigkeit zurück in den Topf füllen und langsam wieder erhitzen.

Sobald die heiße Schokolade köchelt, in 4 große hitzebeständige Gläser oder Keramikbecher gießen. Mit der Schlagsahne krönen und den Zimt sowie die gehobelten Mandeln aufstreuen. Sofort servieren und Zucker dazu reichen, sodass die Gäste ihre Schokolade nach Geschmack selbst süßen können.

Anmerkung: Was beim Kaffee der »Pharisäer«, der unter seiner Sahnehaube einen Schuss Rum verbirgt, ist bei der Schokolade der »Lumumba«, angereichert mit Schokoladenlikör, Amaretto (Mandellikör) oder ebenfalls Rum.

125 ml Sahne
12 Marshmallows, sehr fein gehackt
400 g Bitterschokolade mit 70 % Kakaoanteil
875 ml Vollmilch
½ TL Vanilleextrakt
etwa ¼ TL natürliches Mandelaroma (nach Geschmack)
1 TL ungesüßtes Kakaopulver
gemahlener Zimt zum Bestreuen
gehobelte Mandeln zum Servieren
Zucker zum Servieren

HOLUNDERPUNSCH MIT GIN UND ZITRONE

FÜR 4 PERSONEN

125 ml Holunderblütensirup
1 TL frisch gepresster Zitronensaft
Zesten von einer unbehandelten Zitrone
getrocknete Holunder- oder Kamillenblüten (nach Belieben)
175 ml Gin

Holunderblütensirup und Zitronensaft auf 4 hitzebeständige Gläser verteilen. Jeweils einige Zitronenzesten und etwas getrocknete Holunderblüte oder einige Kamillenblüten, falls verwendet, hinzufügen. Die Gläser zu etwa zwei Dritteln mit kochend heißem Wasser auffüllen, gründlich umrühren und 1 Minute ziehen lassen. Zuletzt den Gin gleichmäßig verteilt dazugießen.

Anmerkung: Selbstverständlich können Sie für einen belebenden alkoholfreien Drink den Gin weglassen.

HONIG-SAFRAN-LIKÖR

ERGIBT ETWA 1 LITER

Den Honig mit 125 Millilitern Wasser, der Vanilleschote, der Zimtstange, dem Pfeffer und dem Piment, der Muskatnuss und dem Safran in einen Topf geben und erhitzen. Wenn die Mischung soeben aufkocht, die Hitze unverzüglich verringern und das Ganze noch 5 Minuten köcheln lassen, danach vom Herd nehmen. Die Zitronenschale in den Topf geben und den Inhalt 20 Minuten ziehen lassen. Nochmals zum Köcheln bringen und dann wieder vom Herd nehmen. Völlig abkühlen lassen, durch ein Sieb gießen und den Wodka einrühren. Den Likör in eine sterilisierte Flasche füllen und fest verschlossen 1 Woche ruhen lassen. Gekühlt oder leicht erwärmt servieren.

350 g Honig
½ Vanilleschote, fein gehackt
1 Zimtstange
10 weiße Pfefferkörner
6 Pimentkörner
¼ TL frisch geriebene Muskatnuss
1 kleine Prise Safranfäden
3 Streifen fein abgeschälte Schale von einer unbehandelten Zitrone
750 ml Wodka

WAS UNS WÄRMT

EINGEHÜLLT IN EINEN DICKEN WOLLPULLOVER, EINE DAUNENJACKE UND EINEN FLAUSCHIGEN SCHAL, KANN MAN IN DER KALTEN JAHRESZEIT DEN ELEMENTEN TROTZEN. EIN HERZHAFTES FRÜHSTÜCK, EINE KRÄFTIGE MAHLZEIT ODER AUCH ETWAS SÜSSES, DAS MAN, VIELLEICHT IN EINEN GEMÜTLICHEN SESSEL GEKUSCHELT, GENIESST, SORGEN FÜR WOHLIGE WÄRME VON INNEN HERAUS.

SÜSSE POLENTA MIT ZIMTPFLAUMEN

FÜR 4–6 PERSONEN

FÜR DIE ZIMTPFLAUMEN
20 Backpflaumen, entsteint
1 Zimtstange
1 kleine Prise gemahlene Gewürznelken
2 EL Zucker
1 EL Honig

1 Vanilleschote
500 ml Vollmilch
1 breiter Streifen fein abgeschälte Schale von einer unbehandelten Zitrone
100 g feine Instantpolenta
125 ml Sahne plus mehr zum Servieren (nach Belieben)
4 EL Zucker
30 g Haselnusskerne, geröstet und gehackt

Backpflaumen, Zimtstange, Nelken, Zucker und Honig mit gut 300 Millilitern Wasser in einen Topf geben. Auf mittlerer bis hoher Temperatur aufsetzen und rühren, bis der Zucker gelöst ist und das Ganze aufkocht. Anschließend auf kleinerer Stufe 10 Minuten köcheln lassen, bis die Backpflaumen ganz weich sind – sie sollen aber nicht zerfallen. Die Pflaumen herausnehmen und auf einem Teller beiseitestellen. Die Flüssigkeit erneut aufkochen und 5 Minuten sirupartig reduzieren. Die Pflaumen wieder in den Topf geben und diesen zugedeckt beiseitestellen.

Die Vanilleschote längs aufschlitzen, das Mark herausschaben und zusammen mit der Schote in einen großen Topf geben. Die Milch, die Zitronenschale und 500 Milliliter Wasser hinzufügen. Bei mittlerer bis hoher Temperatur bis kurz vor dem Siedepunkt erhitzen. Anschließend die Temperatur so weit verringern, dass die Flüssigkeit nur noch leise simmert. Langsam unter ständigem Rühren die Polenta einrieseln lassen und 10–15 Minuten unablässig weiterrühren, bis ein geschmeidiger glatter Brei entstanden ist. Die Sahne und den Zucker unterziehen und noch 5 Minuten rühren, bis er sich aufgelöst hat.

Den Topf vom Herd nehmen und die Polenta auf 4–6 Schalen verteilen. Darauf die Pflaumen mitsamt dem Sirup geben. Mit den Haselnüssen bestreuen und sofort servieren. Dazu nach Belieben weitere Sahne oder auch glatt gerührten Mascarpone reichen.

Variation: Ebenso köstlich schmeckt die Polenta mit Datteln anstelle der Backpflaumen.

GEWÜRZWAFFELN MIT RHABARBERSIRUP UND ORANGENBUTTER

FÜR 4 PERSONEN

Für den Rhabarbersirup alle aufgelisteten Zutaten in einen kleinen Topf geben. Bei hoher Temperatur aufkochen und dann bei reduzierter Hitze 5 Minuten köcheln lassen, bis der Rhabarber sehr weich ist. Den Topfinhalt durch ein Sieb in eine Schüssel abseihen und anschließend die Rückstände im Sieb wegwerfen. Die Flüssigkeit wieder in den Topf gießen und unter Rühren 3–4 Minuten sirupartig einköcheln lassen.

Für die Orangenbutter die weiche Butter mit dem Orangenabrieb und dem Zucker in einer Schüssel mit einem elektrischen Handrührgerät 10 Minuten hell und cremig aufschlagen. Wenn die Butter im Voraus zubereitet wird, sollte man sie kühl stellen, vor dem Servieren jedoch nochmals kurz durchrühren.

Für die Waffeln das Mehl mit dem Backpulver und den Gewürzen in eine Schüssel sieben und den Zucker untermischen. In die Mitte eine Mulde drücken. In einer separaten Schüssel Buttermilch und Eigelbe mit einem Schneebesen verquirlen und in die Mulde gießen. Nach und nach mit dem Schneebesen die flüssigen unter die trockenen Zutaten rühren, bis ein glatter Teig entsteht – er soll die Konsistenz einer dünnen Creme haben, daher nach Bedarf weitere Buttermilch hinzufügen. Den Teig 10 Minuten ruhen lassen. Die Eiweiße mit Salz zu steifem Schnee schlagen und 1 Löffel davon unter den Teig rühren. Den Rest vorsichtig, aber gründlich unterheben.

Das Waffeleisen erhitzen und dünn mit zerlassener Butter ausstreichen. Mit einer Schöpfkelle eine Portion Teig in die Mitte geben. Die Form schließen und die Waffel 8 Minuten backen, bis sie goldbraun ist. Herausnehmen und auf einem Kuchengitter im Backofen warm halten, bis alle Waffeln – insgesamt 8 Stück – fertig gebacken sind.

Vor dem Servieren jeweils einen Klecks Orangenbutter auf die Waffeln geben und den Rhabarbersirup darüberträufeln.

Anmerkung: Wenn Sie keine Zeit haben, um den Rhabarbersirup und die Orangenbutter zuzubereiten, servieren Sie die Waffeln einfach mit Butter oder Schlagsahne und reichen dazu Preiselbeerkompott oder etwas Ahornsirup.

FÜR DEN RHABARBERSIRUP

3 Stangen Rhabarber, geschält und fein gehackt
80 ml frisch gepresster Orangensaft, durchgeseiht
3 TL Melasse
50 g Zucker
1 TL Vanilleextrakt

FÜR DIE ORANGENBUTTER

80 g weiche Butter
1½ TL fein abgeriebene Schale von einer unbehandelten Orange
1 TL brauner Zucker

FÜR DIE WAFFELN

225 g Mehl
¼ TL Backpulver
1 TL gemahlener Zimt
½ TL gemahlener Kardamom
½ TL gemahlener Ingwer
2 EL extrafeiner Zucker
300 ml Buttermilch (nach Bedarf etwas mehr)
2 Eier, getrennt
1 Prise Salz
zerlassene Butter für das Waffeleisen

MÜSLI-PFANNKUCHEN MIT CRANBERRY-APFEL-KOMPOTT UND JOGHURT

FÜR 4–6 PERSONEN

FÜR DIE MÜSLI-PFANNKUCHEN
100 g Haferflocken
1½ EL Roggenflocken
2 EL Sonnenblumenkerne
2 EL getrocknete Cranberrys
40 g gehackte Mandeln
310 ml Vollmilch
40 g Mehl
1½ TL Backpulver
1 TL gemahlener Zimt
1 EL brauner Zucker
2 große Eier
zerlassene Butter zum Braten
griechischer Joghurt (10 % Fett) oder Vanillejoghurt zum Servieren

FÜR DAS CRANBERRY-APFEL-KOMPOTT
125 g tiefgekühlte Cranberrys
1 Apfel, vom Kerngehäuse befreit, gewürfelt
125 ml Cranberrysaft
1 TL Vanilleextrakt
½ TL fein abgeriebene Schale von einer unbehandelten Orange
50 g Zucker
½ EL Honig

Die Hafer- und die Roggenflocken, Sonnenblumenkerne, getrockneten Cranberrys und Mandeln mit der Milch in eine Schüssel geben. Gründlich mischen und zugedeckt über Nacht in den Kühlschrank stellen.

Für das Cranberry-Apfel-Kompott alle aufgelisteten Zutaten in einen Topf füllen. Bei hoher Temperatur rühren, bis der Zucker gelöst ist. Einmal aufkochen und dann auf kleinerer Stufe 15 Minuten köcheln lassen, bis die Früchte weich sind und die Sauce leicht eingedickt ist. Falls die Pfannkuchen sofort zubereitet werden, das Kompott warm halten, andernfalls beiseitestellen und vor dem Servieren wieder erwärmen.

Für die Pfannkuchen Mehl, Backpulver, Zimt, Zucker und die Eier zur Müslimischung geben und alles gründlich verrühren. Den Teig 10 Minuten ruhen lassen.

Die Pfannkuchen – insgesamt 8 Stück – werden portionsweise gebraten. Dafür eine große, beschichtete Pfanne bei mittlerer Temperatur erhitzen und dünn mit zerlassener Butter ausstreichen. Für jeden Pfannkuchen 60 Milliliter Teig hineingeben und die Pfannkuchen von beiden Seiten 3 Minuten braten, bis sie durchgegart und goldgelb sind.

Zum Servieren das Cranberry-Apfel-Kompott zusammen mit einem Klecks Joghurt auf die Pfannkuchen geben.

SPECKRÖSTI MIT VERLORENEN EIERN UND THYMIAN-HOLLANDAISE

FÜR 4 PERSONEN

FÜR DIE SPECKRÖSTI

4 fest- oder vorwiegend festkochende Kartoffeln (etwa 750 g), gewaschen, aber ungeschält
2 EL Butter
1 kleine Zwiebel, fein gehackt
1 Scheibe Frühstücksspeck, fein gehackt
1 Thymianzweig, die Blättchen sehr fein gehackt
1 Handvoll Schnittlauch, in Röllchen geschnitten
Salz und Pfeffer
Pflanzenöl zum Braten

FÜR DIE THYMIAN-HOLLANDAISE

2 Eigelb
1 EL frisch gepresster Zitronensaft
1 kleiner Thymianzweig, die Blättchen fein gehackt
Salz
1 kleine Prise weißer Pfeffer
100 g Butter, in 1 cm große Würfel geschnitten

4 große, sehr frische Eier
1 EL Essig

Die Kartoffeln in einem großen Topf mit Wasser aufsetzen. Zum Kochen bringen und 10–12 Minuten garen, bis sie gerade weich werden, im Kern aber noch ganz fest sind.

Inzwischen die Sauce hollandaise zubereiten. Dafür die Eigelbe mit dem Zitronensaft, Thymian, Salz und weißen Pfeffer in einer kleinen, hitzebeständigen Schüssel mit einem Schneebesen gründlich verquirlen. Die Schüssel auf einen Topf mit schwach siedendem Wasser setzen – ihr Boden darf dabei nicht mit dem Wasser in Berührung kommen – und den Inhalt mit dem Schneebesen 8 Minuten aufschlagen, bis er cremig wird. Als Nächstes die Butter einarbeiten: Immer nur 2–3 Würfel auf einmal hinzufügen und vor der nächsten Zugabe kontinuierlich weiterschlagen, bis sie von der Sauce aufgenommen sind. Dabei dürfen sich die Zutaten nicht wieder voneinander trennen, sondern es soll eine glatte, glänzende Mischung entstehen. Wenn alle Butterwürfel untergerührt sind, die Schüssel aus dem Wasserbad nehmen und die Sauce bis zur Verwendung zugedeckt warm stellen.

Die Kartoffeln abgießen und völlig auskühlen lassen, danach pellen und über einer Schüssel grob raspeln. Die Butter in einer kleinen Pfanne bei mittlerer Temperatur zerlassen. Die Zwiebel zusammen mit dem Speck darin 5 Minuten hellgelb anbraten. Den Pfanneninhalt zusammen mit dem Thymian und zwei Dritteln des Schnittlauchs zu den Kartoffeln geben. Kräftig salzen und pfeffern und alles gründlich vermengen.

In einer beschichteten Pfanne etwas Pflanzenöl bei mittlerer bis hoher Temperatur erhitzen. Ein Viertel der Kartoffelmasse hineingeben, mit einem Spatel zu einem etwa 1,5 Zentimeter dicken Fladen flach drücken und 5 Minuten braten, bis er auf der Unterseite goldbraun ist. Behutsam wenden und von der zweiten Seite ebenfalls 5 Minuten goldbraun braten. Zum Abtropfen auf Küchenpapier geben und anschließend auf einem Backblech im sanft vorgeheizten Ofen warm halten, bis der Rest der Kartoffelmasse zu 3 weiteren Rösti verarbeitet ist. Dabei vor jedem neuen Durchgang etwas frisches Öl in die Pfanne geben.

Eine große Pfanne mit hohem Rand zur Hälfte mit Wasser füllen. Aufkochen und dann die Hitze so weit verringern, dass das Wasser nur noch siedet. Den Essig hinzufügen. Die Eier vorsichtig in einzelne Tassen aufschlagen, ohne das Dotter zu verletzen. Mit einem Kochlöffel das Wasser umrühren, bis ein kleiner Strudel entsteht, und rasch eines nach dem anderen die Eier hineingleiten lassen, sodass sie in der Pfanne gleichmäßig verteilt sind. Zugedeckt 2–3 Minuten (je nach gewünschter Festigkeit des Eigelbs) gar ziehen lassen. Wer kein geübter Koch ist, sollte die Eier nacheinander pochieren. Man kann sie aber auch einfach in etwas Butter braten.

Die Rösti auf einzelnen Tellern anrichten. Darauf jeweils 1 verlorenes Ei und etwas Sauce hollandaise geben. Mit den restlichen Schnittlauchröllchen bestreuen.

Variation: Gut macht sich dazu etwas in Butter gedünsteter und mit geriebener Muskatnuss gewürzter Spinat oder Mangold. Aber auch pur oder als Beilage serviert schmecken Rösti vorzüglich. Und wenn man etwas geriebenen Apfel zur Kartoffelmasse gibt, entsteht eine ideale Begleitung zu Gerichten mit Schweinefleisch.

BUCHWEIZEN-KASCHA MIT PILZEN IN DILLRAHM

FÜR 6 PERSONEN

1½ EL getrocknete Steinpilze
1,5 l Hühnerbrühe oder Wasser
2½ EL Butter
350 g Buchweizengrütze
½ kleine Zwiebel, fein gehackt
500 g braune Champignons, in Scheiben geschnitten
150 g Sauerrahm
1 Knoblauchzehe, zerdrückt
1 Handvoll Dill, gehackt
Salz und Pfeffer

Die getrockneten Steinpilze über einem Topf grob zerbröckeln. Die Brühe oder das Wasser dazugießen und langsam zum Kochen bringen. Vom Herd nehmen und beiseitestellen.

In einer großen Pfanne mit hohem Rand ½ Esslöffel Butter bei mittlerer bis hoher Temperatur zerlassen. Den Buchweizen hineingeben und 5 Minuten rühren, bis er leicht gebräunt ist und aromatisch duftet.

Die Steinpilze abseihen und das Einweichwasser dabei auffangen. Langsam unter ständigem Rühren zum Buchweizen gießen. Einmal aufkochen und dann bei milder Hitze zugedeckt 20 Minuten köcheln lassen. Dabei gelegentlich rühren, bis der Buchweizen die Flüssigkeit fast vollständig aufgesogen hat und ganz weich ist. Abschmecken.

Inzwischen die eingeweichten Steinpilze fein hacken. Die restliche Butter in einem Topf bei mittlerer Temperatur zerlassen und die Zwiebel darin unter gelegentlichem Rühren 5 Minuten hellgelb anbraten. Die Steinpilze und Champignons hinzufügen und 10 Minuten braten, bis der Saft, den die Pilze abgeben, verdampft ist und die Champignons weich sind. Vom Herd nehmen. Den Sauerrahm zusammen mit Knoblauch und Dill unter die Pilze ziehen. Mit Salz und Pfeffer abschmecken.

Den Buchweizen auf 4 Teller verteilen und die Pilze mit dem Dillrahm daraufgeben. Sofort servieren.

Variation: Die Buchweizengrütze kann auch süß serviert werden. Dafür den Buchweizen in kochendem Wasser garen und dann mit Milch, Sahne oder Butter sowie etwas Honig oder Marmelade verfeinern.

FRIKADELLEN MIT KOHL UND SÜSSSAUREM ZWIEBEL-RELISH

FÜR 4–6 PERSONEN

Für die Frikadellen alle aufgelisteten Zutaten in eine Schüssel geben und mit den Händen gründlich vermengen. Die Schüssel fest mit Frischhaltefolie verschließen und über Nacht in den Kühlschrank stellen, sodass sich die Aromen schön entfalten und verbinden können.

Für das Relish Öl und Butter in einem Topf bei mittlerer Temperatur erhitzen. Die Zwiebeln darin 10 Minuten anbraten und dabei gelegentlich durchmischen, bis sie gleichmäßig hellgelb sind. Die übrigen Zutaten zusammen mit 500 Millilitern Wasser dazugeben. Einmal aufkochen und dann auf kleinerer Stufe 30–40 Minuten unter gelegentlichem Rühren köcheln lassen, bis die Flüssigkeit weitgehend verdampft ist. Den Topf vom Herd nehmen und das Relish warm halten, bis die Frikadellen zubereitet und servierfertig sind.

Dafür die Fleischmischung aus dem Kühlschrank nehmen. Kräftig mit Salz und Pfeffer abschmecken und in 8 gleich große Portionen teilen. Mit den Händen zu Kugeln rollen und zu etwa 1,5 Zentimeter dicken Frikadellen flach drücken. Eine große, beschichtete Pfanne dünn einfetten und bei mittlerer Temperatur erhitzen. Die Frikadellen von beiden Seiten je 4 Minuten braten, bis sie zart gebräunt sind. Mit dem süßen Zwiebel-Relish anrichten und servieren.

Variation: Auf den Frikadellen jeweils ein verlorenes Ei (siehe Seite 96–97) anrichten und darauf das Zwiebel-Relish geben oder aber die Frikadellen mit knusprig ausgelassenen Scheiben von durchwachsenem Speck und braun gebratenen Apfelscheiben servieren.

FÜR DIE FRIKADELLEN

400 g Hackfleisch vom Schwein
1 Scheibe Frühstücksspeck, fein gehackt
½ kleine Zwiebel, fein gehackt
150 g Weißkohl oder Wirsing, in feine Streifen geschnitten
200 g frische Weißbrotbrösel
1 großes Ei
1 Msp. weißer Pfeffer
½ TL fein gehackter Majoran
1 Knoblauchzehe, zerdrückt
½ TL fein abgeriebene Schale von einer unbehandelten Zitrone
¼ TL geriebene Muskatnuss
1 Msp. gemahlener Piment
Salz und Pfeffer

FÜR DAS ZWIEBEL-RELISH

1 EL Sonnenblumenöl
1 EL Butter
2 Zwiebeln, gehackt
½ TL Salz
1 EL gelbe Senfsamen
1 Lorbeerblatt
¼ TL Rosenpaprika (scharf)
1 kleine Prise gemahlene Gewürznelken
125 ml Apfelessig
3 EL brauner Zucker

ITALIENISCHER HACKBRATEN MIT LINSEN

FÜR 6 PERSONEN

FÜR DEN HACKBRATEN
240 g frische Weißbrotbrösel
125 ml Sahne
500 g Hackfleisch vom Kalb
500 g Hackfleisch vom Schwein
1 Zwiebel, sehr fein gehackt
1 TL abgeriebene Schale von einer unbehandelten Zitrone
4 eingelegte Sardellen, sehr fein gehackt
2 EL Kapern in Essigsud, abgetropft und fein gehackt
3 Knoblauchzehen, zerdrückt
1 TL frisch geriebene Muskatnuss
1½ EL gehackter Salbei
1 große Handvoll glatte Petersilie, fein gehackt
2 große Eier, verquirlt
Salz und Pfeffer

FÜR DIE LINSEN
1 EL Butter
1 kleine Zwiebel, fein gehackt
50 g Pancetta oder durchwachsener Speck, fein gehackt
1 Möhre, fein gewürfelt
1 Stange Sellerie, fein gewürfelt
1 Lorbeerblatt
60 ml Weißwein
750 g vorgegarte braune oder grüne Linsen
175 ml Kalbsbrühe
Salz und Pfeffer
Crema di Balsamico zum Abschmecken (siehe Anmerkung, nach Belieben)
1 große Handvoll glatte Petersilie, gehackt

Die Weißbrotbrösel mit der Sahne mischen und beiseitestellen. In einer zweiten Schüssel die beiden Hackfleischsorten mit der Zwiebel, dem Zitronenabrieb, den Sardellen und Kapern, dem Knoblauch, der Muskatnuss, dem Salbei und der Petersilie gründlich vermengen. Die eingeweichten Brotbrösel und die Eier hinzufügen, alles mit den Händen gründlich vermischen und abschmecken. Die Schüssel mit Frischhaltefolie fest verschließen und für mindestens 6 Stunden oder über Nacht in den Kühlschrank stellen.

Den Backofen auf 170 °C vorheizen. Eine Kastenform von etwa 24 x 14 x 7 Zentimetern dünn einfetten und den Boden mit Backpapier auslegen. Die Hackfleischmasse mit einem Löffel einfüllen und die Oberfläche mit angefeuchteten Händen glatt streichen. Die Form fest mit Alufolie verschließen und für 40 Minuten in den Ofen schieben. Danach die Folie abnehmen und den Hackbraten weitere 40 Minuten garen, bis er sich fest anfühlt, oben zart gebräunt ist und sich ein wenig vom Rand der Form löst. Aus dem Ofen nehmen und zugedeckt 10–15 Minuten ruhen lassen.

Inzwischen für die Linsen die Butter in einem Topf bei mittlerer bis hoher Temperatur zerlassen. Die Zwiebel zusammen mit dem Speck, der Möhre, dem Sellerie und dem Lorbeerblatt darin unter häufigem Rühren 10 Minuten anschwitzen. Den Wein dazugießen und den Alkohol 1 Minute verdampfen lassen. Die Linsen untermischen und die Brühe angießen. Einmal aufkochen und dann bei reduzierter Temperatur 10 Minuten köcheln lassen, bis die Linsen gar und gut durchgewärmt sind. Mit Salz und Pfeffer sowie mit etwas Crema di Balsamico, falls verwendet, abschmecken und zuletzt die Petersilie unterziehen.

Den Hackbraten auf ein Tranchierbrett stürzen. Die beiden Endstücke entfernen und den Rest in 6 dicke Scheiben schneiden. Die Linsen auf einzelne Teller verteilen und darauf jeweils 1 Scheibe Hackbraten anrichten. Sofort servieren.

Anmerkung: Crema di Balsamico, ein süßes Konzentrat von Balsamessig, ist in Feinkostläden und guten Supermärkten erhältlich.

LAMMTOPF AUS DEM OFEN MIT KOHL UND KARTOFFELN

FÜR 6–8 PERSONEN

2 EL Pflanzenöl
1 EL Butter
2 kg Schulterkoteletts vom Lamm
Salz und frisch zerstoßener schwarzer Pfeffer
1,5 kg Weißkohl, in Streifen geschnitten
2 Zwiebeln, in feine Scheiben geschnitten
2 große, vorwiegend festkochende Kartoffeln, zum Beispiel Désirée, geschält und in feine Scheiben geschnitten
400 g Kohlrabi, geschält und in feine Scheiben geschnitten
gemahlene Gewürznelken zum Bestreuen
1 großer Thymianzweig, die Blättchen fein gehackt
2 frische Lorbeerblätter
3 Scheiben Frühstücksspeck, fein gehackt
80 ml Weißweinessig
435 ml Hühnerbrühe
125 ml helles Bier

Den Backofen auf 180 °C vorheizen. Öl und Butter in einer großen Pfanne bei mittlerer bis hoher Temperatur erhitzen. Die Koteletts mit Salz und frisch zerstoßenem schwarzem Pfeffer würzen und von beiden Seiten kräftig anbraten. Aus der Pfanne nehmen und beiseitestellen.

In einer großen ofenfesten Form mit hohem Rand oder einem Bräter ein Drittel der Kohlstreifen und darüber die Hälfte der Zwiebelscheiben gleichmäßig verteilen. Als Nächstes die Hälfte der Kartoffeln und des Kohlrabi einschichten und darauf nebeneinander die Hälfte der Koteletts legen. Mit gemahlenen Nelken und der Hälfte des Thymians bestreuen, außerdem 1 Lorbeerblatt hinzufügen. Die zuvor genannten Schichten in derselben Reihenfolge und Menge noch einmal wiederholen und abschließend das letzte Drittel der Kohlstreifen einfüllen. Zuletzt den Speck darüberstreuen. Den Essig, die Hühnerbrühe und das Bier vermischen und behutsam über den Inhalt der Form gießen.

Mit Alufolie abdecken und 2 Stunden im Ofen garen, dabei gelegentlich vorsichtig die Folie abnehmen und die Zutaten in den Fond drücken. Schließlich die Folie ganz entfernen und den Lammtopf weitere 30–45 Minuten garen, bis das Fleisch sehr zart ist.

Variation: Ersetzen Sie die Lammkoteletts durch Schweinekoteletts.

RIPPENBRATEN, GESCHMORT IN BIER UND GEWÜRZEN, MIT WALNUSSKLÖSSCHEN

FÜR 6 PERSONEN

2 EL Pflanzenöl
2 EL Butter
1 große Zwiebel, gehackt
2 Möhren, gewürfelt
1 Pastinake oder kleine Steckrübe, gewürfelt
1 Stange Sellerie, gewürfelt
1 Lorbeerblatt
2 EL Mehl
Salz und frisch gemahlener schwarzer Pfeffer
2 kg Querrippe vom Rind, vom Metzger in Portionsstücke geteilt
2 Knoblauchzehen, zerdrückt
1 TL gemahlener Zimt
1 TL gemahlener Koriander
½ TL gemahlener Ingwer
1½ TL fein abgeriebene Schale von einer unbehandelten Orange
170 ml frisch gepresster Orangensaft, durch ein feines Sieb geseiht
375 ml helles Bier
500 ml Rinderbrühe

FÜR DIE WALNUSSKLÖSSCHEN
185 ml Vollmilch
1 Ei
40 g Butter, zerlassen
190 g Mehl
30 g Kartoffelstärke
2 TL Backpulver
1 TL fein abgeriebene Schale von einer unbehandelten Orange
3 EL gehackte geröstete Walnusskerne
1 Handvoll glatte Petersilie, fein gehackt
1 TL Salz

Die Hälfte des Öls und der Butter in einem großen ofenfesten Schmortopf bei mittlerer Temperatur erhitzen. Die Zwiebel mit den Möhren, der Pastinake oder Steckrübe, dem Sellerie und dem Lorbeerblatt hinzufügen und unter gelegentlichem Rühren 10 Minuten hellgelb anbraten. Das Gemüse herausnehmen und beiseitestellen. Den Rest des Öls und der Butter in den Topf geben. Das Mehl in einer Schüssel mit Salz und schwarzem Pfeffer aus der Mühle würzen und das Fleisch darin wenden, bis es gleichmäßig fein überzogen ist. Portionsweise im heißen Fett hellbraun anbraten, danach herausnehmen und zum Gemüse geben.

Den Knoblauch, die gemahlenen Gewürze, den Orangenabrieb und -saft, das Bier, die Brühe und 375 Milliliter Wasser in den Topf geben. Umrühren und dabei den Bratensatz vom Boden lösen. Gemüse und Fleisch hinzufügen. Gut umrühren, einmal aufkochen und dann bei reduzierter Hitze zugedeckt 1 Stunde und 20 Minuten köcheln lassen. Anschließend ohne Deckel weitere 40 Minuten garen, bis der Fond leicht eingedickt ist.

Den Backofen auf 180 °C vorheizen.

Inzwischen für die Walnussklößchen Milch, Ei und Butter in einer großen Schüssel verrühren. Mehl, Kartoffelstärke und Backpulver dazusieben, außerdem den Orangenabrieb, die Nüsse, die Petersilie und das Salz in die Schüssel geben. Alle Zutaten schnell, aber sorgfältig vermischen. Von dem Teig esslöffelgroße Portionen abstechen, jeweils zu einer Kugel rollen und diese in den Schmortopf auf das Fleisch legen. Für 30 Minuten in den Ofen schieben, bis die Klößchen durchgegart und auf der Oberseite goldbraun sind und das Fleisch sehr zart ist.

Anmerkung: Bei einem so rustikalen Gericht bietet es sich an, dass man es im Topf auf den Tisch bringt und die Gäste auffordert, sich selbst zu bedienen.

Urquell

SCHNITZEL IN MANDELKRUSTE MIT SAUREM KOHL

FÜR 6 PERSONEN

Die Hälfte des Kohls in einer sehr großen, korrosionsbeständigen Auflaufform oder Schüssel verteilen. Mit dem Meersalz bestreuen und den Rest des Kohls einfüllen. Mit frisch gewaschenen Händen durchmengen und dabei den Kohl kräftig kneten, damit das Salz eindringen kann. Wenn sich das ganze Salz schließlich in dem austretenden Saft gelöst hat, die Lorbeerblätter einmal zusammendrücken und mit dem Kümmel sowie den Wacholderbeeren unter den Kohl mischen. Zuletzt den Kohl kräftig zusammenpressen, das Gefäß fest mit Frischhaltefolie verschließen und für 24 Stunden kalt stellen. Währenddessen den Kohl gelegentlich mit den Händen oder einem Holzlöffel durchmischen und das Gefäß danach wieder fest verschließen.

Die Schnitzel möglichst dünn klopfen, sie sollten etwa 3 Millimeter dick sein. Buttermilch, Knoblauch, Salbei und Senf in einer flachen Schale verrühren und die Schnitzel darin wenden, bis sie gleichmäßig überzogen sind. Mit Frischhaltefolie abgedeckt für 4–6 Stunden in den Kühlschrank stellen. Das Fleisch aus der Marinade nehmen, gut abtropfen lassen und zunächst im gewürzten Mehl wenden. Als Nächstes ins verquirlte Ei tauchen, wieder abtropfen lassen und schließlich in den mit den gemahlenen Mandeln vermischten Brotbröseln wenden. Fest in die Mischung hineindrücken, damit die Panade gut haftet. Die Schnitzel bis zur Zubereitung in den Kühlschrank stellen.

Nun den Kohl gründlich abspülen und kräftig ausdrücken, gleichzeitig die Lorbeerblätter und Wacholderbeeren entfernen. Das Öl mit der Butter in einem großen Topf bei mittlerer Temperatur erhitzen und die Zwiebel darin unter gelegentlichem Rühren 5 Minuten anschwitzen. Kohl, Apfel und Wein hinzufügen und alles vermischen. Bei milder Hitze garen und dabei gelegentlich rühren, bis der Wein nach 20 Minuten verkocht und der Kohl gut durchgewärmt ist. Den Essig einrühren und den Kohl nach 5 Minuten vom Herd nehmen. Mit Salz abschmecken.

Inzwischen eine große Pfanne mit schwerem Boden 1 Zentimeter hoch mit Öl füllen und bei mittlerer Temperatur erhitzen. Die Schnitzel darin portionsweise von beiden Seiten je 3 Minuten goldbraun braten. Auf Küchenpapier abtropfen lassen, leicht salzen und mit dem Kohl sowie Zitronenspalten zum Beträufeln heiß servieren.

FÜR DEN KOHL

1,5 kg (etwa ½ großer Kopf) Weißkohl oder Wirsing, in feine Streifen geschnitten
2 EL Meersalz
4 Lorbeerblätter
2 TL Kümmelsamen
2 TL Wacholderbeeren, angedrückt
1 EL Pflanzenöl
1 EL Butter
1 Zwiebel, in feine Scheiben geschnitten
1 großer Apfel, gerieben
60 ml Weißwein
2 EL Apfelessig

FÜR DIE SCHNITZEL

6 Schweineschnitzel (je 125 g)
250 ml Buttermilch
2 Knoblauchzehen, zerdrückt
1 kleiner Salbeizweig, die Blätter fein gehackt
1 TL milder Senf
Mehl, mit Salz und Pfeffer gewürzt, zum Panieren
3 Eier, leicht verquirlt
160 g Brösel von altbackenem Brot
200 g gemahlene Mandeln
reichlich Pflanzenöl zum Braten
Zitronenspalten zum Servieren

PAPRIKAHÄHNCHEN

FÜR 6 PERSONEN

2 EL Öl
1 EL Butter
2 kleine Zwiebeln, in Scheiben geschnitten
12 Hähnchenoberschenkel, enthäutet, aber nicht ausgelöst
Salz und frisch gemahlener Pfeffer
1½ EL edelsüßes Paprikapulver
1 TL Rosenpaprika
2 Knoblauchzehen, fein gehackt
1 TL brauner Zucker
2 Lorbeerblätter
160 g Tomatenstücke aus der Dose
750 ml Hühnerbrühe
250 g Sauerrahm
1 EL Vollmilch
2 EL glatte Petersilie, fein gehackt

Die Hälfte des Öls und der Butter in einer großen Pfanne mit hohem Rand bei mittlerer bis hoher Temperatur erhitzen. Die Zwiebeln darin 5 Minuten hellgelb anbraten, danach herausnehmen und auf einem Teller beiseitestellen. Den Rest des Öls und der Butter in die Pfanne geben. Die Hähnchenteile mit Salz und schwarzem Pfeffer aus der Mühle würzen. Portionsweise etwa 4 Minuten von beiden Seiten anbraten, bis sie kräftig gebräunt sind. Ebenfalls beiseitestellen.

Die Zwiebeln zusammen mit den beiden Sorten Paprikapulver und dem Knoblauch zurück in die Pfanne geben und 30 Sekunden braten. Zucker, Lorbeerblätter, Tomaten und Brühe hinzufügen und gründlich umrühren. Das Fleisch in die Pfanne einlegen und alles gut mischen. Einmal aufkochen und dann bei milder Hitze 25 Minuten köcheln lassen, bis das Fleisch ganz zart ist. Die Hähnchenkeulen herausheben und in einer Schüssel zugedeckt warm halten. Die Flüssigkeit entfetten und auf hoher Stufe 15 Minuten leicht einkochen lassen.

In einer kleinen Schüssel drei Viertel des Sauerrahms mit 1 Esslöffel der Schmorflüssigkeit glatt rühren und die Mischung anschließend langsam unter den Fond in der Pfanne rühren, sodass eine sämige Sauce entsteht. 2 Minuten köcheln lassen, bis sie richtig heiß ist, dann das Fleisch wieder einlegen und in der Sauce wenden. Den restlichen Sauerrahm mit der Milch und der Petersilie verrühren und separat zu dem Gericht reichen.

Tipp: Vorzüglich schmeckt das Paprikahähnchen auf heißen Nudeln, die zuvor mit Mohnsamen in etwas Butter geschwenkt wurden, begleitet von knackig gedämpftem grünem Gemüse.

SAUERBRATEN MIT BROTKLÖSSEN

FÜR 8 PERSONEN

375 ml Rotweinessig
500 ml Rotwein
1½ TL gemahlener Piment
1½ TL gemahlener Zimt
6 ganze Gewürznelken
1 TL schwarze Pfefferkörner
3 Lorbeerblätter, einmal zusammengedrückt
1 Zwiebel, gehackt
1 Möhre, fein gewürfelt
1 Stange Sellerie, gehackt
3 Knoblauchzehen, angedrückt
2 kg Rinderbraten (Oberschale)
2 EL Pflanzenöl
Salz
2 große Zwiebeln, in Scheiben geschnitten
1 EL Tomatenmark
6 Scheiben Frühstücksspeck
60 g Rosinen plus 30 g für die Sauce
1 EL Butter
1½ EL Mehl
1 EL brauner Zucker
3 Ingwerkekse, zerkrümelt, zum Servieren

Essig, Wein, Piment, Zimt, Nelken, Pfefferkörner, Lorbeerblätter, Zwiebel, Möhre, Sellerie und Knoblauch mit 500 Millilitern Wasser in einen Topf geben. Einmal aufkochen und dann bei milder Hitze 5 Minuten köcheln lassen. Vom Herd nehmen und auf Raumtemperatur abkühlen lassen. Das Fleisch in ein großes, korrosionsbeständiges Gefäß geben, in dem das ganze Stück mit ausreichend Flüssigkeit, um es zu bedecken, gut Platz hat. Die abgekühlte Marinade angießen und, falls sie das Fleisch nicht vollständig bedeckt, noch Wasser hinzufügen. Das Gefäß verschließen und für 3–4 Tage kalt stellen, dabei das Fleischstück mehrmals täglich wenden. Es gewinnt durch das lange Marinieren einen pikanten Geschmack; falls Sie es milder mögen, verkürzen Sie die Zeit auf 48 Stunden. Das Fleisch aus der Marinade nehmen und mit Küchenpapier trocken tupfen. Die Marinade durchseihen und beiseitestellen.

Das Öl in einem großen Schmortopf bei mittlerer bis hoher Temperatur erhitzen und das Fleisch von allen Seiten scharf anbraten. Salzen, herausheben und auf einem Teller beiseitestellen. Die Zwiebelscheiben in den Topf geben und auf mittlerer Stufe etwa 15 Minuten unter gelegentlichem Rühren braten, bis sie goldbraun sind. Das Tomatenmark 1 Minute unterrühren.

Das Fleisch gleichmäßig mit den Speckscheiben umwickeln und diese nach Bedarf mit Zahnstochern fixieren – die Speckhülle verhindert, dass der Braten während der Zubereitung zu sehr austrocknet. Das Fleisch auf die Zwiebeln legen, dann die Rosinen dazugeben und so viel Marinade angießen, dass das Fleisch mindestens zu drei Vierteln in die Flüssigkeit eingetaucht ist. Einmal aufkochen, danach den Topf mit einem Deckel fest verschließen und das Fleisch bei milder Hitze 3–3½ Stunden sanft schmoren. Dabei regelmäßig mit der Flüssigkeit begießen und darauf achten, dass diese stets mindestens bis auf halbe Höhe des Bratens reicht. Bei Bedarf Wasser oder eine Mischung aus Wasser und Wein zu gleichen Teilen hinzugießen. Nach Ablauf der angegebenen Zeit mit einem Spieß eine Garprobe vornehmen: Das Fleisch sollte sich mühelos einstechen lassen.

In der Zwischenzeit für die Klöße das Brot fein würfeln und mit den Bröseln in eine Schüssel füllen. Mit der warmen Milch übergießen, durchmischen und etwa 1 Stunde ruhen lassen, bis die Milch aufgesogen ist. Die Butter in einer Pfanne zerlassen und die Zwiebel darin zusammen mit dem Majoran bei mittlerer Temperatur 8 Minuten hellgelb anbraten. Den Knoblauch dazugeben und 30 Sekunden mitbraten. Die Pfanne vom Herd nehmen und den Inhalt auf Raumtemperatur abkühlen lassen. Die Brotmasse mit den Händen kräftig ausdrücken und dann mit der Zwiebelmischung, dem Schnittlauch, den Eiern und dem Salz gründlich vermengen. Zugedeckt bis zur Zubereitung kalt stellen.

Kurz bevor das Fleisch gar ist, in einem weiten Topf leicht gesalzenes Wasser zum Kochen bringen. Den Kloßteig halbieren und die beiden Hälften jeweils zu einer 5–6 Zentimeter dicken Rolle formen. In Mehl wälzen und danach vorsichtig ins Wasser gleiten lassen. Nach dem erneuten Aufwallen die Hitze so weit verringern, dass das Wasser nur noch leise sprudelt, und die Rollen zugedeckt 25 Minuten garen, bis sie durch und durch heiß und locker aufgegangen sind.

Den fertig gegarten Braten behutsam aus dem Topf in ein hitzebeständiges Gefäß heben und im sanft vorgeheizten Ofen warm halten. Die Flüssigkeit aus dem Schmortopf durch ein feines Sieb in einen Messbecher seihen und die Rückstände wegwerfen. Die Butter in einem Topf bei mittlerer Temperatur zerlassen. Das Mehl 1 Minute darin anschwitzen und dann langsam 500 Milliliter des Schmorfonds mit einem Schneebesen einrühren, sodass eine glatte Sauce entsteht. Den Zucker und die zusätzlichen Rosinen hinzufügen und weitere 5 Minuten rühren, bis die Sauce kochend eindickt. Den aus dem Braten ausgetretenen Fleischsaft ebenfalls einrühren.

Die Speckstreifen vom Fleisch abnehmen und wegwerfen. Den Braten, der jetzt butterzart ist und beinahe zerfällt, sehr vorsichtig in Scheiben schneiden. Auf einer Platte mit etwas erhöhtem Rand anrichten, mit der Sauce übergießen und die Kekskrümel darüberstreuen.

Die fertig gegarten Kloßrollen mit einem Schaumlöffel aus dem Wasser heben und auf einem sauberen Küchentuch abtropfen lassen. Mit einem gezähnten Messer in dicke Scheiben schneiden und zum Braten servieren.

FÜR DIE BROTKLÖSSE
- 8 Scheiben (je 2 cm dick) von 2 Tage altem Sauerteigbrot, nicht entrindet
- 160 g frische Weißbrotbrösel
- 300 ml warme Vollmilch
- 2 EL Butter
- 1 Zwiebel, fein gehackt
- ½ TL zerriebener getrockneter Majoran
- 3 Knoblauchzehen, zerdrückt
- 1 Handvoll Schnittlauch, in Röllchen geschnitten
- 2 Eier, leicht verquirlt
- 1 TL Salz
- Mehl zum Überziehen

PUTENBRUST MIT SPECK-KARTOFFELN UND HONIGSAUCE

FÜR 6 PERSONEN

Den Backofen auf 180 °C vorheizen. Butter, Senf, Knoblauch, Salbei und Zitronenabrieb vermischen und die Paste behutsam unter die Brusthaut schieben, die dabei jedoch nicht reißen darf. Die Brust auf der Außenseite mit dem Öl einreiben und dabei zugleich die würzige Butter unter der Haut gleichmäßig verstreichen. Die Putenbrust zuletzt mit Salz und etwas schwarzem Pfeffer aus der Mühle würzen. Auf einen Grilleinsatz in einen Bräter geben, die Brühe in den Bräter gießen und diesen in den Ofen schieben. Die Putenbrust gut 1 Stunde garen und dabei regelmäßig mit dem Fond begießen, bis die Haut schließlich gleichmäßig gebräunt ist und das Fleisch auf Druck nur leicht nachgibt.

In der Zwischenzeit in einem großen Topf Wasser zum Kochen bringen und die Kartoffelwürfel darin einige Minuten garen. Abseihen und gut abtropfen lassen. In einem zweiten Topf das Öl mit der Butter bei mittlerer Temperatur erhitzen. Die Zwiebel und den Speck darin hellbraun braten. In einer ofenfesten Form mit den Kartoffeln vermischen und, 15 Minuten bevor das Fleisch gar ist, ebenfalls in den Ofen geben.

Die fertig gegarte Putenbrust aus dem Ofen nehmen, locker mit Alufolie abdecken und 10–15 Minuten ruhen lassen. Währenddessen bleiben die Kartoffeln weiter im Ofen, sodass sie leicht bräunen. Danach herausnehmen und nach Geschmack salzen.

Während das Fleisch ruht, für die Sauce alle aufgelisteten Zutaten zusammen mit dem Bratenfond in einen Topf geben. Bei mittlerer bis hoher Temperatur zum Kochen bringen und anschließend auf kleiner Stufe 10 Minuten köcheln lassen. Den inzwischen aus dem Braten ausgetretenen Fleischsaft ebenfalls zur Sauce geben und weiterköcheln lassen, bis sie leicht eindickt.

Den Braten aufschneiden und die Sauce sowie die Kartoffeln separat dazu reichen. Als weitere Beilage passt knackig gegartes Gemüse wie Spinat oder grüne Bohnen ausgezeichnet dazu.

Variation: Hähnchen oder Stubenküken lassen sich genauso zubereiten, nur muss man die Garzeiten entsprechend anpassen.

4 EL weiche Butter
1½ EL körniger Senf
2 Knoblauchzehen, zerdrückt
1½ TL fein gehackter Salbei
½ TL fein abgeriebene Schale von einer unbehandelten Zitrone
1 EL Pflanzenöl
1,5 kg Putenbrust, ausgelöst, aber nicht enthäutet
Salz und frisch gemahlener schwarzer Pfeffer
375 ml Hühnerbrühe

1 kg vorwiegend festkochende Kartoffeln, zum Beispiel Désirée, in 1,5 cm große Würfel geschnitten
2 EL Pflanzenöl
1 EL Butter
1 große Zwiebel, in feine Scheiben geschnitten
50 g durchwachsener Speck, fein gewürfelt
Salz

FÜR DIE HONIGSAUCE
60 ml Honig
2 EL Bärenjäger oder ein anderer Honiglikör
80 ml Hühnerbrühe
1 Lorbeerblatt
1 EL Butter
1 Spritzer frisch gepresster Zitronensaft

IN MILCH GESCHMORTES SCHWEINEFLEISCH MIT POLENTAKRUSTE

FÜR 6 PERSONEN

3 EL Butter
1 Zwiebel, gehackt
1 Stange Sellerie, gehackt
1 große Möhre, in kleine Würfel geschnitten
1 kg Schweinebraten (Schulter oder Oberschale)
Salz und weißer Pfeffer
125 ml trockener Weißwein
1,25 l Vollmilch
1 Lorbeerblatt
1 Salbeizweig, die Blätter fein gehackt
1 kleiner Rosmarinzweig, die Blättchen fein gehackt
2 Streifen fein abgeschälte Schale von einer unbehandelten Zitrone
1 EL frisch gepresster Zitronensaft
2 Knoblauchzehen, zerdrückt
½ TL frisch geriebene Muskatnuss
1½ EL Sahne

FÜR DIE POLENTA
375 ml Hühnerbrühe
100 g Instantpolenta
1½ EL Butter
Salz und Pfeffer
1 Ei, leicht verquirlt

Die Hälfte der Butter in einem großen Topf bei mittlerer bis hoher Temperatur zerlassen. Zwiebel, Sellerie und Möhre darin 8 Minuten anbraten, bis die Zwiebel hellgelb wird. Das Gemüse aus dem Topf nehmen und beiseitestellen.

Inzwischen das Fleisch in 2 Zentimeter große Würfel schneiden. Mit Salz und etwas weißem Pfeffer würzen und durchmischen. Die restliche Butter in dem Topf zerlassen und die Fleischwürfel portionsweise von allen Seiten kräftig anbraten. Das gesamte Fleisch mit dem Gemüse in den Topf geben. Wein, Milch, Kräuter, Zitronenschale und -saft, Knoblauch und Muskatnuss hinzufügen. Einmal aufkochen und dann bei reduzierter Hitze 1½ Stunden köcheln lassen, bis das Fleisch sehr zart ist. Die festen Zutaten mit einem Schaumlöffel aus dem Topf heben und in einer großen Schüssel beiseitestellen. Das Lorbeerblatt entfernen. Die Sauce, die jetzt wie geronnen aussieht, etwas abkühlen lassen. In der Küchenmaschine oder mit einem Stabmixer glatt pürieren und zuletzt mit der Sahne verfeinern. Unter die Fleischwürfel und Gemüsestücke mischen und alles nach Geschmack salzen und pfeffern. Auf 6 Soufflé-förmchen mit 375 Millilitern Fassungsvermögen verteilen, leicht abkühlen lassen und dann kalt stellen, bis die Polenta zubereitet ist.

Den Backofen auf 180 °C vorheizen. Die Hühnerbrühe mit 375 Millilitern Wasser in einem Topf zum Kochen bringen. Langsam die Polenta einrieseln lassen und dabei kontinuierlich mit einem Schneebesen rühren. Danach 5–8 Minuten unablässig weiterrühren, bis die Polenta eindickt. Vom Herd nehmen, die Butter einarbeiten und die Polenta abschmecken. Solange sie noch warm und geschmeidig ist, vorsichtig auf dem Fleisch in den Förmchen verteilen und glatt streichen. Leicht abkühlen lassen, bis die Polenta fest geworden ist, und dann mit dem Ei bestreichen. Die Förmchen für 25–30 Minuten in den Ofen schieben, bis der Inhalt heiß und die Polenta knusprig ist. Mit Gemüse wie grünen Bohnen oder Grünkohl oder auch mit einem Blattsalat servieren.

HÄHNCHENBRUST MIT ÄPFELN IN KNOBLAUCHSAHNE

FÜR 6–8 PERSONEN

150 g Hühnerleber
250 ml Milch
1 EL Olivenöl
2 EL Butter
6 enthäutete und ausgelöste Hähnchenbrustfilets, in 4 cm große Würfel geschnitten
Salz und frisch gemahlener schwarzer Pfeffer
9 junge, zarte Stangen Lauch, nur die weißen Abschnitte, geputzt und halbiert
100 g Frühstücksspeck in Scheiben, in Streifen geschnitten
2 Granny-Smith-Äpfel, geschält, vom Kerngehäuse befreit und jeweils in 6 Spalten geschnitten
175 ml Riesling
375 ml Hühnerbrühe
250 ml Sahne
2 Lorbeerblätter
1 Thymianzweig, die Blättchen fein gehackt
1 kleiner Rosmarinzweig, die Blättchen fein gehackt
12 Knoblauchzehen, 2 Minuten in kochendem Wasser blanchiert und gut abgetropft
1 EL Crème double
1½ EL milder Senf

Die Hühnerleber in einer kleinen Schüssel mit der Milch bedecken und über Nacht im Kühlschrank stehen lassen.

In einer großen Pfanne mit schwerem Boden das Öl zusammen mit der Butter bei mittlerer bis hoher Temperatur erhitzen. Das Hähnchenfleisch mit Salz und schwarzem Pfeffer aus der Mühle würzen und portionsweise von allen Seiten hellbraun anbraten. Herausnehmen und beiseitestellen.

Lauch, Speck und Äpfel in die Pfanne geben und 6 Minuten unter häufigem Rühren braten, bis die Stücke zart gebräunt sind. Ebenfalls herausnehmen und beiseitestellen. Den Riesling und die Brühe in die Pfanne gießen und mit einem Holzlöffel den Bratensatz vom Boden lösen. Die Sahne, die Kräuter und die blanchierten Knoblauchzehen einrühren, dann die Lauchmischung zurück in die Pfanne geben. Einmal aufkochen und dann bei verringerter Temperatur 5 Minuten köcheln lassen. Nun das Hähnchenfleisch wieder in die Pfanne geben und gut mit der Sauce vermischen. Einen Deckel auflegen und das Fleisch 6–8 Minuten garen, bis die Stücke zart sind. Fleisch- und Gemüse- beziehungsweise Apfelstücke aus der Pfanne nehmen und zugedeckt, damit sie nicht auskühlen, beiseitestellen. Die Sauce 10–15 Minuten köchelnd eindicken lassen.

Die Hühnerleber abgießen und fein hacken. Mit der Crème double in eine Schüssel geben, mit einer Gabel zerdrücken und vermischen und dann in die Sauce einrühren. Den Senf unterziehen und die Sauce 30 Sekunden kochen lassen, dabei die Hühnerleber weiter möglichst fein zerdrücken. Kräftig mit Salz und Pfeffer abschmecken. Die Mischung aus Fleisch, Lauch und Äpfeln zusammen mit dem ausgetretenen Saft in die Pfanne geben und gründlich mit der Sauce vermischen. Das Gericht nochmals sanft, aber gründlich erwärmen und sofort servieren. Als Beilagen eignen sich bissfest gegartes grünes Gemüse und kleine neue Kartoffeln, nach Belieben einfach nur gekocht oder auch knusprig und goldbraun gebraten, aber ebenso Speckkartoffeln (siehe Seite 115).

SCHWEINEBAUCH AUS DEM OFEN MIT GEBACKENEN BRAUNEN BOHNEN

FÜR 6 PERSONEN

450 g Braune Bohnen oder Wachtelbohnen
1,25 kg gepökelter Schweinebauch
1 große Zwiebel, fein gehackt
2 Äpfel, geschält, vom Kerngehäuse befreit und fein gewürfelt
250 ml Apfelessig
175 g Melasse
60 g brauner Zucker
1 Zimtstange, in der Mitte durchgebrochen
2 Knoblauchzehen, fein gehackt
1½ TL edelsüßes Paprikapulver
1 TL getrockneter Majoran
1½ TL Kümmelsamen, leicht zerstoßen
Apfelmeerrettich (siehe Seite 131) zum Servieren (nach Belieben)

Die Bohnen mit Wasser bedecken und über Nacht einweichen.

In einem großen Topf reichlich Wasser aufkochen und das ganze Fleischstück hineingeben. Erneut zum Kochen bringen und 1 Stunde garen, danach herausnehmen und auf einem Teller beiseitestellen. Das Kochwasser wird zum Garen der Bohnen weiterverwendet.

Den Backofen auf 170 °C vorheizen. Die Bohnen abseihen, zusammen mit der Zwiebel in eine große ofenfeste Form geben und so viel von dem Kochwasser hinzugießen, dass sie bedeckt sind – es werden etwa 750 Milliliter benötigt. Die Form fest mit Alufolie verschließen und die Bohnen 2½ Stunden im Ofen garen.

Die Äpfel, den Essig, die Melasse, Zucker, Zimt und Knoblauch unter die Bohnen mischen. Einen Gitterrost über der Form in den Ofen schieben – er sollte genügend Abstand zu den Bohnen haben.

Vorsichtig die Schwarte vom Schweinebauch entfernen, um die Fettschicht freizulegen. Paprika, Majoran und Kümmel mischen und das Fleisch auf der Oberseite damit einreiben. Mit der Fettseite nach oben auf den Rost legen und 45 Minuten garen. Falls die Bohnen jetzt noch nicht so weich sind, dass sie teilweise schon zerfallen, das Fleisch aus dem Ofen nehmen und warm halten. Die Backofentemperatur auf 200 °C erhöhen und die Bohnen weitere 5–10 Minuten garen.

Das Fleisch in dicke Scheiben schneiden, auf den Bohnen anrichten und nach Belieben mit Apfelmeerrettich servieren. Salzkartoffeln oder Kartoffelpüree und knackig gegartes grünes Gemüse bilden eine gelungene Ergänzung zu diesem Gericht.

SKANDINAVISCHER MEERESFRÜCHTE-EINTOPF

FÜR 6 PERSONEN

- 600 g Kabeljaufilet oder anderer festfleischiger weißer Fisch
- 300 g Lachsfilet
- 1 EL Pflanzenöl
- 2 EL Butter
- 1 große Zwiebel, fein gehackt
- 1 Stange Sellerie, fein gewürfelt
- 2 Möhren, fein gewürfelt
- 1 Lorbeerblatt
- 2½ EL Tomatenmark
- 1 Knoblauchzehe, zerdrückt
- 175 ml Wodka
- 1 l Fischfond
- 1 Salzhering, abgespült und sehr fein gehackt
- 1 Thymianzweig, die Blättchen fein gehackt
- 3 kleine rote Chilischoten
- 1 kräftige Prise Safranfäden
- 1 TL gemahlener Koriander
- 1 TL Wacholderbeeren
- 2 lange Streifen fein abgeschälte Schale von einer unbehandelten Orange
- 18 kleine Kartoffeln, geschält
- 18 rohe Riesengarnelen, geschält, aber mit Schwanzfächer, Darm entfernt
- 12 Austern, ausgelöst
- 1 EL frisch gepresster Orangensaft, durch ein feines Sieb geseiht
- Salz und Pfeffer

Mit einer Pinzette alle noch sichtbaren Gräten aus den Fischfilets zupfen und die Filets anschließend in 3 Zentimeter große Vierecke schneiden. Mit Frischhaltefolie abdecken und bis zur Zubereitung in den Kühlschrank stellen.

Das Öl mit der Butter in einem großen Topf bei mittlerer Temperatur erhitzen. Die Zwiebel mit dem Sellerie, den Möhren und dem Lorbeerblatt unter gelegentlichem Rühren 10 Minuten anschwitzen.

Tomatenmark und Knoblauch untermischen und 1 Minute weiterbraten. Den Wodka, den Fischfond und 750 Milliliter Wasser in den Topf gießen. Den Hering, den Thymian, die Chilischoten, Safran, Koriander, Wacholderbeeren und Orangenschale hinzufügen. Einmal aufkochen und dann bei milder Hitze 30 Minuten köcheln lassen. Die Kartoffeln hinzugeben und garen, bis sie fast weich sind.

Nun die Fischstücke und die Garnelen hinzufügen und in der köchelnden Flüssigkeit garen, bis sich die Garnelen nach 2–3 Minuten leicht krümmen. Zuletzt die Austern in den Topf geben und 1 Minute mitgaren, danach den Topf vom Herd nehmen. Den Orangensaft einrühren und den Eintopf mit Salz und Pfeffer abschmecken.

In Suppentellern anrichten und dazu sowohl eine Gabel als auch einen Löffel für die Brühe reichen. Als Beigabe entweder – ganz im skandinavischen Stil – Knäckebrot, mit guter Butter bestrichen, anbieten oder aber einfach frisches Brot, mit dem sich die letzten Reste der köstlichen Brühe gut auftunken lassen.

SCHWEINEKOTELETTS MIT ROTER PAPRIKASAUCE UND NUDELAUFLAUF

FÜR 4 PERSONEN

2 große rote Paprikaschoten
4 EL Olivenöl
1 Zwiebel, fein gehackt
1 TL Kümmelsamen
2 TL edelsüßes Paprikapulver
2 Knoblauchzehen
1 Lorbeerblatt
2½ EL Apfelessig
2 TL brauner Zucker
½ TL Rosenpaprika
1 TL Meersalz
Pfeffer
4 Schweinekoteletts (je 200 g)

FÜR DEN NUDELAUFLAUF
200 g gegarte dünne Eiernudeln
185 g Sauerrahm
60 ml Hühnerbrühe
2 große Eier
1 Zwiebel, gerieben und ausgedrückt
1 große Handvoll glatte Petersilie, fein gehackt
Salz und Pfeffer

Den Backofen auf 200 °C vorheizen. Die ganzen Paprikaschoten darin 20–25 Minuten rösten, bis die Haut Blasen wirft und stellenweise schwarz angelaufen ist. Die Schoten herausnehmen und in einer Schüssel, mit Frischhaltefolie abgedeckt, beiseitestellen, bis sie etwas abgekühlt sind. Die Haut abziehen und wegwerfen, anschließend die Schoten von Samen und Scheidewänden befreien und in der Küchenmaschine zu einem glatten Püree verarbeiten.

Inzwischen die Hälfte des Öls in einem Topf bei mittlerer Temperatur erhitzen und die Zwiebel mit dem Kümmel 10 Minuten goldgelb anbraten. Edelsüßen Paprika, Knoblauch und Lorbeerblatt hinzufügen und gut umrühren. Essig und Zucker dazugeben und aufkochen.

Das Paprikapüree unterziehen. Bei hoher Temperatur einmal aufkochen und dann auf kleinerer Stufe 5 Minuten köchelnd eindicken lassen. Die Paprikasauce abschmecken und beiseitestellen.

Die Ofentemperatur auf 170 °C herunterschalten. Für den Nudelauflauf alle aufgelisteten Zutaten in einer Schüssel vermengen. Kräftig salzen und pfeffern und dann in 4 gut gebutterte Souffléförmchen von 250 Millilitern Fassungsvermögen oder aber in eine 1-Liter-Auflaufform füllen. Einzelformen für 8 Minuten, eine große Form hingegen für 12–15 Minuten in den Ofen schieben, bis die Nudelmasse fest wird und die Oberseite leicht gebräunt ist.

Währenddessen den Rosenpaprika mit Meersalz und etwas Pfeffer mischen. Die Koteletts gleichmäßig damit einreiben. Das restliche Öl in einer großen Pfanne mit schwerem Boden bei mittlerer bis hoher Temperatur erhitzen und die Koteletts von jeder Seite 4 Minuten braten, bis sie eben durchgegart sind. Vom Herd nehmen und vor dem Servieren 5 Minuten ruhen lassen. Den Saft, der dabei austritt, zuletzt in die Paprikasauce rühren und diese nach Bedarf nochmals sanft erwärmen. Die Koteletts jeweils mit einem kleinen Nudelauflauf oder einem Stück aus der großen Form und dazu einem Klecks Paprikasauce anrichten.

Variation: Man kann dieses Rezept ebenso mit Lammkoteletts zubereiten. Je nach Appetit der Gäste rechnet man 3–5 Stück pro Person.

OSSOBUCO MIT SAFRANRISOTTO

FÜR 4–6 PERSONEN

4 EL Olivenöl
1 EL Butter
1 große Zwiebel, fein gehackt
1 große Möhre, fein gewürfelt
1 große Stange Sellerie, fein gewürfelt
1 Lorbeerblatt
12 Scheiben von der Kalbshaxe, 3 cm dick (insgesamt etwa 1,8–2 kg)
Mehl zum Wenden
Salz und Pfeffer
250 ml Weißwein
500 ml Kalbs- oder Hühnerbrühe
60 ml frisch gepresster Zitronensaft
1 breiter Streifen fein abgeschälte Schale von einer unbehandelten Zitrone
1 großer Thymianzweig, die Blättchen fein gehackt
¼ TL frisch geriebene Muskatnuss

In einem Schmortopf die Hälfte des Öls und der Butter bei mittlerer Temperatur erhitzen. Zwiebel, Möhre und Sellerie mit dem Lorbeerblatt darin unter häufigem Rühren 15–20 Minuten anschwitzen. Das Gemüse aus dem Topf nehmen und auf einem Teller beiseitestellen.

Das Mehl mit Salz und Pfeffer würzen und die Beinscheiben darin wenden. Etwas mehr Öl sowie die restliche Butter in den Topf geben und die Beinscheiben portionsweise von beiden Seiten braun anbraten, dabei nach Bedarf mehr Öl hinzufügen. Das Fleisch herausnehmen und beiseitestellen.

Wein und Brühe, Zitronensaft und -schale, Thymian und Muskatnuss in den Topf geben und mit einem Kochlöffel rühren, dabei den Bratensatz vom Boden des Topfes lösen. Das Fleisch wie auch das Gemüse zurück in den Topf füllen und gründlich mischen. Einmal aufkochen und dann auf kleinerer Stufe zugedeckt 1½ Stunden köcheln lassen. Anschließend ohne Deckel weitere 30–45 Minuten garen, bis das Fleisch sehr weich ist, aber noch nicht vom Knochen fällt. Die Zitronenschale herausfischen und wegwerfen. Die Beinscheiben vorsichtig aus dem Topf nehmen und zugedeckt warm halten. Bei höherer Temperatur den Schmorfond 15 Minuten einkochen lassen, anschließend das Fleisch wieder hineingeben und behutsam in der Sauce wenden. Mit Salz und Pfeffer abschmecken.

In der Zwischenzeit für den Risotto die Safranfäden mit dem Wein übergießen und beiseitestellen. In einem Topf die Brühe mit 375 Millilitern Wasser zum Kochen bringen und dann die Temperatur so weit verringern, dass die Flüssigkeit nur noch schwach köchelt.

In einem zweiten Topf die Hälfte der Butter bei mittlerer Temperatur zerlassen und die Zwiebel darin 5 Minuten anschwitzen. Den Reis hinzufügen und 2 Minuten unablässig durchmischen, bis die Körner glasig schimmern. Den Wein mit dem Safran in die köchelnde Brühe geben und 1 Schöpfkelle der Mischung – etwa 125 Milliliter – zum Reis gießen. Kontinuierlich rühren, bis der Reis die Flüssigkeit vollständig aufgenommen hat. Nun die nächste Schöpfkelle hinzufügen und wie zuvor weiterrühren. Auf diese Weise nach und nach die gesamte Brühe aufbrauchen, bis sich der Reis nach etwa 25 Minuten in einen cremigen Risotto verwandelt hat. Vom Herd nehmen und die restliche Butter zusammen mit dem Parmesan unterziehen. Den Risotto zuletzt mit Salz und Pfeffer abschmecken.

Alle Zutaten für die Gremolata vermengen und die Mischung noch etwas feiner hacken, sodass sich die Aromen schön verbinden.

Den Risotto in flache Schalen geben, darauf das Fleisch anrichten und mit Gremolata bestreuen. Das Gericht heiß servieren.

Tipp: Dazu passen zarte Erbsen oder ein anderes grünes Gemüse.

Anmerkung: Risottoreste lassen sich gut als kleiner Imbiss verwerten: kalt zu Bällchen rollen, diese in Weißbrotbröseln wälzen und frittieren.

FÜR DEN SAFRANRISOTTO

1 kräftige Prise Safranfäden
125 ml Weißwein
1,25 l Hühnerbrühe
125 g Butter
1 große Zwiebel, fein gehackt
330 g Risottoreis
50 g frisch geriebener Parmesan
Salz und Pfeffer

FÜR DIE GREMOLATA

2 Knoblauchzehen, sehr fein gehackt
2 TL fein abgeriebene Schale von einer unbehandelten Zitrone
2 große Handvoll glatte Petersilie, fein gehackt

PELMENI MIT HACKFLEISCH-FÜLLUNG, ANGERICHTET MIT KRÄUTERN, BRAUNER BUTTER UND JOGHURT

FÜR 4–6 PERSONEN

FÜR DEN TEIG
300 g Mehl
1 TL Salz
2 Eier

FÜR DIE FÜLLUNG
1 EL Butter
1 kleine Zwiebel, fein gehackt
Salz
150 g Hackfleisch vom Kalb
250 g Hackfleisch vom Schwein
80 g frische Weißbrotbrösel
3 Knoblauchzehen, sehr fein gehackt
¼ TL weißer Pfeffer
¼ TL frisch geriebene Muskatnuss
60 g Sauerrahm

Zunächst den Teig zubereiten. Dafür das Mehl mit 1 Teelöffel Salz in einer Schüssel vermischen und in die Mitte eine Mulde drücken. Die Eier mit 60 Millilitern Wasser leicht verquirlen und in die Mulde gießen. Mit den Händen nach und nach das Mehl mit der Flüssigkeit vermengen, bis ein zusammenhängender, wenngleich noch ziemlich zäher Teig entsteht. Auf die leicht bemehlte Arbeitsfläche geben und etwa 10 Minuten kneten, bis er glatt und elastisch ist. In Frischhaltefolie einwickeln und für 2 Stunden kalt stellen.

Inzwischen für die Füllung die Butter in einer Pfanne bei mittlerer Hitze zerlassen und die Zwiebel etwa 8 Minuten unter gelegentlichem Rühren anschwitzen. In eine Schüssel umfüllen, leicht salzen und etwas abkühlen lassen. Die beiden Hackfleischsorten, die Weißbrotbrösel, den Knoblauch, den weißen Pfeffer, die Muskatnuss und den Sauerrahm hinzufügen. Alles mit den Händen einige Minuten lang gründlich vermengen und zuletzt nach Geschmack salzen. Mit Frischhaltefolie abgedeckt bis zur weiteren Verwendung kalt stellen.

Den Teig aus dem Kühlschrank nehmen und in zwei Portionen teilen. Die erste Hälfte etwa 2 Millimeter dick ausrollen. Mit einem runden Teigausstecher von 4 Zentimetern Durchmesser oder einem Glas entsprechender Größe 16 Kreise ausstechen und diese einzeln auf einen Durchmesser von 5–6 Zentimetern ausrollen. Die zweite Teighälfte genauso verarbeiten.

In die Mitte der Teigkreise jeweils 2 Teelöffel der Füllung setzen. Einen Finger in Wasser tauchen und den Rand des ersten Teigkreises über den halben Umfang damit befeuchten. Die nicht angefeuchtete Hälfte so über die Füllung klappen, dass die Teigränder sauber aufeinanderliegen, und diese mit den Fingern zusammendrücken. Den Halbmond, der jetzt entstanden ist, um den Zeigefinger legen, die beiden Enden zusammendrücken und die Teigtasche vom Finger streifen. Auf diese Weise alle 32 Pelmeni formen. Bis zur Zubereitung kühl stellen.

Die Brühe mit Lorbeerblättern, Zitronenschale und 1 Spritzer Zitronensaft in einem großen Topf sprudelnd erhitzen. Die Hälfte der Pelmeni hineingeben, 5 Minuten garen und dabei gelegentlich rühren, damit sie nicht zusammenkleben. Sobald sie an die Oberfläche steigen, herausheben, in einer Schüssel mit einer kleinen Menge der Brühe übergießen und zudecken, damit sie nicht auskühlen. Nun die restlichen Pelmeni in den Topf geben. Kurz bevor sie fertig gegart sind, die erste Hälfte zusammen mit ihrer Brühe wieder hinzufügen und nochmals gründlich erhitzen.

Wenn die Pelmeni beinahe gar sind, die Butter in einem Topf bei mittlerer Temperatur zerlassen. Sofort die Hitze verringern und den Topf gelegentlich schwenken, bis die Butter leicht bräunt und nussig duftet – dies dauert nur 3–5 Minuten und erfordert höchste Aufmerksamkeit, denn braune Butter kann binnen Sekunden verbrennen.

Die fertig gegarten Teigtaschen mit einem Schaumlöffel aus der Brühe heben und auf Suppenschalen verteilen. Mit Radieschen, Schnittlauch und Dill bestreuen.

Zuletzt 1 Spritzer des zusätzlichen Zitronensafts zur Butter geben und diese sofort über die angerichteten Pelmeni träufeln. Zu jeder Portion noch einen Klecks Joghurt geben, etwas Muskatnuss über das Ganze streuen und servieren.

Während die Gäste die Pelmeni genießen, die Lorbeerblätter und Zitronenschalen aus der köchelnden Brühe fischen. Das Gemüse hineingeben und einige Minuten garen. Die Brühe mit dem restlichen Zitronensaft aromatisieren, nach Geschmack salzen und pfeffern und als Erfrischung nach den gehaltvollen Pelmeni servieren.

Tipp: Sollten Sie keine Zeit haben, um den Pelmeni-Teig selbst zuzubereiten, können Sie auf fertige Wan-tan-Blätter zurückgreifen. Das Rezept lässt sich ohne Weiteres für 8–12 Personen verdoppeln, und falls Sie umgekehrt nur die halbe Menge benötigen, können Sie den Rest einfach ungegart einfrieren. So halten sich die Pelmeni bis zu 3 Monate.

Variationen: Braune Butter und Joghurt weglassen und die Pelmeni mit dem Gemüse in der Brühe servieren. Die Teigtaschen lassen sich auch mit gehacktem Hähnchenfleisch oder Fisch, mit Pilzen, Frühlingszwiebeln oder Kohl füllen. Garen Sie die Pelmeni in einer passenden Brühe oder probieren Sie die Teigtaschen einmal frittiert.

2,5 l Kalbs- oder Hühnerbrühe
2 Lorbeerblätter
2 Streifen fein abgeschälte Schale von einer unbehandelten Zitrone
1 Spritzer frisch gepresster Zitronensaft plus 1½ EL zusätzlich
180 g Butter
4 Radieschen, in Juliennestreifen geschnitten
1 kleine Handvoll Schnittlauch, in Röllchen geschnitten
1 große Handvoll Dill, gehackt
100 g griechischer Joghurt (10 % Fett), glatt gerührt, zum Servieren
frisch geriebene Muskatnuss zum Garnieren
300 g frische Spinatblätter, bitterer Salat wie Rucola, Chicorée oder Radicchio oder auch Weißkohl, in feine Streifen geschnitten

KNUSPRIGE SCHWEINSHAXE MIT ROTKOHL UND APFELMEERRETTICH

FÜR 4 PERSONEN

Den Backofen auf 220 °C vorheizen. Einen Grillrost über einer Fettpfanne in den Ofen schieben. Die Schweinshaxen gründlich mit dem Meersalz einreiben und aufrecht mit dem schlanken Ende nach oben so auf dem Rost platzieren, dass sie sich gegenseitig stützen. 1 Stunde im Ofen garen, danach auf 160 °C herunterschalten und etwas Wasser in die Fettpfanne gießen. Die Eisbeine 1 weitere Stunde garen. Nun die Temperatur wieder auf 220 °C erhöhen und die Haxen noch 30 Minuten garen, bis das Fleisch ganz zart und die Schwarte goldbraun und knusprig ist. Aus dem Ofen nehmen und vor dem Servieren zugedeckt 10 Minuten ruhen lassen.

Während die Haxen garen, für den Rotkohl die Butter in einem großen Topf bei mittlerer bis hoher Temperatur zerlassen. Den Kohl zusammen mit der Zwiebel unter ständigem Rühren 10 Minuten braten, bis er etwas zusammenfällt. Die übrigen Zutaten außer dem Piment hinzufügen und alles gut vermischen. Einen Deckel auflegen und den Kohl bei reduzierter Temperatur unter gelegentlichem Rühren 40 Minuten garen, bis er weich ist und sich nur noch wenig Flüssigkeit im Topf befindet. Mit dem Piment sowie Salz und Pfeffer nach Geschmack würzen. Den Herd abschalten und den Topf verschließen, damit der Rotkohl nicht auskühlt.

Die beiden Zutaten für den Apfelmeerrettich gründlich verrühren.

Zum Servieren jeweils 1 Schweinshaxe auf etwas Rotkohl anrichten. Den Apfelmeerrettich separat dazu reichen.

Tipp: Perfekt passen dazu feines Kartoffelpüree, mit einem kräftigen Klecks mild-würzigem Senf verfeinert, sowie gedämpfte grüne Bohnen oder Spinat.

4 frische Schweinshaxen (jeweils 750 g), die Schwarte ringsum eingeritzt
2 EL Meersalz

FÜR DEN ROTKOHL
60 g Butter
1,5 kg (etwa ½ großer Kopf) Rotkohl, in nicht zu feine Streifen geschnitten
1 rote Zwiebel, in feine Scheiben geschnitten
60 g getrocknete Cranberrys
1 Granny-Smith-Apfel, geschält, vom Kerngehäuse befreit und gerieben
6 Wacholderbeeren
60 ml Rotwein
3 EL Rotweinessig
1 Lorbeerblatt
½ TL frisch geriebene Muskatnuss
3 EL brauner Zucker
½ TL gemahlener Piment
Salz und Pfeffer

FÜR DEN APFELMEERRETTICH
60 g Apfelkompott
2 EL Meerrettich aus dem Glas

RUSSISCHE PASTETE MIT HUHN

FÜR 8 PERSONEN

FÜR DEN TEIG
425 g Mehl
¼ TL Backpulver
1 EL extrafeiner Zucker
1 TL Salz
150 g Butter, zerlassen und leicht abgekühlt
125 g Crème fraîche oder Sauerrahm (siehe Anmerkung) plus 2 EL
1 Ei

Für den Teig Mehl, Backpulver, Zucker und Salz in eine Schüssel sieben. In die Mitte eine Mulde drücken. Die zerlassene Butter mit der Crème fraîche verrühren und in die Mulde gießen. Die Zutaten mit einem Messer mit breiter Klinge zusammenhacken, sodass grobe Krümel entstehen. Auf eine leicht bemehlte Arbeitsfläche geben und einige Minuten leicht mit den Händen kneten, bis ein glatter Teig entsteht. Zu einer Kugel formen, etwas flach drücken, in Frischhaltefolie einschlagen und für 1 Stunde in den Kühlschrank legen. Vor dem Ausrollen 10 Minuten Raumtemperatur annehmen lassen.

Für die Füllung das Huhn in einem großen Topf mit 3 Litern kaltem Wasser bedecken. Die Nelken und Pfefferkörner, den Sellerie und die Lorbeerblätter hinzufügen. Bei hoher Temperatur einmal aufkochen und anschließend 1 Stunde köcheln lassen, bis das Huhn gar ist. Währenddessen gelegentlich abschäumen. Das Huhn aus dem Topf nehmen und beiseitelegen. Die Brühe wieder sprudelnd erhitzen und 30–35 Minuten kochen lassen, bis sie auf die Hälfte reduziert ist, danach durch ein Sieb gießen und ebenfalls beiseitestellen. In der Zwischenzeit das etwas abgekühlte Huhn enthäuten, auslösen und das Fleisch in mundgerechte Stücke schneiden. Bis zur Verwendung kalt stellen.

In einer großen Pfanne ein Viertel der Butter bei mittlerer bis hoher Temperatur zerlassen. Die Pilze 4–5 Minuten unter Rühren braten, bis sie weich sind, danach herausnehmen und beiseitestellen. Die Hälfte der restlichen Butter und die Zwiebeln in die Pfanne geben und regelmäßig rühren, bis die Zwiebeln nach 15 Minuten hellgelb angelaufen sind. Die Muskatnuss und den Knoblauch 30 Sekunden untermischen, dann die Pilze zurück in die Pfanne geben. Mit Salz und etwas weißem Pfeffer würzen und gut durchmischen.

Die Brühe erneut zum Kochen bringen. Den Reis darin 10 Minuten garen, bis er weich, aber noch nicht breiig ist. Abseihen und dabei die Brühe wieder auffangen. Den Reis zusammen mit dem Zitronensaft unter die Pilze mischen.

Die restliche Butter bei mittlerer bis hoher Temperatur in einem großen Topf zerlassen und das Mehl 1 Minute unter Rühren anschwitzen. Nach und nach 500 Milliliter Hühnerbrühe hinzugießen und dabei ständig mit einem Schneebesen rühren, sodass eine glatte Sauce entsteht. Langsam zum Kochen bringen und 3–5 Minuten eindicken lassen, dabei regelmäßig rühren. Ein wenig von der Sauce in die Crème fraîche rühren und dann diese Mischung zusammen mit den gehackten Eiern, den Kräutern und dem Hühnerfleisch zur Sauce geben. Alles gründlich vermengen und zuletzt nochmals abschmecken.

Den Backofen auf 190 °C vorheizen. Eine etwa 5 Zentimeter hohe ofenfeste Form von 3 Litern Inhalt mit der zusätzlichen Butter ausstreichen. Die Hälfte der Reismischung darin verteilen und darauf die Hälfte der Fleischmischung geben. Den Rest der Zutaten genauso einfüllen und die Oberfläche glatt streichen.

Den Teig auf leicht bemehltem Backpapier ausrollen, bis er ein wenig größer ist als die Form. Den Teig über die Form breiten, das Papier abziehen und den überstehenden Teig abschneiden. Aus den Resten nach Belieben Verzierungen formen, mit Wasser befeuchten und auf den Teigdeckel kleben. Da diese russische Pastete – in ihrer Heimat heißt sie »kurnik« – traditionell zu festlichen Anlässen und insbesondere zu Hochzeiten zubereitet wird, würden einfache Blütenformen gut passen. Aber Sie können ebenso andere Motive oder Elemente wählen oder auch ganz darauf verzichten.

Das Ei mit 2 Esslöffeln Crème fraîche verquirlen, die Pastete großzügig damit bestreichen und den Teigdeckel schließlich an mehreren Stellen mit einem Messer einstechen, damit beim Backen der entstehende Dampf entweichen kann. Für 40–45 Minuten in den Ofen schieben, bis der Teig schön gebräunt und die Füllung richtig heiß ist. Mit Gemüse oder einem Salat servieren.

Anmerkung: In Russland verwendet man für dieses Rezept »smetana«, einen Sauerrahm mit vergleichsweise hohem Fettgehalt.

FÜR DIE FÜLLUNG

1 Huhn (etwa 1,8 kg), küchenfertig vorbereitet
3 ganze Gewürznelken
1 TL schwarze Pfefferkörner
2 Stangen Sellerie, fein gehackt
2 Lorbeerblätter
100 g Butter plus mehr zum Einfetten
300 g frische Steinpilze (ersatzweise braune Champignons), in Scheiben geschnitten
3 große Zwiebeln, in Scheiben geschnitten
¾ TL frisch geriebene Muskatnuss
3 Knoblauchzehen, sehr fein gehackt
Salz und weißer Pfeffer
135 g weißer Mittelkornreis, zum Beispiel Milchreis
1 TL frisch gepresster Zitronensaft
2½ EL Mehl
375 g Crème fraîche oder Sauerrahm (siehe Anmerkung)
5 große Eier, hart gekocht, gepellt und fein gehackt
2 große Handvoll Dill, gehackt
1 große Handvoll glatte Petersilie, gehackt
1 Handvoll Schnittlauch, in Röllchen geschnitten

KANINCHEN IN ROTWEIN MIT SPINAT-CANEDERLI

FÜR 4 PERSONEN

1 Kaninchen (etwa 1,6 kg), küchenfertig vorbereitet und in 8 Teile zerlegt
3 rote Zwiebeln, in Spalten geschnitten
2 Möhren, schräg in dicke Scheiben geschnitten
2 Stangen Sellerie, gewürfelt
75 g Pancetta, gewürfelt
80 ml Olivenöl
Salz und frisch gemahlener schwarzer Pfeffer
300 ml Rotwein
175 ml Marsala
2 Knoblauchzehen, zerdrückt
1½ TL gemahlener Zimt
½ TL frisch geriebene Muskatnuss
1 Prise gemahlene Gewürznelken
1½ TL Wacholderbeeren
2 Lorbeerblätter
2 TL fein gehackter Salbei

Den Backofen auf 240 °C vorheizen. Die Kaninchenteile mit den Zwiebelspalten, den Möhren- und Selleriestücken sowie den Speckwürfeln in einen Bräter geben. Mit dem Öl beträufeln, mit etwas Salz und schwarzem Pfeffer aus der Mühle würzen und gründlich durchmischen. Für 10 Minuten in den Ofen schieben, bis die Fleisch- und Gemüsestücke leicht gebräunt sind. Danach die Ofentemperatur auf 160 °C herunterschalten. Rotwein und Marsala sowie 500 Milliliter Wasser zusammen mit dem Knoblauch, dem Zimt, der Muskatnuss, den Nelken und Wacholderbeeren, den Lorbeerblättern und dem Salbei in den Bräter geben und die Zutaten behutsam vermischen. Den Bräter fest mit Alufolie verschließen und das Fleisch 2½ Stunden im Ofen schmoren, bis es butterzart ist – währenddessen sollte es stets vom Fond bedeckt sein.

Während das Fleisch gart, für die Canederli das Brot würfeln, in einer flachen Schale mit der Milch bedecken und 20 Minuten ruhen lassen, bis die Milch weitgehend aufgesogen ist. Inzwischen die Spinatblätter in einer Schüssel mit so viel kochendem Wasser übergießen, dass die Blätter zusammenfallen. Den Spinat abseihen und gut abtropfen lassen. Sobald man sich an ihm nicht mehr die Finger verbrennt, gründlich ausdrücken und sehr fein hacken.

Das Brot ebenfalls ausdrücken und die Milch weggießen. Mit dem Spinat sowie 1 kräftigen Prise Salz, der Muskatnuss und etwas schwarzem Pfeffer aus der Mühle in die Schüssel der Küchenmaschine geben. Zu einem glatten Püree verarbeiten und danach in einer Schüssel gründlich mit dem Ei vermischen. Esslöffelweise das Mehl einarbeiten, bis ein weicher, geschmeidiger Teig entsteht. Mit ein wenig zusätzlichem Mehl bestreuen und kurz kneten, sodass der Teig etwas mehr Griff gewinnt.

Auf der Arbeitsfläche zu einer 2 Zentimeter dicken Rolle formen und in 3 Zentimeter breite Stücke – die Canederli – schneiden. Bis zur Zubereitung beiseitestellen.

Das fertig gegarte Fleisch aus der Schmorflüssigkeit nehmen und in einer Schüssel zugedeckt warm halten. Zwei nebeneinanderliegende Herdplatten kräftig aufheizen, den Bräter daraufsetzen und den Fond in etwa 25 Minuten unter gelegentlichem Rühren leicht einkochen lassen. Die Kaninchenteile wieder in den Bräter geben und in der Sauce wenden. Vom Herd nehmen und, mit Alufolie abgedeckt, warm halten.

Während die Sauce einkocht, in einem großen Topf reichlich gesalzenes Wasser sprudelnd erhitzen. Die Canederli hineingeben und garen, bis sie nach etwa 5 Minuten an die Oberfläche steigen. Mit einem Schaumlöffel herausheben und abtropfen lassen.

Öl und Butter in einer beschichteten Pfanne bei hoher Temperatur erhitzen. Die Canederli portionsweise je etwa 5 Minuten hellbraun und leicht knusprig braten, dabei die Pfanne gelegentlich rütteln.

Auf einzelne Teller jeweils 2 Stücke Schmorkaninchen geben, etwas Sauce darüberschöpfen und mit den Canederli servieren. Mit Salbeiblättchen garnieren.

Tipp: Die Canederli passen auch gut zu anderen Schmorgerichten. Ebenso kann man sie wie Gnocchi mit verschiedenen Saucen servieren.

FÜR DIE SPINAT-CANEDERLI

300 g altbackenes Brot, entrindet
250 ml Vollmilch
350 g frischer Spinat, von groben Stielen befreit, gewaschen und abgetropft
Salz und frisch gemahlener schwarzer Pfeffer
¼ TL frisch geriebene Muskatnuss
1 Ei, leicht verquirlt
50 g Mehl, gesiebt, plus etwas Mehl zusätzlich
1 EL natives Olivenöl extra
1 EL Butter

FLEISCHBÄLLCHEN IN WODKA-DILL-SAUCE

FÜR 4–6 PERSONEN

- 160 g frische Weißbrotbrösel
- 185 ml Sahne
- 350 g Hackfleisch vom Rind
- 350 g Hackfleisch vom Schwein
- 1 großes Ei
- 1 Zwiebel, sehr fein gehackt
- ¼ TL frisch geriebene Muskatnuss
- 1 Prise gemahlener Piment
- 1 TL feines Meersalz
- ¼ TL weißer Pfeffer
- 1 EL Öl
- 2 EL Butter
- 1 EL Mehl
- 450 ml heiße Rinderbrühe
- 1½ EL gehackter Dill plus mehr zum Garnieren
- 80 ml Wodka
- Preiselbeerkompott zum Servieren

Die Brösel in einer größeren Schüssel mit 125 Millilitern Sahne verrühren und ruhen lassen, bis sie die gesamte Flüssigkeit aufgesogen haben. Das Rinder- und Schweinehackfleisch, Ei, Zwiebel, Muskatnuss, Piment, Salz und weißen Pfeffer hinzufügen und alles gründlich mischen. Aus dem Fleischteig 3 Zentimeter große Bällchen formen und diese nebeneinander auf eine mit Backpapier ausgelegte Platte geben. Zugedeckt für 3–4 Stunden in den Kühlschrank stellen, sodass sich die Aromen gut verbinden.

Für die eigentliche Zubereitung das Öl mit der Hälfte der Butter in einer großen Pfanne mit schwerem Boden bei mittlerer bis hoher Temperatur erhitzen. Die Fleischbällchen darin portionsweise 4–6 Minuten ringsum goldbraun braten. Herausnehmen und beiseitestellen.

Die restliche Butter in der Pfanne zerlassen und gründlich das Mehl einrühren. Langsam die heiße Brühe zusammen mit der restlichen Sahne mit einem Schneebesen untermischen und zugleich den Bratensatz vom Boden der Pfanne lösen. Dann 1½ Esslöffel Dill sowie 3 Esslöffel Wodka hinzufügen und unter ständigem Rühren mit dem Schneebesen zum Kochen bringen. Weiterrühren, bis eine glatte und leicht sämige Sauce entsteht. Die Fleischbällchen zusammen mit dem inzwischen ausgetretenen Saft wieder in die Pfanne geben und noch 10 Minuten garen. Den restlichen Wodka in die Sauce einrühren und das Gericht mit Salz und Pfeffer abschmecken. Mit weiterem gehacktem Dill garnieren und mit Preiselbeerkompott servieren.

Tipp: Servieren Sie die Fleischbällchen mit Preiselbeerkompott auf Bratkartoffeln, Kartoffelpüree oder in Butter geschwenkten Nudeln. Ein Gläschen Wodka gehört in jedem Fall dazu!

KOHLROULADEN

ERGIBT 12 STÜCK / FÜR 6 PERSONEN

120 g frische Weißbrotbrösel
170 ml Vollmilch
350 g Hackfleisch vom Schwein
200 g gehacktes Puten- oder Hühnerfleisch
1 Zwiebel, gerieben und ausgedrückt
1 kleine Stange Sellerie, sehr fein gewürfelt
½ kleine grüne Paprikaschote, von Samen und Scheidewänden befreit und sehr fein gewürfelt
1 TL fein gehackter Majoran
1 kleine Handvoll Schnittlauch, in feine Röllchen geschnitten
½ TL Selleriesalz
1½ TL edelsüßes Paprikapulver plus mehr zum Servieren
3 Knoblauchzehen, sehr fein gehackt
1 Ei, verquirlt
1 ganzer Weißkohl
Salz und frisch gemahlener schwarzer Pfeffer
1 l Hühnerbrühe
125 ml Apfelessig
3 Lorbeerblätter
2 TL schwarze Pfefferkörner
3 ganze Gewürznelken
zerlassene Butter zum Servieren (nach Belieben)
Naturjoghurt zum Servieren (nach Belieben)

Die Brösel in einer Schüssel mit der Milch bedecken, durchmischen und beiseitestellen.

Beide Hackfleischsorten zusammen mit der Zwiebel, dem Sellerie, der Paprikaschote, dem Majoran und Schnittlauch, dem Selleriesalz und Paprikapulver, dem Knoblauch und dem Ei in eine größere Schüssel geben. Die Zutaten mit den Händen gründlich vermengen. Die Brösel mitsamt der Milch hinzufügen und ebenfalls mit den Händen gleichmäßig einarbeiten. Die Schüssel mit Frischhaltefolie verschließen und für 2 Stunden in den Kühlschrank stellen.

In einem großen Topf reichlich Wasser zum Kochen bringen. Aus dem Kohlkopf mit einem kleinen, scharfen Messer den Strunk herausschneiden. Den ganzen Kopf mit dem Strunkende nach unten ins kochende Wasser geben. Sobald sich die ersten Blätter lockern, diese mit einer Zange abziehen und, wenn sie ganz weich gegart sind, herausnehmen und in einem großen Durchschlag abtropfen lassen. Auf diese Weise nach und nach die Blätter ablösen. Die 12 größten Exemplare für die Rouladen beiseitelegen. Weitere 2 Blätter fein hacken und die übrigen aufbewahren, um später damit den Topf auszulegen. Das Kochwasser nicht weggießen.

Die gehackten Kohlblätter zum Fleischteig geben. Mit Salz und schwarzem Pfeffer aus der Mühle würzen und nochmals gründlich durchmischen. Die Masse in 12 gleich große Portionen teilen und diese jeweils zu einer kurzen, dicken Rolle formen.

Wenn die Kohlblätter etwas abgekühlt sind, die 12 größten so nebeneinander auf einer Arbeitsfläche ausbreiten, dass sich die Mittelrippe auf der Unterseite befindet und die Rundung der Blätter nach oben weist. Das untere Ende der Blattrippen jeweils mit zwei kurzen Schnitten in Form eines umgedrehten »V« entfernen.

Eine Fleischrolle quer gleich oberhalb des »V« auf ein Kohlblatt legen, die seitlichen Ränder umschlagen und das Blatt aufrollen. Auf dieselbe Weise die restlichen Rouladen herstellen.

Einen hohen, weiten Topf mit schwerem Boden mit zwei Dritteln der restlichen Kohlblätter auslegen. Die Rouladen mit der Naht nach unten nebeneinander hineingeben – sie sollten den Topf dicht an dicht ausfüllen. Mit 1 Liter des Kochwassers übergießen und dann die Hühnerbrühe zusammen mit dem Essig, den Lorbeerblättern, den Pfefferkörnern und den Nelken hinzufügen. Das Ganze mit den noch übrigen Kohlblättern abdecken. Auf hoher Stufe zum Kochen bringen und anschließend bei reduzierter Temperatur zugedeckt 45 Minuten köcheln lassen, bis das Fleisch durchgegart ist. Zur Probe eine Roulade durchschneiden.

Die benötigte Anzahl Rouladen mit einem Schaumlöffel oder einer Zange aus dem Topf nehmen. Reste lassen sich bis zu 4 Tage im Kühlschrank in der Garflüssigkeit aufbewahren und darin langsam wieder erwärmen. Die Rouladen heiß servieren. Mit zerlassener Butter oder Joghurt und Paprikapulver zum Bestäuben reichen.

Tipp: Kohlrouladen schmecken als herzhafter Imbiss, mit einer passenden Beilage geben sie ein sättigendes Hauptgericht ab.

GRÜNE LASAGNE

FÜR 6–8 PERSONEN

FÜR DIE KALBFLEISCHFÜLLUNG
1 EL Olivenöl
3 EL Butter
1 Zwiebel, fein gehackt
50 g Parmaschinken oder anderer luftgetrockneter Schinken, fein gehackt
3 Knoblauchzehen, fein gehackt
1 kg Hackfleisch vom Kalb
75 g Hühnerleber, küchenfertig vorbereitet und sehr fein gehackt
1 TL zerkrümelte getrocknete Steinpilze
1 TL frisch geriebene Muskatnuss
1 TL fein gehackter Salbei
½ TL sehr fein gehackter Rosmarin
1 Lorbeerblatt
60 ml Weißwein
500 ml Hühnerbrühe
875 ml Vollmilch
3 EL Mehl
Salz und frisch gemahlener schwarzer Pfeffer

Für die Kalbfleischfüllung das Öl mit 1 Esslöffel Butter in einem großen Topf bei mittlerer bis hoher Temperatur erhitzen. Die Zwiebel mit dem Schinken 10 Minuten hellbraun braten, dabei häufiger rühren. Den Knoblauch untermischen und nach 30 Sekunden das Hackfleisch dazugeben. Braten, bis es seine rosa Farbe verliert, dabei häufig mit einem Kochlöffel rühren und alle Klumpen fein zerkleinern. Die Hühnerleber hinzufügen und, sobald dieses Fleisch ebenfalls die Farbe verändert, die Steinpilze zusammen mit der Muskatnuss, dem Salbei, dem Rosmarin und dem Lorbeerblatt untermischen. Wein, Brühe und 375 Milliliter Milch in den Topf gießen. Einmal ganz kurz aufkochen und dann bei sofort verringerter Temperatur 2 Stunden und 15 Minuten köcheln lassen, bis das Kalbfleisch sehr weich ist.

Währenddessen die übrige Milch in einem kleinen Topf sanft erwärmen. In einem weiteren Topf die restlichen 2 Esslöffel Butter auf mittlerer bis hoher Stufe zerlassen und das Mehl darin 2 Minuten unter Rühren anschwitzen. Langsam die warme Milch hinzugießen und dabei ständig mit einem Schneebesen rühren, sodass schließlich eine glatte Sauce entsteht. Bis zum Siedepunkt erhitzen und dann die Temperatur verringern. Die Sauce unter ständigem Rühren 3–4 Minuten stark eindicken lassen. Anschließend zugedeckt beiseitestellen, bis die Fleischmischung fertig zubereitet ist. Beides verrühren und mit Salz sowie etwas schwarzem Pfeffer aus der Mühle abschmecken.

Den Backofen auf 190 °C vorheizen. Für die Spinatfüllung die Butter in einer Pfanne bei mittlerer bis hoher Temperatur zerlassen und den

Lauch 10 Minuten darin anschwitzen. Den Spinat zufügen, mit Muskatnuss würzen und einige Minuten durchmischen, bis er zusammengefallen ist. Beiseitestellen.

Eine 26 x 30 x 7 Zentimeter große ofenfeste Form einfetten und den Boden mit etwa einem Drittel der Hühnerbrühe beträufeln. Mit Lasagneblättern auslegen und dafür diese, damit sie sich nahtlos aneinanderfügen oder höchstens leicht überlappen, nach Bedarf zurechtschneiden. Darüber ein Drittel der Kalbfleischfüllung geben und gleichmäßig verstreichen. Nun folgen wieder eine Lage Lasagneblätter, beträufelt mit einem Drittel der Hühnerbrühe, und als Nächstes die Hälfte der Spinatmischung, die ebenfalls gleichmäßig verteilt wird. Die beiden Käsesorten vermengen und ein Drittel davon über den Spinat streuen. Die restlichen Zutaten wie folgt in die Form füllen: eine Lage Lasagneblätter, wie zuvor passend gemacht, ein Drittel Kalbfleischfüllung, abermals eine Lage Lasagneblätter, mit dem Rest der Hühnerbrühe beträufelt, die restliche Spinatfüllung, die Hälfte der übrigen Käsemischung, nochmals eine Lage Lasagneblätter und der Rest der Kalbfleischfüllung. Den Abschluss bildet eine Lage Lasagneblätter, bestreut mit dem übrigen Käse. Das Trüffelöl, falls verwendet, unter die Sahne mischen und diese gleichmäßig über die Lasagne gießen.

In den vorgeheizten Ofen schieben und 45 Minuten backen, bis die Pasta gar ist, die Sauce Blasen wirft und die Lasagne appetitlich gebräunt ist. Am besten passt zu diesem reichhaltigen Gericht ein knackiger grüner Salat mit einer betont säuerlichen Vinaigrette.

FÜR DIE SPINATFÜLLUNG

2 EL Butter
2 Stangen Lauch, nur das Weiße, in feine Scheiben geschnitten
500 g frischer Spinat, gewaschen, von groben Stielen befreit und grob gehackt
1 kräftige Prise frisch geriebene Muskatnuss

80 ml Hühnerbrühe
500 g frische grüne Lasagneblätter
300 g Taleggio (Weichkäse aus Norditalien), gewürfelt
200 g Parmesan, gerieben
1 TL Trüffelöl (nach Belieben)
375 ml Sahne

GESCHMORTE LAMMHAXE MIT JANSONS VERSUCHUNG

FÜR 6 PERSONEN

1 EL Öl
1 EL Butter
6 Lammhaxen (je etwa 300 g)
Salz und frisch gemahlener schwarzer Pfeffer
1 Zwiebel, fein gehackt
2 Knoblauchzehen, sehr fein gehackt
3 Sardellenfilets, fein gehackt
2 TL ganze schwarze Pfefferkörner
60 ml Weinbrand
60 ml Apfelessig
500 ml Rinderbrühe
2½ EL Melasse
1 TL gemahlener Piment
1 Lorbeerblatt

FÜR JANSONS VERSUCHUNG

4 große, vorwiegend festkochende Kartoffeln, zum Beispiel Désirée
3 EL Butter
2 Zwiebeln, in feine Scheiben geschnitten
8 Sardellenfilets, sehr fein gehackt
½ TL fein gehackte Thymianblättchen
1 kräftige Prise weißer Pfeffer
Salz
250 ml Sahne
125 ml Vollmilch
20 g frische Weißbrotbrösel

Das Öl mit der Butter in einem Schmortopf erhitzen. Die Lammhaxen salzen und pfeffern und portionsweise rundherum kräftig anbraten. Herausnehmen und beiseitelegen. Als Nächstes die Zwiebel im selben Topf bei mittlerer Temperatur 10 Minuten anschwitzen. Den Knoblauch, die Sardellen und die Pfefferkörner untermischen und 1 Minute mitbraten. Weinbrand und Essig einrühren und dabei den Bratensatz vom Boden lösen. Die Brühe, die Melasse, den Piment und das Lorbeerblatt zusammen mit 375 Millilitern Wasser in den Topf geben, umrühren und als Nächstes die Lammhaxen so hineinlegen, dass der fleischige Teil von der Flüssigkeit bedeckt ist. Einmal aufkochen und dann auf kleinerer Stufe 2 Stunden köcheln lassen, bis das Fleisch ganz zart ist, aber noch nicht vom Knochen fällt.

Inzwischen für die Zubereitung von Jansons Versuchung den Backofen auf 200 °C vorheizen. Die Kartoffeln mit einem Gemüsehobel oder sehr scharfen Messer in feine Scheiben und dann in streichholzdünne Stifte schneiden. In eine Schüssel geben und mit Wasser bedecken.

Die Butter in einer Pfanne zerlassen und die Zwiebeln darin 10 Minuten anschwitzen. Sardellen, Thymian und weißen Pfeffer unterrühren. Die Kartoffelstifte abseihen und trocken schütteln. In einer großen Schüssel mit der Zwiebel-Sardellen-Mischung sowie Salz nach Geschmack mit den Händen vorsichtig vermengen. Die Mischung in einer eingefetteten ofenfesten Form von 30 x 25 Zentimetern verteilen.

Die Sahne mit der Milch in einem Topf bei mittlerer Temperatur zum Köcheln bringen. Die Kartoffelmischung damit übergießen und gleichmäßig flach drücken. Mit den Weißbrotbröseln bestreuen und für 1 Stunde in den Ofen schieben, bis die Kartoffeln weich sind. Falls die Brösel dabei zu schnell bräunen, die Form mit Alufolie abdecken.

Die fertig gegarten Lammhaxen mit einem Schaumlöffel in eine große Schüssel heben und zugedeckt warm halten. Die Schmorflüssigkeit zum Kochen bringen und 35–40 Minuten eindicken lassen, bis sie die Konsistenz einer Glasur annimmt. Die Lammhaxen behutsam darin wenden, bis sie gleichmäßig überzogen sind.

Mit Jansons Verführung und knackig gegarten Erbsen oder einem anderen grünen Gemüse servieren.

KORIANDERHUHN IN WALNUSS-SAUCE

FÜR 4–6 PERSONEN

80 g weiche Butter
1 Knoblauchzehe, sehr fein gehackt
1 große Handvoll Koriandergrün, fein gehackt
½ TL gemahlener Koriander
1 Poularde (etwa 2 kg), küchenfertig vorbereitet, innen und außen abgespült und trocken getupft
Salz und frisch gemahlener schwarzer Pfeffer

FÜR DIE WALNUSS-SAUCE
1 EL Butter
1 kleine Zwiebel, sehr fein gehackt
5 Knoblauchzehen, zerdrückt
2 TL Mehl
1 TL edelsüßes Paprikapulver
½ TL gemahlener Zimt
¼ TL gemahlener Koriander
1 kräftige Prise gemahlene Gewürznelken
1 Lorbeerblatt
¼ TL frisch gemahlener schwarzer Pfeffer
125 ml heiße Hühnerbrühe
2 EL Rotweinessig
75 g Walnusskerne, geröstet und fein gehackt
½ TL brauner Zucker
2 große Eigelb
Salz und Pfeffer

Den Backofen auf 200 °C vorheizen.

Die Butter mit dem Knoblauch sowie dem frischen und gemahlenen Koriander vermengen. Mit den Fingern unter die Brusthaut des Huhns fahren, um sie vom Fleisch darunter zu lösen, wobei sie jedoch nicht reißen darf. Die Würzbutter in die so entstandene »Tasche« füllen und möglichst gleichmäßig verstreichen, anschließend die Brust von außen mit Salz und etwas schwarzem Pfeffer aus der Mühle würzen. Das Huhn auf einen Rost in einen größeren Bräter legen und 250 Milliliter Wasser dazugießen. Für 1 Stunde und 15 Minuten in den Ofen schieben und danach eine Garprobe machen: Wenn man eine Keule an der dicksten Stelle mit einem Spieß einsticht, muss klarer Saft austreten. Das fertig gegarte Huhn auf einer vorgewärmten Platte mit Alufolie abgedeckt bis zum Servieren warm halten. Den Fond aus dem Bräter durch ein Sieb gießen und beiseitestellen.

Für die Sauce den Bräter bei mittlerer Temperatur erhitzen und die Butter darin schmelzen. Die Zwiebel 10 Minuten unter häufigem Rühren hellgelb anbraten. Den Knoblauch 1 Minute untermischen. Das Mehl mit den Gewürzen rasch einrühren und das Lorbeerblatt dazugeben. Nach und nach den durchgeseihten Fond und so viel Brühe mit einem Schneebesen einrühren, dass eine glatte, dünne Sauce entsteht. Den Essig, die Walnüsse und den Zucker untermischen und das Ganze 2 Minuten kochen lassen, danach vom Herd nehmen. Nun 3 Esslöffel der Sauce rasch, aber gleichmäßig mit den Eigelben verquirlen und diese Mischung dann mit dem Schneebesen gründlich unter die Sauce ziehen.

Die Sauce erhitzen und dabei 2 Minuten unablässig mit einem Schneebesen schlagen, bis sie wieder leicht eindickt – sie darf dabei aber keinesfalls aufkochen. Vom Herd nehmen und mit Salz und Pfeffer abschmecken. Das Huhn tranchieren und mit der Sauce servieren.

Tipp: Bissfest gegartes Gemüse wie kleine, zarte Möhren oder Weißkohlstreifen, aber auch neue Kartoffeln, in etwas Butter geschwenkt und mit gehacktem Koriandergrün aromatisiert, passen gut dazu.

KNUSPRIGES APFEL-PREISELBEER-GRATIN

FÜR 6 PERSONEN

125 g Butter
6 große Granny-Smith- oder andere knackige Äpfel, geschält, vom Kerngehäuse befreit und gewürfelt
1½ EL Honig
2 TL Holunderblütensirup
½ TL fein abgeriebene Schale von einer unbehandelten Zitrone
300 g Preiselbeerkompott
100 g frische Brösel aus Roggenbrot
1½ TL gemahlener Zimt
½ TL Süßholzwurzelpulver (aus der Apotheke)
30 g gehobelte Mandeln
50 g brauner Zucker

Den Backofen auf 190 °C vorheizen. Sechs Souffléförmchen von 250 Millilitern Fassungsvermögen (oder andere Gratinformen ähnlicher Größe oder ofenfeste Tassen) dünn mit Fett ausstreichen.

In einer großen Pfanne 2 Esslöffel der Butter bei mittlerer bis hoher Temperatur zerlassen. Die Äpfel zugeben und 8–10 Minuten hellbraun braten, dabei die Pfanne häufig rütteln. Honig, Holunderblütensirup und Zitronenabrieb einrühren. Die Pfanne vom Herd nehmen und die Apfelmischung gleichmäßig auf die vorbereiteten Formen verteilen. Jeweils 2 Esslöffel Preiselbeerkompott daraufgeben und mit dem Löffelrücken glatt streichen.

Für die knusprige Kruste die restliche Butter zerlassen. Die Brotbrösel mit dem Zimt, dem Süßholzwurzelpulver, Mandeln und Zucker in einer Schüssel vermengen. Die Butter dazugießen und gründlich unterziehen. Die Mischung gleichmäßig über das Preiselbeerkompott streuen.

Die Förmchen auf ein Backblech setzen und für 20–25 Minuten in den Ofen schieben, bis der Inhalt durch und durch heiß und der Belag goldbraun und knusprig ist.

Die Gratins mit Eiscreme oder gesüßter und mit etwas Vanille aromatisierter Schlagsahne servieren.

HÜTTENKÄSEKNÖDEL MIT PFLAUMENFÜLLUNG UND ZIMTWALNÜSSEN

FÜR 6 PERSONEN

435 g Hüttenkäse, gründlich abgetropft
2 EL weiche Butter
1 TL fein abgeriebene Schale von einer unbehandelten Zitrone
½ TL Vanilleextrakt
2 große Eigelb
75 g Mehl
60 g Kartoffelstärke
½ TL Backpulver
100 g Pflaumenmus
60 ml Pflanzenöl
½ TL Salz

125 g Butter
80 g Walnusskerne, fein gehackt
1¼ TL gemahlener Zimt
1 TL frisch gepresster Zitronensaft
Puderzucker, gesiebt, zum Servieren

Den Hüttenkäse über einer Schüssel durch ein feines Sieb streichen. Die Butter zugeben und beides mit einem elektrischen Handrührgerät cremig aufschlagen. Zitronenabrieb, Vanilleextrakt und Eigelb einrühren. Dann Mehl, Kartoffelstärke und Backpulver hinzufügen und alles gründlich vermengen. Den Teig zugedeckt im Kühlschrank 30 Minuten fest werden lassen.

Den Teig in 12 Stücke teilen. Ein Stück in die Handfläche nehmen und zu einem 6 Zentimeter großen Kreis flach drücken. In die Mitte 1 gehäuften Teelöffel Pflaumenmus geben und dann die Hand wölben, sodass sich die Teigmasse um die Füllung schmiegt und fast von selbst ein Knödel entsteht. Die Teigränder mit der anderen Hand sorgfältig zusammendrücken – es dürfen keine Löcher bleiben, sondern die Füllung muss vollständig eingeschlossen sein. Auf diese Weise insgesamt 12 Knödel herstellen. Bis zur Zubereitung kalt stellen.

In einem sehr großen Topf reichlich Wasser zum Kochen bringen. Öl und Salz hineingeben und dann einzeln die Knödel ins sprudelnde Wasser gleiten lassen. Falls dabei ein Knödel am Topfboden ansetzt, behutsam mit einem langstieligen Löffel lösen. Nach dem erneuten Aufsprudeln des Wassers die Temperatur verringern, sodass es nur noch schwach köchelt, und die Knödel garen, bis sie nach 10 Minuten an die Oberfläche steigen. Mit einem Schaumlöffel herausheben und auf einem sauberen Küchentuch gründlich abtropfen lassen.

Inzwischen die Butter in einer kleinen Pfanne bei mittlerer bis hoher Temperatur zerlassen. Die Walnüsse mit dem Zimt hineingeben und unter ständigem Rühren 4 Minuten braten, bis ein Rösthauch aus der Pfanne aufsteigt – dabei darf die Butter nicht verbrennen. Zuletzt den Zitronensaft einrühren.

Auf einzelnen Desserttellern je 2 Knödel anrichten und die Butter mit den Walnüssen darüber verteilen. Dazu in einer kleinen Schüssel Puderzucker reichen, den jeder nach Belieben selbst über seine Portion streuen kann.

SCHOKOLADEN-FONDUE

FÜR 6–8 PERSONEN

500 ml Sahne plus mehr zum Servieren (nach Belieben)
200 g Bitterschokolade, sehr fein gehackt
200 g Toblerone-Milchschokolade, sehr fein gehackt
40 ml Schokoladen-, Mandel- oder Kirschlikör oder Kirschwasser (nach Belieben)

ZUM EINTUNKEN
frische Früchte, je nach Größe im Ganzen serviert oder in mundgerechte Stücke geteilt
Kuchen oder süßes Gebäck, zum Beispiel Honigkuchen (siehe Seite 216) oder Lebkuchen (siehe Seite 277), in Würfel geschnitten (nach Belieben)
kleine Marzipankugeln (nach Belieben)
kleine Pfannkuchen (nach Belieben)
Makronen (nach Belieben)
Marshmallows (nach Belieben)

Das Fondueset nach Anweisung des Herstellers in der Tischmitte aufbauen. Brennpaste oder Spiritus im Rechaud anzünden und die Flamme auf mittlere Stufe einstellen. Die Sahne in den Topf füllen und leicht erhitzen, jedoch nicht aufkochen. Beide Schokoladensorten hineingeben und unablässig rühren, bis eine ganz glatte und gleichmäßig gefärbte Mischung entsteht. Den Alkohol, falls verwendet, einrühren. Die Flamme löschen.

Mit ihrer Fonduegabel tunken die Gäste nun abwechselnd ein Stück, das sie von der Platte mit den Zutaten gewählt haben, in die Schokoladenmischung und beträufeln es anschließend auf ihrem Teller noch nach Belieben mit zusätzlicher Sahne. Wenn die Schokoladenmischung zu dickflüssig wird, die Flamme erneut anzünden, aber sehr niedrig einstellen und regelmäßig umrühren. Eine körnige Beschaffenheit der Schokoladenmischung zeigt an, dass sie zu stark erhitzt wurde. (Wer ganz sichergehen will, bereitet zunächst die Hälfte der Schokoladenmischung zu und schließt dann einen zweiten Durchgang an.)

Dazu kann man den gleichen Alkohol reichen, der auch für das Fondue verwendet wurde.

Anmerkung: Falls Sie kein Fondueset besitzen, einfach die Sahne in einem kleinen Topf auf dem Herd bis kurz vor dem Siedepunkt erhitzen. Danach vom Herd nehmen, die Schokolade einrühren, bis sie geschmolzen ist, und den Topfinhalt nach Bedarf nochmals bei niedriger Temperatur erwärmen. Den Topf anschließend auf einem hitzebeständigen Untersetzer in die Tischmitte stellen und, wenn die Schokoladenmischung fest wird, diese auf dem Herd bei niedriger Temperatur erneut kurz erwärmen und geschmeidig rühren.

Variation: Die Schokoladenmischung lässt sich gut aromatisieren – für eine winterliche Version etwa mit je 1 kräftigen Prise gemahlenem Zimt, Ingwer und Kardamom. Anstelle von Likör passt auch ein Hauch Vanilleextrakt oder Mandelaroma vorzüglich.

KIRSCHSTRUDEL

FÜR 10 PERSONEN

FÜR DEN TEIG
225 g Weizenmehl (Type 550) plus mehr zum Ausrollen
1 Prise Salz
1 Ei, leicht verquirlt
4 TL Pflanzenöl
½ TL Apfelessig

150 g Butter
160 g Kirschmarmelade
1½ EL Kirschwasser oder -likör
2 TL frisch gepresster Zitronensaft, durch ein feines Sieb geseiht
2 Gläser (je etwa 680 g) eingelegte Schattenmorellen, abgetropft
80 g frische Weißbrotbrösel
60 g gemahlene Mandeln
40 g brauner Zucker
1½ TL gemahlener Zimt
Puderzucker zum Bestäuben

Mehl und Salz in eine Schüssel sieben und in die Mitte eine Mulde drücken. Das Ei mit 3 Teelöffeln Öl sowie dem Essig verrühren. Zusammen mit 1½ Esslöffeln lauwarmem Wasser in die Mulde gießen. Die Zutaten gründlich vermischen, sodass ein weicher Teig entsteht, dabei nach Bedarf noch 1 Teelöffel Wasser hinzufügen. Den Teig aus der Schüssel nehmen und auf einer sauberen Arbeitsfläche etwa 8 Minuten kneten, bis er glatt und leicht elastisch ist. Zu einer Kugel formen, rundherum mit dem restlichen Öl einreiben, auf einen Teller geben und mit Frischhaltefolie abdecken. An einem warmen Ort 2 Stunden ruhen lassen.

Inzwischen für die Füllung die Butter in einem Topf bei niedriger Temperatur zerlassen. Nach 1 Minute vom Herd nehmen und 5 Minuten stehen lassen. Nun mit einem Löffel sorgfältig den Schaum von der Oberfläche abnehmen und die Butter danach vorsichtig in einen sauberen kleinen Topf gießen, sodass der gesamte Bodensatz zurückbleibt.

Die Kirschmarmelade mit dem Kirschwasser oder -likör und dem Zitronensaft in einer Schüssel glatt rühren. Die Schattenmorellen untermischen. Zugedeckt beiseitestellen. In einer weiteren Schüssel Weißbrotbrösel, Mandeln, Zucker und Zimt mischen. Ebenfalls beiseitestellen.

Den Backofen auf 190 °C vorheizen. Den Teig, nachdem seine Ruhezeit beendet ist, ausziehen. Dafür wird eine große Arbeitsfläche benötigt, ideal ist ein runder Tisch von etwa 1 Meter Durchmesser. Darauf ein sauberes, fein gewebtes Tuch ausbreiten, das groß genug ist, um seitlich über den Rand zu hängen. Damit es glatt gespannt bleibt, an den vier Zipfeln kleine Gewichte anbringen – man könnte beispielsweise Löffel einknoten – und das Tuch dünn mit Mehl bestäuben. Den Teig auswickeln, zu einem etwa 15 Zentimeter großen Kreis flach drücken und mitten auf das Tuch legen. Ein Rollholz leicht bemehlen und den Teig mit kraftvollen und gleichmäßigen Bewegungen zu einem etwa 50 Zentimeter großen Kreis ausrollen, dabei das Rollholz immer von innen nach außen führen und bereits ausgerollte Bereiche kein zweites Mal bearbeiten.

Die sauberen (und schmucklosen) Hände und Unterarme leicht bemehlen. Den Teig an der dem Körper zugewandten Seite vorsichtig anheben und mit den Armen darunterfahren, bis die Hände beinahe die Mitte des Teigstücks erreicht haben. Den Teig hochheben – er sollte rechts und links gleich weit herabhängen –, die Hände zu Fäusten schließen und den

Teig vorsichtig von innen nach außen Stück für Stück über die Handrücken ziehen. Um ein gleichmäßiges Ergebnis zu erzielen, wird er dabei immer wieder gedreht, was leichter klappt, wenn man Hilfe hat.

Wenn ein Durchmesser von etwa 60 Zentimetern erreicht ist und mehr nicht drin zu sein scheint, ohne dass das Stück reißt, den Teig wieder möglichst faltenfrei auf dem Tuch ausbreiten. Er sollte jetzt beinahe papierdünn sein. Falls vereinzelte Partien noch etwas zu dick erscheinen, erneut mit den Händen darunterfahren und die Stellen behutsam weiter ausziehen. Sollte der Teig bei aller Vorsicht dennoch reißen, drückt man ihn an der Stelle einfach wieder gut zusammen. Zuletzt die Teigkanten so beschneiden, dass ein Rechteck entsteht, und dieses so drehen, dass eine Längsseite nach vorn weist.

Die Butter bei Bedarf nochmals sanft erwärmen. Den Teig mit zwei Dritteln der Butter bepinseln und dann mit der Bröselmischung bestreuen, dabei an den Längskanten jeweils einen etwa 10 Zentimeter breiten Streifen und an den kurzen Seiten jeweils 5 Zentimeter aussparen.

Die Kirschenmischung an der vorderen Längskante gleichmäßig über den Bröseln verteilen. Die hintere Längskante mit einem Teil der restlichen Butter dünn bestreichen. Nun mithilfe des Tuches den vorderen Teigrand über die Kirschenmischung schlagen und den Teig weiter aufrollen, bis zwei Umdrehungen vollendet sind. Die seitlichen Teigränder einschlagen, den Strudel ganz aufrollen und zuletzt den oberen Teigrand gut festdrücken. Den Strudel mithilfe des Tuches auf ein mit Backpapier ausgelegtes Blech heben und dann so vom Tuch rollen lassen, dass sich die Nahtseite unten befindet. Falls er für das Blech zu lang ist, etwas krümmen. Auf der Oberseite mit der restlichen Butter bestreichen und etwa 40 Minuten backen, bis er goldbraun und knusprig ist. Herausnehmen, großzügig mit Puderzucker bestreuen und 15 Minuten ruhen lassen. In dicke Scheiben schneiden und warm servieren. Nach Belieben Schlagsahne oder Vanilleeis dazu reichen.

Anmerkung: Wenn Sie nicht die Zeit haben, um den Strudelteig selbst herzustellen, nehmen Sie ersatzweise etwa 8 lange Blätter Filoteig, den es fertig zu kaufen gibt. Damit erhält der Strudel zwar eine andere Konsistenz, schmeckt aber ebenfalls köstlich.

QUARKKÜCHLEIN MIT HONIGSIRUP

FÜR 6 PERSONEN

200 g Quark oder Frischkäse
250 g Hüttenkäse, gut abgetropft
2 große Eier
1 TL Vanilleextrakt
50 g Zucker
40 g Rosinen, gehackt
¼ TL sehr fein abgeriebene Schale von einer unbehandelten Zitrone
75 g Mehl plus mehr für die Hände
2 EL Pflanzenöl
4 EL Butter
Sauerrahm zum Servieren (nach Belieben)

FÜR DEN HONIGSIRUP
175 g Honig
1 TL frisch gepresster Zitronensaft

Den Quark oder Frischkäse, den Hüttenkäse, die Eier, den Vanilleextrakt und den Zucker in eine Schüssel geben. Mit dem elektrischen Handrührgerät bei hoher Geschwindigkeit glatt rühren. Rosinen und Zitronenabrieb untermischen, dann das Mehl darübersieben und gründlich einarbeiten. Die Schüssel mit Frischhaltefolie verschließen und für 4 Stunden oder über Nacht in den Kühlschrank stellen.

Von dem Teig 1 gehäuften Esslöffel abstechen, mit bemehlten Händen zu einer Kugel rollen und zu einem 1 Zentimeter dicken runden Küchlein flach drücken. Auf ein mit Backpapier ausgelegtes Blech legen. Sämtlichen Teig auf diese Weise zu insgesamt 18 Küchlein formen.

In einer großen, beschichteten Pfanne mit schwerem Boden das Öl mit der Butter auf mittlerer bis hoher Stufe erhitzen, bis sie geschmolzen ist. Die Küchlein portionsweise von beiden Seiten je 2 Minuten goldbraun braten. Auf Küchenpapier abtropfen lassen und im vorgeheizten Ofen bei niedriger Temperatur warm halten, bis die übrigen Küchlein servierbereit sind.

Inzwischen in einem kleinen Topf den Honig mit dem Zitronensaft und 1 Esslöffel Wasser bei mittlerer bis hoher Temperatur erhitzen, bis er sich verflüssigt. Die Küchlein vor dem Servieren mit dem heißen Honigsirup beträufeln und nach Belieben dazu Sauerrahm reichen.

Tipp: Exzellent schmecken dazu frische oder eingemachte Früchte, zum Beispiel Aprikosen, Kirschen oder Feigen.

WARME PFANNKUCHEN-TORTE MIT WALNÜSSEN UND SCHOKOLADENSAUCE

FÜR 12 PERSONEN

FÜR DIE PFANNKUCHEN
300 g Mehl
1 TL Backpulver
2 EL Puderzucker
1 Prise Salz
4 große Eier
425 ml Vollmilch
250 ml Sahne
½ TL Vanilleextrakt
125 g Butter, zerlassen

FÜR DIE WALNUSSFÜLLUNG
375 g Walnusskerne, geröstet
330 ml Sahne
160 g Puderzucker, gesiebt
2 TL fein abgeriebene Schale von einer unbehandelten Orange
3 EL weißer oder brauner Rum
1 TL Instant-Kaffeepulver
1 TL gemahlener Zimt

FÜR DIE SCHOKOLADENSAUCE
170 ml Sahne
100 g Bitterschokolade, gerieben
50 g Milchschokolade, gerieben
¼ TL Maisstärke

Schlagsahne zum Servieren

Mehl, Backpulver, Puderzucker und Salz in eine große Schüssel sieben und alles gut mischen. In die Mitte eine Mulde drücken. Eier, Milch, Sahne und Vanilleextrakt mit einem Schneebesen gründlich verquirlen. Die Flüssigkeit in die Mulde gießen. Die Zutaten zu einem glatten Teig verrühren und diesen 30 Minuten ruhen lassen.

Eine große, beschichtete Pfanne dünn mit zerlassener Butter ausstreichen und bei mittlerer bis hoher Temperatur erhitzen, bis die Butter leise zischt. Den Teig gründlich umrühren und etwa 80 Milliliter mit einer Schöpfkelle in die Pfanne gießen. Schwenken, sodass er sich zu einem 20 Zentimeter großen Kreis verteilt, und von beiden Seiten je 2 Minuten goldgelb braten. Den Pfannkuchen herausnehmen und zugedeckt warm halten, bis auch die übrigen – insgesamt etwa 16 Stück – fertig sind. Etwa für jeden zweiten Pfannkuchen die Pfanne neu einfetten. (Falls der erste und vielleicht auch der zweite Pfannkuchen noch nicht so gut geraten wie die folgenden, einfach aussortieren.)

Für die Füllung ein Drittel der Walnüsse in der Küchenmaschine fein mahlen und den Rest fein hacken. Die Nüsse mit allen übrigen Zutaten für die Füllung in einen Topf geben. Einmal aufkochen und dann auf kleinerer Stufe 10 Minuten köcheln lassen, bis die Mischung dick, aber noch streichfähig ist. Vom Herd nehmen und zugedeckt warm stellen.

Für die Schokoladensauce die Sahne in einem Topf bei mittlerer Temperatur bis kurz vor dem Siedepunkt erhitzen. Vom Herd nehmen und beide Schokoladensorten sorgfältig unterziehen. Die Maisstärke mit 1 Teelöffel Wasser glatt rühren und in die Schokoladensahne geben. Zurück auf den Herd stellen und bei mittlerer Temperatur 5 Minuten rühren, bis die Schokolade vollständig geschmolzen und die Mischung leicht eingedickt ist. Vom Herd nehmen.

Inzwischen einen Pfannkuchen auf eine vorgewärmte Servierplatte legen und mit etwa 2 Esslöffeln der Walnussfüllung dünn bestreichen. Den nächsten Pfannkuchen darüberbreiten und wie zuvor bestreichen. Auf diese Weise alle Pfannkuchen aufeinanderschichten, wobei der letzte nicht bestrichen wird. Die Torte mit der Hälfte der Sauce übergießen und servieren. In schmale Stücke schneiden und jeweils etwas Schlagsahne danebengeben. Die übrige Sauce dazu reichen.

IM LUXUS SCHWELGEN

ANSTATT SICH DEM WINTERBLUES HINZUGEBEN, GENIESSEN SIE DOCH DIE KALTE JAHRESZEIT. UNTERNEHMEN SIE EINEN IMAGINÄREN FLUG IM PRIVATJET ZU EINEM ROMANTISCHEN CHALET. ES LIEGT, ERHELLT NUR VOM SCHEIN DES MONDES, GLEICH NEBEN EINER SKIPISTE. DRINNEN ERWARTEN SIE EIN FLACKERNDES KAMINFEUER, EDLER CHAMPAGNER, NATÜRLICH IM MAGNUM-FORMAT, UND DAZU DIE RAFFINIERTESTEN SPEISEN – DER WINTER KÖNNTE EWIG DAUERN!

GRATINIERTE AUSTERN MIT BLUMENKOHL-SOUFFLÉ UND KAVIAR

FÜR 6 PERSONEN

FÜR DAS BLUMENKOHLSOUFFLÉ
300 g Blumenkohlröschen
125 ml Hühnerbrühe
375 ml Sahne
1 Knoblauchzehe, gehackt
½ Zwiebel, fein gehackt
1 Lorbeerblatt
3 TL Meerrettich aus dem Glas
feines Meersalz nach Geschmack
weißer Pfeffer nach Geschmack
2 Eier
5 Eigelb

2 EL Wodka
2 TL frisch gepresster Zitronensaft
1½ EL zerlassene Butter
1 TL extrafeiner Zucker
24 Austern, frisch aufgebrochen
Kaviar zum Garnieren
dünne Toastscheiben zum Servieren

Die Blumenkohlröschen mit der Brühe, der Sahne, dem Knoblauch, der Zwiebel und dem Lorbeerblatt in einen Topf geben. Einmal aufkochen und dann zugedeckt auf kleinerer Stufe 15 Minuten köcheln lassen, bis der Blumenkohl sehr weich ist. Das Lorbeerblatt entfernen und den Meerrettich einrühren. Leicht abkühlen lassen und portionsweise in der Küchenmaschine glatt pürieren. Durch ein feines Sieb streichen, mit Meersalz und weißem Pfeffer würzen und etwas abkühlen lassen.

Den Backofen auf 160 °C vorheizen. Sechs Souffléförmchen von etwa 125 Millilitern Fassungsvermögen buttern und den Boden jeweils mit einem passend zugeschnittenen Stück Backpapier bedecken.

Die ganzen Eier und die Eigelbe mit einem Schneebesen verquirlen und dann ebenfalls mit dem Schneebesen unter das Blumenkohlpüree ziehen. Abschmecken, in die vorbereiteten Förmchen schöpfen und diese in einen Bräter setzen. Warmes Wasser in den Bräter gießen, sodass die Förmchen zu zwei Dritteln im Wasser stehen. Den Bräter fest mit Alufolie verschließen und diese mehrmals einstechen. Für 25 Minuten in den Ofen schieben, bis sich die Soufflés fest anfühlen, sich aber noch leicht bewegen, wenn man die Förmchen rüttelt. Die Soufflés aus dem Wasserbad nehmen und auf Zimmertemperatur abkühlen lassen. Mit einem Messer an der Innenwand der Förmchen entlangfahren und die Soufflés auf Servierteller stürzen. Man kann sie auch in den Formen servieren und einen Löffel dazu reichen.

Inzwischen einen Elektrogrill auf höchster Stufe vorheizen. Wodka, Zitronensaft, Butter und Zucker in einer kleinen Schüssel verrühren und die Mischung über die Austern löffeln. Auf einem Backblech für 1½ Minuten unter den Grill schieben, bis sie zart gebräunt sind.

Auf jedem Teller neben den Blumenkohlsoufflés 4 Austern arrangieren. Die Soufflés mit Kaviar garnieren und mit den gerösteten Toastscheiben sofort servieren.

BOHNEN-MARONEN-SUPPE MIT JAKOBSMUSCHELN UND PETERSILIENÖL

FÜR 4 PERSONEN

Die Maronen mit der Spitze eines kleinen Messers auf der gewölbten Seite einritzen. In einem großen Topf mit kaltem Wasser bedecken, bei hoher Temperatur zum Kochen bringen, 15 Minuten garen und dann abseihen. Sobald sie sich anfassen lassen, die Schale einschließlich der inneren Haut entfernen.

Die Butter in einem Topf bei mittlerer Temperatur zerlassen. Lauch und Sellerie zusammen mit dem Schinken darin anschwitzen. Die Maronen, die Bohnen, den Thymianzweig, den Knoblauch, den Apfel, die Brühe und 375 Milliliter kaltes Wasser hinzufügen. Einmal aufkochen und dann auf kleinerer Stufe 40 Minuten köcheln lassen, bis die Maronen und Bohnen sehr weich sind. Den Thymianzweig entfernen und den Topfinhalt in der Küchenmaschine portionsweise glatt pürieren. In einen sauberen Topf geben und die Sahne einrühren. Die Suppe vorsichtig kräftig erhitzen, wobei sie jedoch nicht aufkochen soll, und mit Salz und Pfeffer abschmecken. Danach entweder warm halten, bis die Jakobsmuscheln fertig gebraten sind, oder beiseitestellen und vor dem Servieren erneut langsam, aber gründlich aufwärmen.

In einem kleinen Topf Wasser sprudelnd erhitzen. Die Petersilie hineingeben und 1 Minute blanchieren, bis sie eine leuchtend grüne Farbe annimmt. Sofort mit einem Schaumlöffel herausheben und in Eiswasser abschrecken. Abseihen, auf Küchenpapier abtropfen lassen und hacken. Die Petersilie mit dem Zitronenabrieb, dem Knoblauch, dem nativen Olivenöl extra und dem Walnussöl in die Küchenmaschine geben. Fein pürieren und danach abschmecken.

Eine große Pfanne bei hoher Temperatur erhitzen. Inzwischen die Jakobsmuscheln in einer kleinen Schüssel mit dem Olivenöl vermischen und nach Geschmack salzen. In der heißen Pfanne von beiden Seiten je 1 Minute braten, bis sie goldbraun und beinahe durchgegart sind.

Die Suppe in flache Schalen schöpfen. Jeweils 3 Jakobsmuscheln hinzufügen und mit dem Petersilienöl beträufeln. Heiß servieren.

FÜR DIE SUPPE
300 g frische Maronen
1 EL Butter
1 kleine Stange Lauch, nur das Weiße, in Scheiben geschnitten
1 Stange Sellerie, gewürfelt
50 g Parmaschinken oder anderer luftgetrockneter Schinken, gehackt
1 kg frische Borlottibohnen, aus den Schoten gelöst
1 Thymianzweig
1 Knoblauchzehe, fein gehackt
1 kleiner Granny-Smith-Apfel, geschält, vom Kerngehäuse befreit und gerieben
625 ml Hühnerbrühe
125 ml Sahne
Salz und Pfeffer

FÜR DAS PETERSILIENÖL
2 große Handvoll glatte Petersilie
¼ TL fein abgeriebene Schale von einer unbehandelten Zitrone
1 Knoblauchzehe, zerdrückt
175 ml natives Olivenöl extra
2 TL Walnussöl

12 große ausgelöste Jakobsmuscheln ohne Rogen (Corail)
1 EL Olivenöl
Salz

ENTENLEBERMOUSSE MIT TOKAJERGELEE, ROSINEN UND KNUSPRIGEM WALNUSSBROT

FÜR 8 PERSONEN

450 g Entenleber
500 ml Vollmilch
200 g Butter, gewürfelt
4 Schalotten, fein gehackt
1 Scheibe Frühstücksspeck, quer durchgeschnitten
2 Knoblauchzehen, fein gehackt
1 TL fein gehackter Thymian
1 Lorbeerblatt
1½ EL Tokajer oder Sauternes (siehe Anmerkung)
¼ TL frisch geriebene Muskatnuss
185 ml Sahne
feines Meersalz nach Geschmack
weißer Pfeffer nach Geschmack
16 sehr dünne Scheiben Walnussbrot vom Vortag zum Servieren

FÜR DAS TOKAJERGELEE
500 ml Kalbsbrühe
250 ml Tokajer oder Sauternes (siehe Anmerkung) plus 2 EL zusätzlich
2 TL Apfelessig
1 Schalotte, fein gehackt
1½ TL gemahlene Gelatine
1½ TL Zucker
Thymianblättchen zum Garnieren

Die Entenleber sorgfältig von Häutchen und Adern befreien. In einer Schüssel mit der Milch übergießen und zugedeckt über Nacht in den Kühlschrank stellen. Danach abseihen.

Ein Viertel der Butter in einer Pfanne bei niedriger Temperatur zerlassen. Die Schalotten mit dem Speck, dem Knoblauch, dem Thymian und dem Lorbeerblatt 8–10 Minuten anschwitzen. Vom Herd nehmen, die beiden Speckstücke und das Lorbeerblatt entfernen. Die Schalottenmischung zusammen mit dem Tokajer und der Muskatnuss in die Schüssel der Küchenmaschine geben.

In einem Topf Wasser zum Kochen bringen. Die abgetropften Entenlebern 3–4 Minuten darin garen, bis sie sich etwas fester anfühlen, aber innen noch ziemlich rosa sind. Sofort in Eiswasser legen, um den Garprozess zu stoppen. Gut abtropfen lassen und ebenfalls in die Küchenmaschine geben. Glatt pürieren und dann bei weiterlaufendem Gerät den Rest der Butter in kleinen Portionen gleichmäßig untermixen. Langsam die Sahne dazugießen und weiterrühren, bis eine völlig glatte Mischung entsteht. Mit Salz und weißem Pfeffer abschmecken und anschließend durch ein feines Sieb streichen. In 8 Becherförmchen von 125 Millilitern Fassungsvermögen oder eine 1-Liter-Form gießen. Mit Frischhaltefolie abdecken und für mindestens 4 Stunden in den Kühlschrank stellen, bis sich die Mousse fest anfühlt.

Für das Tokajergelee in einem Topf die Brühe, den Wein und den Essig zusammen mit der Schalotte einmal aufkochen und dann auf kleinerer Stufe 45 Minuten köcheln lassen, bis die Flüssigkeit auf 200 Milliliter reduziert ist. Durch ein Sieb in eine Schüssel seihen. Die Gelatine in einer kleinen Schüssel mit 3 Esslöffeln der heißen Flüssigkeit mit einem Schneebesen verrühren, bis sie sich aufgelöst hat, und dann zur restlichen Flüssigkeit gießen. Den Zucker unterrühren. Die Mischung auf Zimmertemperatur abkühlen lassen. Mit dem zusätzlichen Tokajer aromatisieren und über die inzwischen fest gewordene Mousse gießen. Mit Thymianblättchen garnieren. Die Förmchen wieder mit Frischhaltefolie verschließen und für weitere 2 Stunden in den Kühlschrank stellen, bis das Gelee erstarrt ist.

Inzwischen die Rosinen in einer flachen Schüssel mit kochendem Wasser bedecken und 5 Minuten einweichen, dann abseihen. Den Zucker, Tokajer, Essig, Thymian, die Orangenschale und die Muskatnuss in einen kleinen Topf geben. Bei hoher Temperatur erhitzen und dabei rühren, bis sich der Zucker gelöst hat. Die Mischung zum Kochen bringen und dann die Rosinen hinzufügen. Nach dem erneuten Aufsprudeln die Hitze reduzieren und die Sauce 5 Minuten köcheln lassen, bis sie sirupartig eingedickt ist und die Rosinen allmählich aufquellen. In eine kleine Schüssel gießen und völlig abkühlen lassen. Vor dem Servieren die Orangenschale und den Thymianzweig entfernen.

Für das Walnussbrot den Backofen auf 150 °C vorheizen. Die Brotscheiben nebeneinander auf ein Blech legen und 5 Minuten rösten, danach wenden und nochmals für 3 Minuten in den Ofen schieben, bis sie sehr knusprig sind.

Die Förmchen 20 Minuten vor dem Servieren aus dem Kühlschrank nehmen, damit die Mousse streichfähig wird. Die Rosinen und die gerösteten Brotscheiben dazu reichen.

Anmerkung: Tokajer ist ein süßer Likörwein aus Ungarn. Er bildet für dieses Gericht die erste Wahl, lässt sich aber durch Sauternes, einen französischen Süßwein, ersetzen.

Tipp: Servieren Sie zu der Mousse nach Belieben zusätzlich einen kleinen grünen Salat aus zarten Rote-Bete-Blättern, angemacht mit etwas Walnussöl und Orangensaft.

FÜR DIE ROSINEN
100 g Rosinen
2 EL Zucker
60 ml Tokajer oder Sauternes (siehe Anmerkung)
2 TL Apfelessig
1 kleiner Thymianzweig
1 kleiner Streifen fein abgeschälte Schale von einer unbehandelten Orange
1 Prise frisch geriebene Muskatnuss

BUCHWEIZENBLINI MIT VERSCHIEDENEN BEIGABEN

FÜR 4–6 PERSONEN

FÜR DIE BLINI
10 g frische Hefe
435 ml lauwarme Vollmilch
90 g Buchweizenmehl
200 g Weizenmehl (Type 405)
1½ TL Zucker
½ TL Salz
2 Eier, getrennt
185 ml Sahne, geschlagen
Butter zum Braten

ALS BEIGABEN
250 g Crème fraîche
2 hart gekochte Eier, Eigelb und Eiweiß separat, fein gehackt
200 g Graved Lachs oder Räucherlachs in Scheiben
100 g Keta-Kaviar (aus Lachsrogen)
2 EL fein gehackter Dill
½ Handvoll Schnittlauch, in feine Röllchen geschnitten
1 kleine rote Zwiebel, sehr fein gewürfelt
kleine Essiggurken, fein gewürfelt
feine eingelegte Kapern, abgespült und abgetropft

Die Hefe in eine Schüssel bröckeln. 3 Esslöffel der warmen Milch dazugießen und die Hefe sehr fein zerdrücken. Die restliche Milch einrühren. In eine zweite Schüssel beide Mehlsorten sieben. Die im Sieb zurückgebliebene Kleie sowie Zucker und Salz hinzufügen und alles vermengen. In die Mitte eine Mulde drücken, die Hefemischung hineingießen, danach die Eigelbe zugeben und alles gut vermischen, sodass ein glatter Teig entsteht. Mit Frischhaltefolie abdecken und an einen warmen Platz stellen, bis die Oberfläche nach etwa 1 Stunde von Bläschen bedeckt ist.

Die Eiweiße zu steifem Schnee schlagen. Nun zunächst die geschlagene Sahne und dann den Eischnee gleichmäßig unter den Teig ziehen, ohne jedoch zu kräftig zu rühren, da der Teig sonst seine luftige Beschaffenheit verliert.

In einer großen Pfanne etwas Butter bei mittlerer bis hoher Temperatur zerlassen, für jeden Pfannkuchen 1½ Esslöffel des Teigs hineingießen und mit dem Löffelrücken behutsam zu einem 10 Zentimeter großen Kreis verstreichen. Wenn nach 1 Minute die Teigoberfläche von Bläschen überzogen ist, die Pfannkuchen wenden und von der zweiten Seite noch 1 Minute braten. Auf einer vorgewärmten Platte mit einem Küchentuch bedeckt warm halten, bis der gesamte Teig verarbeitet ist. Es sollten etwa 18–20 Blini entstehen.

Sofort servieren und dazu auf einer Platte die Beigaben reichen, mit denen die Gäste die Blini nach Belieben belegen, um sie dann aufzurollen und genüsslich zu verspeisen.

KALBSBRIES MIT BALSAMICOGLASUR UND FRITTIERTEN BOHNENBÄLLCHEN

FÜR 6 PERSONEN

FÜR DAS KALBSBRIES

500 g Kalbsbries, vorzugsweise von einem Milchkalb
330 ml Vollmilch
2 EL frisch gepresster Zitronensaft, durch ein feines Sieb geseiht
feines Meersalz nach Geschmack
Mehl, mit Salz und Pfeffer gewürzt, zum Wenden
1 EL natives Olivenöl extra
3 EL Butter
2 Schalotten, sehr fein gehackt
185 ml Kalbsbrühe
3 EL alter Balsamicoessig
2 TL extrafeiner Zucker
1 große Handvoll frische Salbeiblätter
1 große Handvoll zarter Rucola

Das Bries in einer Schüssel mit Milch bedecken und für 6–8 Stunden in den Kühlschrank stellen. Abgießen (die Milch wegschütten), abspülen und mit Zitronensaft und Meersalz in einen Topf geben. Mit kaltem Wasser bedecken und bei mittlerer bis hoher Temperatur langsam zum Kochen bringen, danach auf kleinerer Stufe 10 Minuten garen, bis sich das Bries fest anfühlt. In eine Schüssel mit Eiswasser legen und, sobald es etwas abgekühlt ist, alle Häute sowie überschüssiges Fett vom Bries entfernen. Dabei behutsam vorgehen, damit die Stücke möglichst nicht auseinanderfallen. Auf eine mit Frischhaltefolie bedeckte Platte geben, mit weiterer Frischhaltefolie abdecken, ein Brettchen darauflegen und dieses mit einigen gefüllten Konservendosen oder anderen geeigneten Gewichten beschweren. Über Nacht in den Kühlschrank stellen.

Für die Bohnenbällchen die Cannellinibohnen mit dem Salbei, dem Knoblauch, dem Zitronenabrieb, dem Mehl, dem Backpulver, dem Ei, dem weißen Pfeffer und dem Meersalz in die Küchenmaschine füllen und zu einer glatten Masse von der Konsistenz eines dicken Backteigs verarbeiten. Die Rührschüssel mit Frischhaltefolie abdecken und für 1 Stunde kalt stellen.

Eine Fritteuse oder einen großen Topf mit schwerem Boden zu einem Drittel mit Olivenöl füllen und dieses auf 180 °C erhitzen – die Temperatur ist erreicht, wenn ein Brotwürfel in 15 Sekunden bräunt. Mit zwei Esslöffeln von der Bohnenmasse insgesamt 18 Bällchen abstechen und portionsweise 3–5 Minuten frittieren, dabei gelegentlich wenden, bis sie durchgegart und gleichmäßig goldbraun sind. Auf Küchenpapier abtropfen lassen und im schwach vorgeheizten Ofen warm halten, bis alle Bällchen frittiert sind und das Bries servierbereit ist.

Die Briesstücke einmal längs durchschneiden und im gewürzten Mehl wenden, sodass sie einen leichten Überzug erhalten. Das Öl mit der Hälfte der Butter in einer großen Pfanne bei mittlerer bis hoher Temperatur erhitzen. Das Bries portionsweise je 3 Minuten von beiden Seiten goldbraun braten. Herausnehmen und zugedeckt warm halten.

Die restliche Butter in die Pfanne geben und die Schalotten einige Minuten anschwitzen. Die Brühe mit dem Essig dazugießen und 4 Minuten erhitzen, bis die Mischung aufkocht, dabei den Bratensatz vom Boden lösen. Den Zucker einrühren, die Temperatur reduzieren und die Mischung 3–4 Minuten zu einer sämigen Glasur einköcheln lassen. Das Bries wieder in die Pfanne geben und in der Glasur wenden, bis alle Stücke gleichmäßig überzogen sind.

Gleichzeitig die Salbeiblätter in heißem Öl 30 Sekunden knusprig frittieren und anschließend auf Küchenpapier abtropfen lassen.

Das Kalbsbries, gleichmäßig verteilt, mit je 3 Bohnenbällchen auf 6 großen Tellern anrichten und mit den Salbeiblättern garnieren. Sofort servieren und nach Belieben Rucolasalat dazu reichen.

FÜR DIE BOHNENBÄLLCHEN

400 g Cannellinibohnen aus der Dose, abgespült und gut abgetropft
3 TL fein gehackter frischer Salbei
3 Knoblauchzehen, zerdrückt
½ TL fein abgeriebene Schale von einer unbehandelten Zitrone
1 EL Mehl
½ TL Backpulver
1 Ei
1 Msp. weißer Pfeffer
1½ TL Meersalz
Olivenöl zum Frittieren

WARME FISCH-TERRINE MIT GARNELENSAUCE

FÜR 6 PERSONEN

FÜR DIE TERRINE
mildes Olivenöl für die Form
700 g enthäutete und entgrätete Filets von weißfleischigem Fisch, zum Beispiel Kabeljau oder Leng, gehackt
310 ml Sahne
1½ EL Maisstärke
2 Eier, getrennt
¼ TL frisch geriebene Muskatnuss
1 kräftige Prise weißer Pfeffer
1 TL feines Meersalz
1½ EL gehackter Dill
Dillstängel zum Garnieren

Den Backofen auf 170 °C vorheizen. Eine Terrinenform von 25 x 9 Zentimetern Größe dünn mit dem Olivenöl ausstreichen und so mit Backpapier auskleiden, dass es an den Längsseiten überhängt.

Den Fisch mit der Sahne in die vorgekühlte Schüssel der Küchenmaschine geben und glatt pürieren, danach in eine Schüssel umfüllen. Maisstärke, Eigelbe, Muskatnuss, weißen Pfeffer, Meersalz und gehackten Dill mit einem Schneebesen gründlich untermischen. Die Eiweiße zu steifem Schnee schlagen und zunächst 1 Löffel davon unter die Fischcreme rühren. Anschließend den Rest des Eischnees gleichmäßig, aber vorsichtig unterheben, sodass eine luftige Masse entsteht.

In die vorbereitete Form füllen und diese, um etwaige Hohlräume zu entfernen, mehrmals behutsam auf eine feste Unterlage klopfen. Die überhängenden Papierränder über die Fischmasse schlagen, die Form fest in Alufolie einwickeln und 10 Minuten ruhen lassen.

Die Form in einen tiefen Bräter setzen und diesen mit heißem Wasser füllen, sodass die Terrine zu zwei Dritteln im Wasser steht. Im Ofen 1½ Stunden backen, bis sich die Oberfläche trocken und fest anfühlt und ein in der Mitte eingestochener Spieß sauber wieder herauskommt.

Inzwischen von den Garnelen die Köpfe abdrehen, die Schalen bis auf den Schwanzfächer mit den Fingern ablösen und den Darm entfernen. Köpfe und Schalen beiseitelegen, die vorbereiteten Garnelen mit Frischhaltefolie abdecken und bis zur Zubereitung kalt stellen. Die Hälfte der Butter in einem großen Topf bei mittlerer bis hoher Temperatur zerlassen und die Köpfe und Schalen 3 Minuten braten, bis sie sich leuchtend orangerot färben. Herausnehmen und beiseitelegen.

Im gleichen Topf bei niedriger bis mittlerer Hitze die restliche Butter zerlassen. Lauch, Möhre und Sellerie mit dem Lorbeerblatt und dem Thymian hinzufügen und hellgelb anschwitzen. Knoblauch und Fenchelsamen unterrühren, bis nach etwa 1 Minute ein aromatischer Duft aufsteigt. Nun das Tomatenmark 1 Minute mitbraten, dann den Cognac, die Zitronenschale und 1 Liter kaltes Wasser hinzugeben. Einmal aufkochen, die Garnelenköpfe und -schalen dazugeben und bei reduzierter Temperatur 30 Minuten köcheln lassen. Anschließend durch ein Sieb in einen sauberen Topf abseihen. Garnelenköpfe und -schalen, Thymianzweig und Zitronenschale wegwerfen. Das Gemüse wieder in die Brühe geben und diese weitere 30 Minuten köcheln lassen, bis sie auf die Hälfte reduziert ist. Leicht abkühlen lassen, in der Küchenmaschine pürieren und durch ein feines Sieb in einen kleinen Topf passieren. Die Sahne einrühren, nach Geschmack salzen und pfeffern. Die Sauce zum Köcheln bringen, die Garnelen hineingeben und 3–4 Minuten pochieren, bis sie beinahe gar sind. Vom Herd nehmen und zugedeckt beiseitestellen.

Die fertig gegarte Terrine aus dem Wasserbad nehmen, 10–15 Minuten ruhen lassen und dann überschüssige Flüssigkeit abgießen. Die Folie abnehmen, das Papier zurückschlagen und mit einem Messer vorsichtig am inneren Rand der Form entlangfahren. Die Terrine behutsam aus der Form stürzen, vom Papier befreien und in 6–8 dicke Scheiben schneiden. Jeweils 1 Scheibe in vorgewärmte tiefe Teller legen. Die Garnelensauce, falls erforderlich, nochmals sanft erwärmen, über die Terrinenscheiben schöpfen und jeweils 3 Garnelen darauf anrichten. Mit Dillspitzen garnieren und sofort servieren.

FÜR DIE GARNELENSAUCE

18 mittelgroße rohe Garnelen
2 EL Butter
1 Stange Lauch, nur das Weiße, in feine Scheiben geschnitten
1 Möhre, fein gehackt
1 Stange Sellerie, fein gehackt
1 Lorbeerblatt
1 kleiner Thymianzweig
1 Knoblauchzehe, fein gehackt
½ TL Fenchelsamen
1 EL Tomatenmark
1½ EL Cognac
1 kleiner Streifen fein abgeschälte Schale von einer unbehandelten Zitrone
1½ EL Sahne
Salz und Pfeffer

COTECHINO MIT KÜRBISSOUFFLÉ, SCHWARZKOHL UND SENFFRÜCHTE-DRESSING

FÜR 4 PERSONEN

1 Cotechino (italienische Kochwurst) von etwa 500 g
etwa 200 g Schwarzkohl (Cavolo nero) oder Grünkohl, gehackt
1½ EL Olivenöl
2 TL Butter
3 Knoblauchzehen, in feine Scheiben geschnitten
1 kräftige Prise frisch geriebene Muskatnuss

FÜR DIE KÜRBISSOUFFLÉS
1 kleiner Butternusskürbis, ungeschält, aber halbiert und die Kerne mitsamt dem faserigen Inneren mit einem Löffel herausgeschabt
1 Zwiebel, ungeschält
Olivenöl
1 TL Meersalz
1 EL Butter
¼ TL frisch geriebene Muskatnuss
1 TL sehr fein gehackter Salbei
80 ml Sahne
25 g frisch geriebener Parmesan
4 Eigelb
2 Eiweiß

Die Wurst in eine Schüssel mit kaltem Wasser legen und für 3–4 Stunden in den Kühlschrank stellen, um sie etwas zu entsalzen. Abgießen, gleichmäßig mit einem dünnen Spieß einstechen und in einen großen Topf mit kaltem Wasser geben. Bei mittlerer bis hoher Temperatur bis kurz vor dem Siedepunkt erhitzen und dann auf kleinerer Stufe 3 Stunden köcheln lassen, bis die Wurst gar ist. Aus dem Wasser nehmen und zugedeckt 20 Minuten ruhen lassen.

Etwa 1½ Stunden nachdem die Wurst aufgesetzt wurde, für die Kürbissoufflés den Backofen auf 190 °C erhitzen. Den Kürbis in große Stücke schneiden und die Zwiebel halbieren. Beide Zutaten in eine ofenfeste Form füllen, mit etwas Olivenöl und Meersalz vermischen und 1 Stunde im Ofen backen, bis die Stücke sehr weich sind. Die Temperatur auf 180 °C reduzieren. Die Form aus dem Ofen nehmen und das Gemüse in die Küchenmaschine oder den Mixer füllen, dabei die Schalen entfernen. Glatt pürieren und das Püree anschließend in eine Schüssel geben. Butter, Muskatnuss, Salbei und Sahne einarbeiten, bis die Butter geschmolzen ist. Leicht abkühlen lassen, anschließend den Parmesan und die Eigelbe sowie Salz und Pfeffer nach Geschmack hinzufügen. Die Eiweiße zu steifem Schnee schlagen und zunächst 1 Löffel davon unter das Püree rühren. Anschließend den Rest des Eischnees gleichmäßig, aber so vorsichtig unterheben, dass eine luftige Masse entsteht. Vier ofenfeste Förmchen von 250 Millilitern Fassungsvermögen einfetten. Die Kürbismasse gleichmäßig darin verteilen und glatt streichen. In einen Bräter setzen und diesen bis auf halbe Höhe der Förmchen mit warmem Wasser füllen. Für 30 Minuten in den Ofen schieben, bis die Soufflés locker aufgegangen und zart gebräunt sind.

Inzwischen für das Dressing Zitronensaft, natives Olivenöl extra und Senf mit einem Schneebesen gründlich verquirlen. Die Senffrüchte einrühren und das Dressing mit Salz und Pfeffer abschmecken. Mit Frischhaltefolie abgedeckt beiseitestellen.

Kurz vor dem Servieren in einem Topf Wasser zum Kochen bringen. Den Kohl hineingeben und 4 Minuten garen, bis er zusammenfällt, danach abseihen und gut abtropfen lassen. In einer großen Pfanne das Olivenöl mit Butter, Knoblauch und Muskatnuss bei mittlerer bis hoher Temperatur erhitzen. Wenn der Knoblauch goldgelb ist, den Kohl hinzufügen und im würzigen Öl schwenken. Abschmecken und warm halten.

Die Wurst in dicke Scheiben schneiden. Eine Pfanne dünn mit Öl ausstreichen und die Wurstscheiben von beiden Seiten 1–2 Minuten braten, bis sie zart gebräunt sind.

Die Wurst auf dem Kohl anrichten und mit dem Dressing beträufeln. Die warmen Kürbissoufflés dazu servieren.

Tipp: Knusprige Ofenkartoffeln bilden eine gute Ergänzung zu diesem Gericht, das dann selbst den allergrößten Hunger stillen dürfte.

FÜR DAS SENFFRÜCHTE-DRESSING
1 EL frisch gepresster Zitronensaft, durch ein feines Sieb geseiht
1½ EL natives Olivenöl extra
½ TL Dijonsenf
50 g Mostarda (italienische Senffrüchte), fein gewürfelt
Salz und Pfeffer

ENTENBRUST MIT KARTOFFEL-APFEL-KROKETTEN IN MOLTEBEERENSAUCE

FÜR 4–6 PERSONEN

4 Entenbrustfilets (je 200 g)
1 TL gemahlener Koriander
1 TL gemahlener Ingwer
1 TL gemahlener Anis
½ TL gemahlener Zimt
1 Prise gemahlene Gewürznelken
1 TL feines Meersalz

FÜR DIE KARTOFFEL-APFEL-KROKETTEN
500 g mehligkochende Kartoffeln, gewürfelt
1 Apfel, geschält, vom Kerngehäuse befreit und in größere Stücke geschnitten
1 EL Butter
1 EL Sauerrahm
1½ EL Schnittlauchröllchen
1 Eigelb, leicht verquirlt
Salz und Pfeffer
Mehl zum Panieren
2 Eier, leicht verquirlt
50 g Weißbrotbrösel
90 g Walnusskerne, fein gehackt
Pflanzenöl zum Frittieren

Die Haut der Entenbrüste mehrmals flach einritzen. Die gemahlenen Gewürze vermischen und die Entenbrustfilets ringsum damit einreiben. Auf einem Teller mit Frischhaltefolie abgedeckt über Nacht im Kühlschrank ruhen lassen.

Für die Kroketten die Kartoffel- und Apfelstücke in einem Topf mit Wasser bedecken. Zum Kochen bringen und 15 Minuten garen, bis die Kartoffeln sehr weich sind. In ein Sieb abgießen, gut abtropfen lassen und mit Butter und Sauerrahm zu einem glatten Püree zerstampfen. Schnittlauch und Eigelb untermischen und die Masse kräftig salzen und pfeffern. Mit Frischhaltefolie abdecken und für 2 Stunden in den Kühlschrank stellen, bis sie vollständig ausgekühlt und fest geworden ist. Jeweils 1 großen Esslöffel von der Masse abstechen und zu einer Krokette formen. Die fertigen Kroketten einzeln zuerst in Mehl wenden, dann in verquirltes Ei tauchen und schließlich in den mit Weißbrotbröseln vermischten gehackten Walnüssen wälzen. Fest in die Mischung hineindrücken, damit die Panade gut haftet. Die Kroketten nebeneinander auf eine mit einem Tuch ausgelegte Platte geben und für mindestens 1 Stunde kalt stellen.

Für die Moltebeerensauce die Butter in einem kleinen Topf bei mittlerer bis hoher Temperatur zerlassen. Die Zwiebel mit dem Thymian 3 Minuten unter Rühren hellgelb anbraten. Die Konfitüre, den Apfelsaft, den Essig und den Wodka hinzufügen. Einmal aufkochen lassen, danach durch ein feines Sieb gießen und zurück in den Topf füllen. Auf kleinerer Stufe in 2 Minuten zu sirupartiger Konsistenz einköcheln lassen und danach bis zum Servieren beiseitestellen.

Zum Braten der Entenbrustfilets eine große Pfanne mit schwerem Boden bei niedriger bis mittlerer Temperatur erhitzen. Das Fleisch abspülen, um die Gewürze zu entfernen, und mit Küchenpapier oder einem sauberen Küchentuch trocken tupfen. Auf der Hautseite mit dem Meersalz einreiben und darauf achten, dass es auch in die Einschnitte gelangt. Die Entenbrustfilets mit der Haut nach unten in die heiße Pfanne legen und 12 Minuten braten, bis das Fett größtenteils ausgetreten und die Haut goldbraun ist. Aus der Pfanne nehmen und das Fett bis auf 1 Esslöffel abgießen. Bei mittlerer bis hoher Temperatur die Entenbrustfilets wieder, jedoch diesmal mit der Haut nach oben, hineinlegen und 3 Minuten scharf braten, sodass sich die Poren schließen und das Fleisch schön saftig bleibt. Die Temperatur auf die höchste Stufe schalten, die Entenbrustfilets wenden und noch 2 Minuten braten, bis die Haut knusprig und kräftig goldbraun gefärbt ist. Einige Minuten ruhen lassen. Das ausgebratene Fett kann, nachdem es abgekühlt ist, im Kühlschrank aufbewahrt und bei einer späteren Gelegenheit, zum Beispiel zum Braten von Kartoffeln, verwendet werden.

Während das Fleisch ruht, eine Fritteuse oder einen großen Topf mit schwerem Boden zu einem Drittel mit Öl füllen und dieses auf 180 °C erhitzen – die Temperatur ist erreicht, wenn ein Brotwürfel in 15 Sekunden bräunt. Die Kroketten portionsweise 4 Minuten frittieren und dabei gelegentlich wenden, bis sie gleichmäßig goldbraun sind. Auf Küchenpapier abtropfen lassen. Die ersten Portionen im schwach vorgeheizten Ofen warm halten, bis alle Kroketten fertig frittiert sind.

Die Sauce nach Bedarf nochmals sanft aufwärmen. Die Entenbrustfilets schräg jeweils in 3 Stücke schneiden. Mit der Sauce übergießen und die Kroketten daneben anrichten.

Tipp: Etwas gedünsteter Spinat oder Grünkohl oder ein anderes herzhaftes Blattgemüse macht den Genuss perfekt.

FÜR DIE MOLTEBEERENSAUCE

2 TL Butter
½ kleine Zwiebel, sehr fein gewürfelt
1 kleiner Thymianzweig
100 g Konfitüre von Moltebeeren
60 ml Apfelsaft, nach Belieben frisch gepresst oder fertig gekauft
1 EL Rotweinessig
2 EL Wodka

FILETSTEAK MIT FOIE GRAS, WÜRZIGER SCHOKOLADENSAUCE UND GRÜNEN BOHNEN

FÜR 4 PERSONEN

FÜR DIE WÜRZIGE SCHOKOLADENSAUCE
2 TL Butter
2 Schalotten, sehr fein gewürfelt
1 Lorbeerblatt
½ TL weiße Pfefferkörner
½ Zimtstange
2 ganze Gewürznelken
1 Msp. Kümmelsamen
125 ml Verjus (Saft aus unreifen Trauben)
750 ml Kalbsbrühe
10 g Bitterschokolade, fein gehackt

FÜR DIE GRÜNEN BOHNEN
2 Schalotten, sehr fein gehackt
1½ EL Verjus
2 TL Sonnenblumenöl
¼ Vanilleschote, das Mark herausgeschabt (die Schote nicht wegwerfen, siehe Anmerkung)
1 Prise Zucker
200 g zarte grüne Bohnen
Salz und Pfeffer

1 EL Sonnenblumenöl
1 EL Butter
4 Filetsteaks (je 200 g)
4 Scheiben Brioche, 1,5 cm dick und passend zur Größe der Fleischscheiben beschnitten
100 g Foie gras oder Entenleberpastete am Stück
gemahlene Kakaobohnen zum Garnieren (nach Belieben)

Für die würzige Schokoladensauce die Butter in einem Topf bei mittlerer Temperatur zerlassen. Die Schalotten mit dem Lorbeerblatt, den Pfefferkörnern, der Zimtstange, den Nelken und den Kümmelsamen unter häufigem Rühren 3 Minuten anschwitzen. Den Verjus und die Brühe hinzugießen, einmal aufkochen und dann auf kleinerer Stufe in 25 Minuten auf die Hälfte einköcheln lassen. Durch ein Sieb gießen, zurück in den Topf geben und nochmals 15 Minuten köcheln lassen, bis die Mischung eine sirupartige Konsistenz annimmt. Vom Herd nehmen und die Schokolade einrühren. Wenn sie vollständig geschmolzen ist, die Sauce zugedeckt, damit sie nicht auskühlt, beiseitestellen.

Für die Bohnen alle Zutaten außer den Bohnen selbst in einer Schüssel vermischen. In einem Topf Wasser zum Kochen bringen und die Bohnen 3 Minuten darin bissfest garen. Abseihen, mit dem vorbereiteten Dressing vermischen. Salzen und pfeffern, anschließend ebenfalls zugedeckt beiseitestellen.

Unterdessen in einer Pfanne je ½ Esslöffel Öl und Butter bei hoher Temperatur erhitzen. Die Filetsteaks salzen und pfeffern und von jeder Seite 3 Minuten braten, wenn sie »rare« (blutig) serviert werden sollen, oder etwa 4 Minuten, falls sie »medium« (halb durch) gewünscht sind – die genannten Garzeiten sind nur Annäherungswerte, denn das Ergebnis hängt unter anderem von der Dicke der Steaks ab. Aus der Pfanne nehmen und zugedeckt, um die Temperatur zu halten, einige Minuten ruhen lassen. Inzwischen in einer sauberen Pfanne nochmals je ½ Esslöffel Öl und Butter bei mittlerer bis hoher Temperatur erhitzen und die Briochescheiben von beiden Seiten je 1 Minute braten, bis sie goldbraun sind.

Auf einzelnen Tellern 1 Briochescheibe und darauf 1 Steak anrichten. Die Foie gras oder Entenleberpastete in 4 gleichmäßige Scheiben schneiden und auf die Steaks legen. Mit der würzigen Schokoladensauce beträufeln und etwas gemahlene Kakaobohnen, falls verwendet, darüberstäuben. Daneben einige grüne Bohnen anrichten.

Anmerkung: Steckt man Vanilleschoten in ein fest verschließbares Glas mit feinem Zucker, erhält man schon nach wenigen Tagen ein köstliches Würzmittel für süße Zubereitungen, etwa die Krapfen von Seite 60.

POCHIERTES KALBFLEISCH MIT ROTE-BETE-SPÄTZLE UND KRÄUTERSAHNE

FÜR 6 PERSONEN

FÜR DIE ROTE-BETE-SPÄTZLE
225 g Mehl
1 TL feines Meersalz
¼ TL Backpulver
2 Eier, verquirlt
125 ml Vollmilch
6 große Rote Beten, gewaschen und halbiert, oder 500 ml fertig gekaufter Rote-Bete-Saft

FÜR DIE KRÄUTERSAHNE
375 ml Sahne
5 Knoblauchzehen
1 Lorbeerblatt
1 Thymianzweig
1 kleiner Majoranstängel
1½ EL fein gehackte glatte Petersilie
1½ EL Schnittlauchröllchen

Für die Spätzle das Mehl mit Meersalz und Backpulver in eine Schüssel sieben. In die Mitte eine Mulde drücken und die Eier mit der Hälfte der Milch hineingeben. Die Zutaten gründlich vermischen und dabei langsam die restliche Milch hinzufügen (eventuell wird nicht die gesamte Menge benötigt), bis schließlich ein zäher, glatter Teig entsteht. Auf einem Schneidebrett zu einem 30 x 20 Zentimeter großen Rechteck ausstreichen, mit Frischhaltefolie abdecken und beiseitestellen.

Für die Kräutersahne in einem kleinen Topf die Sahne mit Knoblauch, Lorbeerblatt, Thymian und Majoran bis zum Siedepunkt erhitzen. Die Temperatur sofort verringern und die Sahne 10 Minuten köcheln lassen, bis sie auf die Hälfte reduziert und der Knoblauch weich ist. Lorbeerblatt, Thymian und Majoran entfernen. Die Sahne mit den Knoblauchzehen in den Mixer füllen, Petersilie und Schnittlauch hinzufügen und durchmixen, bis Knoblauch und Kräuter sehr fein zerkleinert sind. Die Kräutersahne in einen sauberen Topf füllen und bis zur weiteren Verwendung zugedeckt beiseitestellen.

Für das Fleisch Brühe und Essig mit dem Thymianzweig, den Lorbeerblättern, den Knoblauchzehen und 500 Millilitern kaltem Wasser in einen großen Topf füllen. Bei hoher Temperatur sprudelnd erhitzen und 5 Minuten kochen lassen, dann das Fleisch hineingeben. Erneut aufkochen lassen, danach die Temperatur verringern und einen Deckel auflegen. Das Fleisch 20 Minuten in der sanft sprudelnden Flüssigkeit garen, dabei das Stück gelegentlich wenden. Anschließend den Herd abschalten, den Topf jedoch zugedeckt auf der Platte stehen lassen. Nach 30 Minuten ist das Fleisch innen rosa, nach weiteren 5–10 Minuten etwas stärker durchgegart. Auf einem Teller beiseitestellen und dabei mit Alufolie abdecken, damit das Fleisch nicht auskühlt.

Inzwischen die Roten Beten entsaften und 500 Milliliter des Safts mit 250 Millilitern Wasser in einem großen Topf zum Kochen bringen. Das Schneidebrett mit dem Teig so auf der Arbeitsfläche platzieren, dass die kurzen Brettkanten zur Seite weisen. Nun 5 Zentimeter von der oberen Längskante entfernt mit einem großen, scharfen Messer von links nach rechts eine Linie ziehen, dann 5 Zentimeter weiter unten – also auf halber Höhe – eine weitere Linie und eine dritte schließlich 5 Zentimeter von der unteren Längskante entfernt ziehen. Jetzt ist die Teigfläche in 4 gleich breite Streifen geteilt.

Eine Schmalseite des Brettes auf den Topfrand auflegen. Eine kleine Palette in das Rote-Bete-Wasser tauchen und von den 4 Teigstreifen 5 Millimeter breite Stücke über den Brettrand in die kochende Flüssigkeit schieben. Rasch die Palette wieder eintauchen und sogleich die nächste Reihe Spätzle schaben. Auf diese Weise weiterarbeiten, bis die Oberfläche der kochenden Flüssigkeit von Spätzle bedeckt ist. Diese nach 6–8 Minuten, wenn sie durchgegart sind, mit einem Schaumlöffel herausheben und in einer Schüssel zugedeckt warm halten, bis der gesamte Teig verarbeitet und alle Spätzle gegart sind.

Die Kräutersahne, falls erforderlich, sanft erwärmen. Die Spätzle auf 6 Teller verteilen. Das Fleisch in dicke Scheiben schneiden, auf den Spätzle anrichten und die Kräutersahne darübergeben. Nach Belieben mit den Bohnenkernen garniert servieren.

Anmerkung: Kochflüssigkeiten lassen sich oft noch als Grundlage für Suppen oder Schmorgerichte verwenden. In diesem Fall könnten Sie in der Fleischbrühe Pelmeni (siehe Seite 128) garen und das Ganze als Suppe mit Einlage servieren.

1,5 l Kalbsbrühe
185 ml Rotweinessig
1 großer Thymianzweig
2 Lorbeerblätter
4 Knoblauchzehen, angedrückt
1,25 kg Kalbfleisch (Nuss), in Form gebunden
100 g aus der Schote gelöste frische junge Dicke Bohnen, blanchiert und von der weißen Haut befreit (nach Belieben)

GEBRATENE TAUBE MIT ROSMARIN AUF ROTWEIN-GEMÜSE-RISOTTO

FÜR 4 PERSONEN

Den Backofen auf 200 °C vorheizen. Die Tauben innen und außen abspülen, mit Küchenpapier trocken tupfen und dann jeweils 1 Rosmarinzweig sowie 1 Knoblauchzehe hineingeben. Die Tauben mit Olivenöl einreiben und mit Meersalz würzen. Mit der Brustseite nach oben auf einen Bratrost in einen Bräter geben und 375 Milliliter Wasser hinzugießen. Im Ofen braten, bis die Haut nach etwa 12 Minuten langsam Farbe annimmt. Die Temperatur auf 180 °C reduzieren und die Tauben weitere 25–30 Minuten braten, bis sie gleichmäßig goldbraun sind und aus der Keule, wenn man sie an der dicksten Stelle einsticht, hellrosa Fleischsaft austritt. Aus dem Ofen nehmen, mit Alufolie abdecken und 10 Minuten ruhen lassen.

Etwa 10 Minuten nachdem die Tauben in den Ofen gekommen sind, für den Risotto das Öl mit 1 Esslöffel Butter in einem großen Topf erhitzen. Lauch, Möhre, Sellerie und Salami 10 Minuten braten. Den Reis hinzufügen und 2 Minuten ununterbrochen rühren, bis die Körner glasig schimmern. Knoblauch, Tomaten und Kohl untermischen. Wenn der Kohl nach 3–4 Minuten weich wird, den Rotwein angießen und rühren, bis er vollständig vom Reis aufgesogen ist. Nun mit einer Schöpfkelle etwa 125 Milliliter heiße Brühe in den Topf geben und weiterrühren, bis der Reis die Flüssigkeit vollständig absorbiert hat. Die nächste Schöpfkelle hinzufügen und wie zuvor weiterrühren. Auf diese Weise fortfahren, bis nach etwa 20 Minuten die Brühe aufgebraucht ist. Die Reiskörner sollten jetzt weich sein, aber noch etwas Biss haben. Den Risotto vom Herd nehmen und zugedeckt einige Minuten ruhen lassen.

Nachdem inzwischen die Ruhezeit der Tauben abgelaufen ist, die Keulen abtrennen, anschließend das Brustfleisch auslösen und in Scheiben schneiden. Den ausgetretenen Saft zum Risotto geben, ebenso den Fond aus dem Bräter. Die restliche Butter zusammen mit der zerdrückten Knoblauchzehe und dem Parmesan unter den Risotto ziehen, bis der Käse geschmolzen ist. Den Risotto abschmecken und in 4 tiefe Teller geben. Darauf das Fleisch anrichten, nach Belieben mit etwas Crema di Balsamico beträufeln und zuletzt jede Portion mit einem kleinen Rosmarinzweig garnieren.

4 ganze Tauben (je 500 g), küchenfertig vorbereitet, Flügelspitzen entfernt
4 Rosmarinzweige plus 4 zum Garnieren
4 große Knoblauchzehen, angedrückt
Olivenöl
Meersalz nach Geschmack
Crema di Balsamico zum Beträufeln (nach Belieben, siehe Anmerkung Seite 104)

FÜR DEN ROTWEIN-GEMÜSE-RISOTTO
1 EL Olivenöl
3 EL Butter
1 Stange Lauch, nur das Weiße, in feine Scheiben geschnitten
1 Möhre, fein gewürfelt
1 Stange Sellerie, fein gewürfelt
100 g würzige italienische Salami, fein gewürfelt
330 g Risottoreis
1 Knoblauchzehe, sehr fein gehackt, plus 1 Zehe zusätzlich, zerdrückt
250 g Tomatenstücke aus der Dose
400 g Weißkohl, die Blätter in 2 cm große Quadrate geschnitten
185 ml Rotwein
1 l heiße Hühnerbrühe
25 g frisch geriebener Parmesan
Salz und Pfeffer

REHMEDAILLONS STROGANOFF MIT SÜSSKARTOFFELSTROH

FÜR 4–6 PERSONEN

FÜR DAS KARTOFFELSTROH
2 weiß- oder orangefleischige Süßkartoffeln
Pflanzenöl zum Frittieren
Meersalz nach Geschmack

2 EL Olivenöl
3 EL Butter
250 g Schalotten, längs halbiert
250 g gemischte Wild- oder Zuchtpilze, zum Beispiel Steinpilze, Pfifferlinge, Reizker, braune Champignons und Shiitake, größere Exemplare zerteilt
Salz und frisch gemahlener schwarzer Pfeffer
3 Knoblauchzehen, zerdrückt
700 g Rehfilet, in 5 mm dicke Scheiben geschnitten
2 EL Weinbrand
250 ml Kalbsbrühe
1½ EL Tomatenmark
2 TL Dijonsenf
½ TL Zucker
1 kräftige Prise gemahlener Piment
160 g Crème fraîche oder Sauerrahm

Die Süßkartoffeln 15 Minuten in kochendem Wasser garen, bis sie soeben weich werden. Abgießen, gut ausdampfen lassen und, sobald man sich an ihnen nicht mehr die Finger verbrennt, schälen. In gleichmäßige, feine Stifte von etwa 6 Zentimetern Länge und 5 Millimetern Breite schneiden. Eine Fritteuse oder einen großen Topf mit schwerem Boden zu einem Drittel mit Öl füllen. Auf 180 °C erhitzen – die Temperatur ist erreicht, wenn ein Brotwürfel in 15 Sekunden bräunt – und die Süßkartoffeln portionsweise 3–5 Minuten knusprig und goldbraun frittieren. Auf Küchenpapier abtropfen lassen, mit Meersalz bestreuen und bis zum Servieren im schwach vorgeheizten Ofen warm halten.

Die Hälfte des Öls und der Butter in einer großen Pfanne mit schwerem Boden bei mittlerer bis hoher Temperatur erhitzen und die Schalotten 5 Minuten anschwitzen. Die Pilze mit 1 Prise Salz hinzufügen und 6–8 Minuten rühren, bis sie weich und zart gebräunt sind. Den Knoblauch untermischen und noch 1 Minute mitbraten, anschließend die Pilzmischung in eine Schüssel umfüllen und beiseitestellen.

Den Rest des Öls und der Butter in der Pfanne bei hoher Temperatur erhitzen. Die Rehmedaillons mit etwas Salz und schwarzem Pfeffer aus der Mühle bestreuen und kurz durchmischen. In kleinen Portionen von beiden Seiten je 15 Sekunden scharf anbraten, bis sie kräftig gebräunt sind, und auf einer Platte beiseitestellen. Nun bei mittlerer Temperatur den Weinbrand und die Brühe vorsichtig in die Pfanne gießen und den Bratensatz lösen. Tomatenmark, Senf, Zucker und Piment hinzufügen, die Mischung zum Kochen bringen und dann 1 großen Löffel davon mit einem Schneebesen in die Crème fraîche einrühren. Die Crème fraîche in die Pfanne geben, gründlich umrühren und die Sauce 5 Minuten köcheln lassen, bis sie leicht eingedickt ist. Die Pilze wieder in die Pfanne geben und einige Minuten sanft erwärmen. Das Fleisch mitsamt dem inzwischen ausgetretenen Saft hinzufügen und in der Sauce wenden. Mit Salz und Pfeffer abschmecken und mit dem Süßkartoffelstroh als Beilage servieren.

FISCHFILET MIT RÖSTIKRUSTE AUF SPINAT-LAUCH-GEMÜSE

FÜR 4 PERSONEN

Die Kartoffeln in kochendes Wasser geben und 12–15 Minuten garen, bis sie soeben weich werden. Abgießen und abkühlen lassen.

Inzwischen den Spinat in einem Durchschlag mit kochendem Wasser übergießen, bis er stark zusammengefallen ist. Abkühlen lassen. Den Spinat sorgfältig ausdrücken, hacken und beiseitestellen.

In einer Pfanne die Butter bei mittlerer Temperatur zerlassen und den Lauch 8 Minuten darin anschwitzen. Knoblauch und Muskatnuss 1 Minute einrühren. Das Mehl über den Lauch stäuben und 1 Minute unter Rühren anschwitzen. Die Crème fraîche zusammen mit dem Zitronensaft gründlich unterziehen, dann den Spinat unter das Gemüse mischen. Abschmecken und zugedeckt bis zum Servieren beiseitestellen.

Die abgekühlten Kartoffeln pellen und über einer flachen Schüssel grob raspeln. Zitronenabrieb, Kapern und Schnittlauchröllchen sowie Salz und Pfeffer nach Geschmack gründlich untermischen.

Die Fischfilets einzeln in Mehl wenden, von einer Seite ins Ei tauchen und den Überschuss abtropfen lassen. Je ein Viertel der Kartoffelraspelmischung auf der mit Ei überzogenen Seite verteilen und gut andrücken. Schließlich die Filets für 10 Minuten in den Kühlschrank stellen, damit der Überzug etwas fester wird.

In einer großen, beschichteten Pfanne das Öl mit der Butter bei mittlerer bis hoher Temperatur erhitzen. Sobald das Fett leise zischt, die Fischfilets mit der Röstiseite nach unten hineinlegen und 8 Minuten braten, bis die Kartoffeln goldbraun und knusprig sind. Die Filets mit einem Spatel behutsam umdrehen und von der zweiten Seite weitere 2–4 Minuten braten, bis sie soeben durchgegart und zart gebräunt sind – die exakte Garzeit hängt von der Dicke der Fischfilets ab.

Das Gemüse, falls erforderlich, nochmals sanft erwärmen und auf 4 vorgewärmte Teller verteilen. Die Fischfilets darauf anrichten und mit Zitronenspalten zum Beträufeln servieren.

Variation: Red Snapper bildet hier eine gute Alternative zu Flussbarsch oder Victoriabarsch.

2 große, vorwiegend festkochende Kartoffeln, zum Beispiel Désirée, ungeschält
¼ TL fein abgeriebene Schale von einer unbehandelten Zitrone
1½ EL kleine eingelegte Kapern, abgespült, abgetropft und fein gehackt
1½ EL feine Schnittlauchröllchen
Salz und Pfeffer
4 Flussbarsch- oder Victoriabarschfilets (je 180 g), enthäutet und entgrätet
Mehl für die Fischfilets
1 Ei, leicht verquirlt
2 EL Sonnenblumenöl oder ein anderes mildes Pflanzenöl
3 EL Butter
Zitronenspalten zum Servieren

FÜR DAS SPINAT-LAUCH-GEMÜSE
500 g frischer Spinat, gewaschen, von groben Stielen befreit
2 EL Butter
1 große Stange Lauch, nur das Weiße, in Scheiben geschnitten
1 Knoblauchzehe, zerdrückt
½ TL frisch geriebene Muskatnuss
1½ TL Mehl
185 g Crème fraîche
2 TL frisch gepresster Zitronensaft

LAMMRÜCKEN AUF FENCHEL-MÖHREN-GEMÜSE MIT HAVARTI-SAHNE UND MÖHRENJUS

FÜR 4 PERSONEN

Für die Möhrenjus das Öl in einem großen Topf bei mittlerer bis hoher Temperatur erhitzen und die Knochen – nach Bedarf portionsweise – darin kräftig anbräunen. Dann alle Knochen mit der Zwiebel, dem Lorbeerblatt, Möhrensaft, Orangenabrieb, Kreuzkümmel, Honig und 1 Liter kaltem Wasser in den Topf geben. Einmal aufkochen und anschließend auf kleinerer Stufe 1 Stunde köcheln lassen, bis die Flüssigkeit auf die Hälfte reduziert ist, dabei nach Bedarf abschäumen. In einen kleineren Topf abseihen und weitere 50 Minuten einkochen lassen, bis nur noch etwa 185 Milliliter konzentrierter Sauce – die Jus – übrig ist. Bis zur weiteren Verwendung zugedeckt beiseitestellen.

Während die Möhrenjus zum zweiten Mal einkocht, den Backofen auf 180 °C vorheizen. Die Fenchelknolle in 16 Spalten schneiden und das Grün beiseitelegen. Fenchel und Möhren in einem Bräter mit dem Olivenöl beträufeln, mit Meersalz bestreuen und gut durchmischen. Für 15 Minuten in den Ofen schieben, bis der Fenchel weich wird. Die Butter in Flöckchen auf dem Gemüse verteilen und dieses weitere 10 Minuten garen, bis es weich und zart gebräunt ist.

Inzwischen für die Havarti-Sahne die Sahne mit den Kartoffelwürfeln und dem Knoblauch in einem Topf bei mittlerer bis hoher Temperatur bis kurz vor dem Siedepunkt erhitzen. Anschließend auf kleinerer Stufe 5 Minuten köcheln lassen. Die Kartoffelwürfel mit einer Gabel fein zerdrücken und dann den Havarti einrühren, bis er geschmolzen ist und eine glatte, dicke Sauce entsteht. Bis zur weiteren Verwendung zugedeckt beiseitestellen.

Für das Fleisch das Süßholzwurzelpulver mit dem Meersalz vermengen, gleichmäßig über die Stücke streuen und mit den Fingern einmassieren. In einer großen Pfanne mit schwerem Boden das Öl bei mittlerer bis hoher Temperatur erhitzen. Die Fleischstücke von beiden Seiten je 3–4 Minuten braten, sodass sie kräftig gebräunt und innen noch rosa sind. Aus der Pfanne nehmen und zugedeckt etwa 5 Minuten ruhen lassen, danach schräg in jeweils 3 Scheiben schneiden.

Die Havarti-Sahne auf 4 vorgewärmte Teller verteilen. Darauf Gemüse und Lammfleisch anrichten. Mit der Möhrenjus beträufeln und zuletzt mit dem fedrigen Fenchelgrün garnieren. Sofort servieren.

FÜR DIE MÖHRENJUS

2 TL Olivenöl
1 kg Lammknochen
1 kleine Zwiebel, gehackt
1 Lorbeerblatt
500 ml Möhrensaft, aus etwa 12 Möhren frisch gepresst und durch ein Sieb geseiht oder fertig gekauft
½ TL fein abgeriebene Schale von einer unbehandelten Orange
½ TL gemahlener Kreuzkümmel
1 EL Honig

FÜR DAS FENCHEL-MÖHREN-GEMÜSE

1 große Fenchelknolle mitsamt fedrigem Grün
12 kleine, zarte Möhren
2 EL Olivenöl
Meersalz
20 g Butter

FÜR DIE HAVARTI-SAHNE

300 ml Sahne
1 kleine mehligkochende Kartoffel, geschält, gar gekocht und fein gewürfelt
1 Knoblauchzehe, zerdrückt
125 g geriebener Havarti (dänischer Schnittkäse)

3 TL Süßholzwurzelpulver (aus der Apotheke)
1 TL feines Meersalz
4 Stücke ausgelöster Lammrücken (je 200 g), sorgfältig pariert
Olivenöl zum Braten

KALBSKOTELETTS IN WEISSBIERSAUCE MIT EINEM STRUDEL VON WINTERGEMÜSE

FÜR 4 PERSONEN

FÜR DEN STRUDEL
1 mehligkochende Kartoffel
1 kleine Steckrübe
1 Möhre
75 g Weißkohl, in feine Streifen geschnitten
3 EL zerlassene Butter
1 Knoblauchzehe, zerdrückt
1 TL fein gehackter Salbei
1 große Handvoll glatte Petersilie, fein gehackt
1 Handvoll Schnittlauch, in feine Röllchen geschnitten
Salz und Pfeffer
1 Blatt Tiefkühl-Blätterteig
125 g Ziegenquark (aus dem Bioladen oder Reformhaus)
1 Ei, leicht verquirlt

FÜR DIE BIERSAUCE
125 ml Weizenbier
2 EL Rosinen
250 ml Kalbsbrühe
2 EL Honig
1 kleiner Salbeizweig

Olivenöl zum Braten
4 Kalbskoteletts (je etwa 250 g)
Salz und Pfeffer

Für den Gemüsestrudel Kartoffel, Steckrübe und Möhre schälen und mit einem sehr scharfen Messer oder einem Gemüsehobel in feine Scheiben schneiden. In einem großen Topf reichlich Wasser zum Kochen bringen und die Gemüsescheiben mit den Kohlstreifen hineingeben. Nach dem erneuten Aufwallen des Wassers 10–12 Minuten garen, bis die Kartoffelscheiben weich sind. Das Gemüse abseihen und leicht abkühlen lassen. Mit der Hälfte der zerlassenen Butter, dem Knoblauch, dem Salbei und der Hälfte der Petersilie und des Schnittlauchs in eine Schüssel geben. Kräftig salzen und pfeffern und gründlich durchmischen, dabei größere Stücke mit einem Löffel zerteilen. Völlig auskühlen lassen.

Den Backofen auf 210 °C vorheizen. Das Blätterteigblatt so auf die Arbeitsfläche legen, dass die Längsseiten parallel zur Vorderkante der Arbeitsfläche liegen, und 1 Millimeter dick ausrollen. Den Ziegenquark auf dem Teig verstreichen, dabei an den Längsseiten einen 5 Zentimeter breiten Streifen und an den Schmalseiten jeweils 2 Zentimeter frei lassen. Den Rest der Petersilie und des Schnittlauchs auf den Quark streuen, die Gemüsemischung gleichmäßig darauf verteilen. Die Teigränder mit verquirltem Ei bestreichen und den Strudel, am Rand der Arbeitsfläche beginnend, aufrollen. Zuletzt die Ränder gut festdrücken. Ein Blech mit Backpapier auslegen, den Strudel mit der Nahtstelle nach unten daraufgeben und mit der restlichen zerlassenen Butter bestreichen. 30 Minuten backen, bis der Teig goldbraun und knusprig ist. Herausnehmen und 6–8 Minuten ruhen lassen.

Inzwischen für die Biersauce alle Zutaten in einen kleinen Topf füllen, einmal aufkochen und dann bei milder Hitze 15 Minuten sirupartig einköcheln lassen. Den Salbeizweig entfernen, die Sauce abschmecken und zugedeckt warm stellen, bis die Koteletts zubereitet sind.

Dafür das Olivenöl in einer großen Pfanne mit schwerem Boden bei mittlerer bis hoher Temperatur erhitzen. Die Koteletts von beiden Seiten salzen und pfeffern und etwa 8 Minuten braten, dabei nach 4 Minuten wenden. Vom Herd nehmen und zugedeckt 5 Minuten ruhen lassen. Den ausgetretenen Saft zur Sauce geben.

Die Koteletts auf vorgewärmten Tellern anrichten, mit der Sauce beträufeln und mit einem Stück Strudel servieren.

POT AU FEU

FÜR 8 PERSONEN

Rindfleisch, Würste, Speck, Knoblauch und Zwiebel, gehackte Möhre und Selleriestange, Lorbeerblätter und Thymian in einem großen Topf mit 4 Litern kaltem Wasser übergießen. Einmal kurz aufkochen und danach auf kleinerer Stufe 30 Minuten köcheln lassen, dabei wiederholt abschäumen. Die Würste herausnehmen, in eine große Schüssel geben und kalt stellen. Den übrigen Topfinhalt weitere 2–2½ Stunden köcheln lassen, bis das Rindfleisch und der Speck sehr weich sind. Anschließend diese Zutaten zu den Würsten geben und die Brühe durch ein feines Sieb darübergießen. Die Zwiebel zum Fleisch geben, den restlichen Siebinhalt wegwerfen. Nachdem die Brühe und das Fleisch abgekühlt sind, die Schüssel zugedeckt über Nacht in den Kühlschrank stellen.

Am nächsten Tag das erstarrte Fett von der Oberfläche abnehmen. Fleisch und Brühe zusammen mit dem Lauch, dem Knollensellerie, den Speiserüben, den kleinen Möhren und dem Weißwein in einen großen Topf füllen. Zum Kochen bringen und dann bei reduzierter Temperatur 15 Minuten köcheln lassen, bis das Gemüse gar ist.

Inzwischen die Markknochen, falls verwendet, in ein Mulltuch einschlagen und mit Küchengarn umwickeln. Mit 1 Teelöffel Salz in einen Topf geben, mit kaltem Wasser bedecken und zum Kochen bringen. Bei milder Hitze 20 Minuten köcheln lassen, danach den Herd abschalten und den Topf mit einem Deckel verschließen.

Nachdem das Gemüse mit dem Fleisch fertig gegart ist, den Topf vom Herd ziehen und das gesamte Fleisch aus der Brühe nehmen. Die Würste in dicke Scheiben schneiden und auf eine große, vorgewärmte Servierplatte geben. Den Speck in 8 Stücke schneiden und zusammen mit den Rindfleischwürfeln daneben anrichten. Das Gemüse aus der Brühe nehmen und ebenfalls auf die Platte geben. Etwas Brühe über das Fleisch und Gemüse schöpfen, damit die Zutaten schön saftig bleiben, und das Ganze, damit es nicht auskühlt, mit Alufolie abdecken.

Die Markknochen auswickeln, das Mark herauslösen und auf den Baguettescheiben verstreichen. Die Petersilie in die Brühe geben, mit Salz und Pfeffer abschmecken und in Suppenschalen schöpfen. Begleitet von den Toasts als ersten Gang reichen und danach Fleisch und Gemüse mit den Beigaben servieren.

2 kg Querrippe oder anderes Rindfleisch zum Kochen, in 5 cm große Würfel geschnitten und von überschüssigem Fett befreit
4 dicke Schweinswürstchen, gleichmäßig eingestochen
300 g Bauchspeck am Stück
4 Knoblauchzehen
1 Zwiebel, geschält und mit 4 Gewürznelken gespickt
1 Möhre, grob gehackt
1 Stange Sellerie, grob gehackt
2 Lorbeerblätter
1 großer Thymianzweig
2 Stangen Lauch, nur das Weiße, jeweils in 4 Stücke geschnitten
1 Knolle Sellerie, gewürfelt
8 ganz junge oder 2 ausgereifte Speiserüben, in Spalten geschnitten
16 kleine, zarte Möhren
125 ml trockener Weißwein
8 Stücke Markknochen (nach Belieben)
8 dünne Baguettescheiben, leicht getoastet
1 große Handvoll glatte Petersilie, sehr fein gehackt
Salz und Pfeffer

ALS BEIGABEN
kleine Essiggurken (Cornichons)
geriebener Meerrettich
Dijonsenf
Aioli
Fleur de Sel

RINDERFILET IN PARMESANKRUSTE MIT EINER TRÜFFEL-HOLLANDAISE

FÜR 8 PERSONEN

FÜR DEN PARMESANTEIG
375 g Mehl
150 g kalte Butter, gewürfelt
60 g frisch geriebener Parmesan
1 Ei
3 EL Vollmilch

2 EL Butter
1 Zwiebel, fein gehackt
200 g frische Steinpilze oder andere frische Pilze, in feine Scheiben geschnitten
1 Knoblauchzehe, zerdrückt
½ TL fein gehackter Rosmarin
20 g Brösel von altbackenem Weißbrot
1 große Handvoll glatte Petersilie, gehackt
Salz und frisch gemahlener schwarzer Pfeffer
2 EL Olivenöl
1,6 kg Rinderfilet (aus der Mitte geschnitten, damit das Stück gleichmäßig dick ist)
1 kleines Ei, verquirlt

Für den Teig das Mehl in die Schüssel der Küchenmaschine sieben. Butter und Parmesan hinzufügen und die Zutaten durch Betätigen des Intervallschalters zu einer krümeligen Mischung verarbeiten. Das Ei und 2 Esslöffel Milch dazugeben und alles weiter vermischen, bis ein homogener Teig entsteht – dabei nach Bedarf auch die restliche Milch hinzufügen. Den Teig zu einer Kugel formen, zu einer Scheibe flach drücken und, mit Frischhaltefolie abgedeckt, für mindestens 2 Stunden in den Kühlschrank stellen.

In einer großen Pfanne mit schwerem Boden die Butter bei mittlerer bis hoher Temperatur zerlassen und die Zwiebel 5 Minuten anschwitzen. Die Pilze zusammen mit Knoblauch und Rosmarin dazugeben und 8 Minuten braten, bis sie weich werden. (Je nach Art und Frische geben die Pilze mehr oder weniger Flüssigkeit ab, die man einige Minuten verkochen lässt.) Die Pilzmischung in einer Schüssel mit den Brotbröseln und der Petersilie sowie Salz und Pfeffer nach Geschmack vermengen. Beiseitestellen und vollständig abkühlen lassen.

Die Pfanne erneut auf hoher Stufe erhitzen. Das Filet gleichmäßig mit dem Olivenöl einreiben, mit Salz und schwarzem Pfeffer aus der Mühle würzen und dann 8–10 Minuten scharf anbraten, sodass sich die Poren schließen und das Fleisch gleichmäßig bräunt, dabei das Stück alle 2 Minuten drehen. Aus der Pfanne nehmen und abkühlen lassen.

Den Backofen auf 190 °C vorheizen. Den Teig aus dem Kühlschrank nehmen und 10 Minuten bei Zimmertemperatur geschmeidig werden lassen. Auf der leicht bemehlten Arbeitsfläche zu einem Rechteck von etwa 50 x 35 Zentimetern ausrollen, anschließend die Kanten sauber beschneiden. Die Pilzmischung etwa 8 Zentimeter von der oberen Längskante entfernt auf den Teig geben und über eine Fläche verteilen, die ungefähr der Länge und Breite des Filets entspricht. Das Fleisch darauflegen. Die untere Längskante sowie die beiden kurzen Seitenkanten des Teigblattes dünn mit Ei bestreichen. Nun zunächst den oberen und dann den unteren Teigrand glatt über das Fleisch legen und gut andrücken, dann die Seiten umschlagen und sorgfältig festdrücken.

Die Rolle mit der Nahtseite nach unten auf ein gefettetes Blech legen. Aus den Teigresten nach Belieben Verzierungen formen, mit Wasser befeuchten und auf die Hülle kleben. Den Teig gleichmäßig mit dem restlichen Ei bepinseln. Die Teighülle schließlich an mehreren Stellen mit der Spitze eines scharfen Messers einstechen, sodass der beim Garen entstehende Dampf entweichen kann. Das Blech auf der unteren Schiene in den vorgeheizten Ofen schieben, bis der gewünschte Gargrad erreicht ist: Nach 35–40 Minuten ist das Filet »rare«, also innen noch blutig, und nach weiteren 5–8 Minuten »medium rare«, also rosa. Falls die Teighülle zu rasch bräunt, locker mit einem Stück Alufolie abdecken. Aus dem Ofen nehmen und zugedeckt 10–15 Minuten ruhen lassen.

Während das Fleisch gart, für die Sauce Wein und Essig mit den Schalotten und den Pfefferkörnern, der Petersilie und dem Rosmarin in einem Topf einmal aufkochen und dann bei milder Hitze 15 Minuten auf etwa 2 Esslöffel reduzieren. Durch ein feines Sieb in eine hitzebeständige Schüssel seihen und leicht abkühlen lassen. Die Eigelbe gründlich unterrühren. Die Schüssel auf einen Topf mit schwach siedendem Wasser setzen – ihr Boden darf dabei nicht mit dem Wasser in Berührung kommen – und den Inhalt mit dem Schneebesen aufschlagen, bis die Mischung leicht eindickt. Nun die Butter einarbeiten: Immer nur 2–3 Würfel auf einmal hinzufügen und vor der nächsten Zugabe kontinuierlich weiterschlagen, bis schließlich eine dicke, glänzende Sauce entsteht. Vom Herd nehmen und die Trüffel unterziehen. Nach Belieben mit Trüffelöl abschmecken und mit Salz und Pfeffer würzen.

Nach Ablauf der Ruhezeit das Fleisch aufschneiden, dazu zunächst die Anschnitte entfernen und dann das Filet in 8 Scheiben schneiden. Mit der Sauce servieren.

Tipp: Reichen Sie dazu bissfest gegarte Bohnen oder ein anderes grünes Gemüse und gekochte kleine Kartoffeln.

FÜR DIE TRÜFFEL-HOLLANDAISE

185 ml trockener Weißwein
80 ml Weißweinessig
4 Schalotten, fein gehackt
½ TL weiße Pfefferkörner
3 Petersilienstängel
1 kleiner Rosmarinzweig
4 große Eigelb
225 g Butter, gewürfelt und eisgekühlt
1 kleine schwarze Trüffel, sehr fein gehackt
einige Tropfen Trüffelöl (nach Belieben)
Salz und Pfeffer

WACHOLDERGEWÜRZTER REHRÜCKEN MIT GJETOST-SAUCE UND ROTE-BETE-RELISH

FÜR 4 PERSONEN

FÜR DAS ROTE-BETE-RELISH
50 g Zucker
2 TL Butter
2 Schalotten, sehr fein gehackt
2 EL Rotweinessig
2 EL Rotwein
1 kleiner Thymianzweig
3 Wacholderbeeren
1 vorgegarte Rote Bete, fein gewürfelt

FÜR DIE GJETOST-SAUCE
250 ml Kalbsbrühe
1 Knoblauchzehe, angedrückt
1 kleiner Thymianzweig
60 ml Sahne
60 g geriebener Gjetost (siehe Anmerkung)

2 Kohlrabi
Pflanzenöl
½ TL frisch gemahlener schwarzer Pfeffer
Meersalz
2 TL gemahlene Wacholderbeeren
800 g ausgelöster Rehrücken am Stück
1 EL Öl
1 EL Butter

Für das Rote-Bete-Relish in einem Topf den Zucker mit 2 Esslöffeln Wasser bei hoher Temperatur unter Rühren erhitzen, bis er sich gelöst hat. Den Sirup, ohne zu rühren, 5–7 Minuten kochen, sodass er schließlich eine goldgelbe Farbe annimmt. Vom Herd ziehen und vorsichtig die Butter mit den Schalotten, dem Essig, dem Rotwein, dem Thymianzweig und den Wacholderbeeren dazugeben. Erneut zum Kochen bringen und dann die Rote Bete sowie 250 Milliliter Wasser hinzufügen. Auf kleinerer Stufe unter häufigem Rühren 25 Minuten köcheln lassen, bis fast die gesamte Flüssigkeit verdampft ist. Den Topf vom Herd nehmen, die Wacholderbeeren und den Thymianzweig entfernen und das Relish bis zum Servieren beiseitestellen.

Den Backofen auf 190 °C vorheizen. Für die Sauce die Brühe mit dem Knoblauch und dem Thymianzweig in einem Topf einmal aufkochen und dann bei reduzierter Temperatur in 8–10 Minuten auf etwa ein Drittel einköcheln lassen. Knoblauch und Thymian entfernen. Die Sahne einrühren und die Mischung bei mittlerer Hitze 2 Minuten köcheln lassen. Wenn sie leicht eingedickt ist, den Käse hinzufügen und rühren, bis er geschmolzen ist und eine glatte Sauce entsteht. Abschmecken und zugedeckt beiseitestellen.

Die Kohlrabi schälen und halbieren. Von den Hälften jeweils die Rundung abschneiden, sodass insgesamt 4 dicke, ebenmäßige Scheiben entstehen, und diese an den Rändern sauber beschneiden. Auf ein Backblech legen, mit Pflanzenöl bestreichen und mit etwas Meersalz würzen. Für 50 Minuten in den Ofen schieben, bis sie sich mühelos einstechen lassen und zart gebräunt sind.

Inzwischen den schwarzen Pfeffer aus der Mühle mit 1½ Teelöffeln Meersalz und den gemahlenen Wacholderbeeren vermengen, dabei das Salz mit einem Löffelrücken zerdrücken. Das Rehfilet gleichmäßig mit der Gewürzmischung einreiben. In einer Pfanne das Öl mit der Butter bei mittlerer bis hoher Temperatur erhitzen und das Fleisch von beiden Seiten jeweils etwa 2 Minuten scharf anbraten. Aus der Pfanne nehmen und auf ein Backblech legen.

Wenn Sie das Fleisch »rare«, also innen noch blutig, wünschen, etwa 25 Minuten vor Ende der Garzeit der Kohlrabi ebenfalls in den Ofen schieben. Wenn Sie es etwas stärker durchgebraten mögen, das Fleisch 5 Minuten früher in den Ofen geben, also etwa 30 Minuten garen. Dann herausnehmen, locker mit Alufolie abdecken und 10–15 Minuten ruhen lassen. Inzwischen die Gjetost-Sauce, falls erforderlich, nochmals sanft erwärmen.

Vom Rehrücken die beiden Endstücke entfernen und den Rest in 8 gleichmäßige Scheiben schneiden. Auf einzelne Teller jeweils 1 Kohlrabistück legen und darauf leicht überlappend 2 Scheiben Fleisch anrichten. Etwas Rote-Bete-Relish mit einem Löffel daraufgeben und zuletzt das Ganze mit der Käsesauce umgießen. Als Beilage knackig gegartes grünes Gemüse und Kartoffel-Apfel-Kroketten (siehe Seite 186) oder Kartoffel-Kohl-Küchlein (siehe Seite 248) reichen.

Anmerkung: Gjetost ist ein norwegischer Käse aus Ziegen- und Kuhmilch, der in seinem Ursprungsland in dünne Scheiben geschnitten auf Knäckebrot serviert wird. Mit seinem süßlichen Geschmack, der genau wie seine Farbe an Karamell erinnert, ist er etwas ganz Besonderes und eigentlich durch nichts zu ersetzen. Vielleicht finden Sie ihn in einem gut sortierten Feinkostgeschäft, außerdem können Sie ihn über das Internet beziehen.

LACHSFILET MIT ROTWEINSAUCE AUF WIRSING

FÜR 4 PERSONEN

Für die Rotweinsauce die Butter in einem Topf bei mittlerer bis hoher Temperatur zerlassen. Die Schalotten mit dem Nelkenpulver darin 8 Minuten weich und goldgelb braten. Wein, Speck, Lorbeerblatt, Möhre, Sellerie und 250 Milliliter Wasser hinzufügen. Zum Kochen bringen und dann bei reduzierter Temperatur 10 Minuten auf die Hälfte einköcheln lassen. Durch ein Sieb in einen sauberen Topf seihen und erneut zum Köcheln bringen. Mit einer Gabel das Mehl in die Butter einarbeiten, bis eine glatte Paste entsteht. In kleinen Portionen mit einem Schneebesen in die Sauce einrühren, bis sie leicht eindickt und appetitlich glänzt. Abschmecken und beiseitestellen.

Für den Wirsing die Butter in einer großen Pfanne bei mittlerer bis hoher Temperatur zerlassen. Die Zwiebel zusammen mit dem Speck 10 Minuten weich und hellgelb braten. Knoblauch und Wirsing sowie 80 Milliliter Wasser und 1 Prise Salz hinzufügen. Den Wirsing 15 Minuten garen, bis er zart ist, aber noch etwas Biss hat. Die Petersilie unterziehen und das Gemüse zugedeckt, damit es bis zum Servieren warm bleibt, beiseitestellen.

Inzwischen eine große, beschichtete Pfanne bei hoher Temperatur erhitzen. Die Lachsfilets gleichmäßig mit etwas Öl einreiben und auf der Hautseite mit Salz und schwarzem Pfeffer aus der Mühle würzen. Zunächst auf dieser Seite 4–5 Minuten braten, bis die Haut knusprig ist. Wenden und von der anderen Seite weitere 2–3 Minuten braten, falls der Fisch »medium« gewünscht wird, oder auch ein wenig länger, wenn er etwas mehr durchgegart sein soll (die angegebenen Garzeiten dienen nur der Orientierung und können je nach Dicke der Filets variieren). Die Lachsfilets mit der Haut nach oben auf dem Wirsing anrichten und mit etwas Rotweinsauce beträufeln.

Anmerkung: Falls Sie weißfleischigen Fisch bevorzugen, empfehle ich Ihnen für dieses Gericht die festen Filets vom Seeteufel.

FÜR DIE ROTWEINSAUCE
1 EL Butter
3 Schalotten, fein gehackt
1 kleine Prise gemahlene Gewürznelken
375 ml Rotwein, vorzugsweise deutscher Spätburgunder oder Pinot noir
20 g Speck, fein gewürfelt
1 Lorbeerblatt
½ kleine Möhre, fein gewürfelt
½ Stange Sellerie, fein gewürfelt
½ TL Mehl
1 TL Butter
Salz und Pfeffer

FÜR DEN WIRSING
2 EL Butter
1 rote Zwiebel, in feine Scheiben geschnitten
60 g Speck, fein gewürfelt
1 Knoblauchzehe, in feine Scheiben geschnitten
½ Wirsing, in feine Streifen geschnitten
Salz
1 Handvoll glatte Petersilie, gehackt

4 Lachsfilets mit Haut (je 200 g)
Sonnenblumenöl zum Braten
Salz und frisch gemahlener schwarzer Pfeffer

HONIGKUCHEN-SCHNEEBÄLLE MIT FEIGEN-WALNUSS-SAUCE

FÜR 8 PERSONEN

FÜR DIE INGWEREISCREME
375 ml Vollmilch
250 ml Sahne
1 EL gemahlener Ingwer
½ Vanilleschote, aufgeschlitzt
5 Eigelb
115 g extrafeiner Zucker
1 EL Honig
2 TL Bärenjäger oder anderer Honiglikör

FÜR DIE FEIGENSAUCE
8 getrocknete ganze Feigen
60 ml brauner Rum
60 ml kochendes Wasser
60 g brauner Zucker
2 EL Butter
Walnusshälften, geröstet
2 TL Bärenjäger oder anderer Honiglikör

Für die Eiscreme Milch und Sahne mit Ingwer und Vanilleschote in einem Topf bei mittlerer bis hoher Temperatur bis kurz vor dem Siedepunkt erhitzen. Danach auf kleinerer Stufe 5 Minuten köcheln lassen. Vom Herd nehmen und 20 Minuten ziehen lassen, sodass sich die Aromen schön entfalten. Inzwischen die Eigelbe mit dem Zucker und dem Honig mit einem Schneebesen dick und schaumig aufschlagen.

Die Milch-Sahne-Mischung vorsichtig wieder erwärmen. Langsam die Eigelbe dazugießen und mit einem Schneebesen sorgfältig einrühren. Bei niedriger bis mittlerer Temperatur 10 Minuten unter ständigem Rühren erwärmen, bis die Creme den Rücken eines Löffels dick überzieht. Etwas abkühlen lassen, durch ein Sieb in eine Schüssel gießen und mit dem Likör aromatisieren. Mit Frischhaltefolie abdecken und im Kühlschrank vollständig erkalten lassen. Anschließend die Masse in einer Eismaschine nach Herstelleranweisung weiterverarbeiten. Alternativ in eine flache Metallschale füllen, ins Gefrierfach stellen und alle 2 Stunden mit einem Schneebesen kräftig durchrühren, damit sich keine großen Eiskristalle bilden. Die fertige Eiscreme bis zur Verwendung im Gefrierfach aufbewahren.

Für die Sauce die Feigen mit dem Rum in eine Schüssel geben. Mit dem kochenden Wasser übergießen und 1 Stunde quellen lassen, dann in kleine Würfel schneiden. Zucker und Butter mit 60 Millilitern Wasser bei hoher Temperatur erhitzen und dabei ständig rühren, bis sich der Zucker gelöst hat. 8 Minuten sprudelnd einkochen, bis eine dicke, glänzende Sauce entstanden ist. Die Feigen hinzufügen. Den Topf vom Herd nehmen und beiseitestellen.

Den Backofen auf 180 °C vorheizen. Für den Honigkuchen Butter, Sauerrahm, Zucker und Honig in einer großen Schüssel mit dem elektrischen Handrührgerät bei hoher Geschwindigkeit hell und cremig aufschlagen. Die Eier einzeln dazugeben und jeweils gründlich einarbeiten. Das Mehl, das Backpulver und die Gewürze in eine zweite Schüssel sieben und dann die Mischung unter den Teig ziehen. In einer beschichteten Muffinform 10 Mulden (125 Milliliter Fassungsvermögen) dünn mit Fett ausstreichen und den Teig gleichmäßig darin verteilen – sie dürfen nur zu drei Vierteln gefüllt sein. Auf der mittleren Schiene für 20–25 Minuten in den Ofen schieben. Die Honigkuchen sind gar, wenn ein in die Mitte eingestochener Spieß sauber wieder herauskommt. In der Form vollständig auskühlen lassen.

Für die Eischneehaube den Zucker mit 2 Esslöffeln Wasser in einem Topf bei hoher Temperatur unter ständigem Rühren erhitzen, bis er sich vollständig gelöst hat. Den Zuckersirup 6–7 Minuten kochen lassen, bis ein kleiner Klecks davon, mit einem Löffel in ein Glas mit kaltem Wasser gegeben, eine weiche Kugel bildet, die sich zwischen den Fingern zerdrücken lässt. Inzwischen die Eiweiße mit dem elektrischen Handrührgerät schaumig schlagen. Den Weinstein hinzufügen und weiterschlagen, bis beim Herausziehen der Quirle weiche Spitzen stehen bleiben. Langsam den kochend heißen Zuckersirup dazugießen und dabei kontinuierlich auf höchster Geschwindigkeitsstufe weiterschlagen. Nachdem der gesamte Sirup eingearbeitet ist, noch 6–8 Minuten schlagen, bis die Baisermasse dick ist und sich kalt anfühlt.

Die Honigkuchen aus der Form nehmen und so aushöhlen, dass eine Eiskugel darin Platz hat – ringsum sollte ein 1 Zentimeter dicker Teigrand bleiben.

Den ersten Honigkuchen mit einer Kugel Ingwereiscreme füllen und, damit das Eis nicht schmilzt, sogleich ins Gefrierfach geben. Auf diese Weise alle Honigkuchen vorbereiten. Im nächsten Schritt einen Honigkuchen wieder aus dem Gefrierfach nehmen, rasch oben und seitlich mit Baisermasse überziehen und diese zum Beispiel mithilfe eines Löffels mit Strukturen versehen. Sofort wieder ins Gefrierfach geben und die übrigen Honigkuchen-Schneebälle einen nach dem anderen genauso herstellen.

Die Feigensauce wieder erwärmen und die Walnüsse sowie den Likör dazugeben. Die Honigkuchen-Schneebälle auf einzelnen Tellern anrichten und jeweils etwas von der Sauce ringsum verteilen oder auf einer Servierplatte präsentieren und die Sauce dazu reichen.

Anmerkung: Dieses Rezept ist für 10 Honigkuchen berechnet – für den Fall, dass nicht alle das Aushöhlen und Füllen heil überstehen.

FÜR DEN HONIGKUCHEN
150 g weiche Butter
90 g Sauerrahm
115 g brauner Zucker
175 g Honig
2 große Eier, zimmerwarm
225 g Mehl
1 TL Backpulver
1½ TL gemahlener Zimt
½ TL frisch geriebene Muskatnuss
½ TL gemahlener Kardamom
1 kräftige Prise gemahlene Gewürznelken

FÜR DIE EISCHNEEHAUBE
145 g extrafeiner Zucker
2 Eiweiß
¼ TL Weinstein

FRITTIERTE APRIKOSENBÄLLCHEN MIT ORANGEN-MOHN-EISCREME

FÜR 6 PERSONEN

FÜR DIE ORANGEN-MOHN-EISCREME
100 g gemahlener Mohn
125 ml frisch gepresster Orangensaft, durch ein feines Sieb geseiht
310 ml Sahne
310 ml Buttermilch
½ Vanilleschote, aufgeschlitzt und das Mark herausgeschabt
3 breite Streifen fein abgeschälte Schale von einer unbehandelten Orange
½ TL fein abgeriebene Schale von einer unbehandelten Orange
9 große Eigelb
150 g extrafeiner Zucker

FÜR DIE APRIKOSENBÄLLCHEN
12 getrocknete Aprikosen
3 EL Marzipan
Mehl zum Überziehen der Aprikosen
2 Eier, leicht verquirlt
160 g frische Weißbrotbrösel
Sonnenblumenöl zum Frittieren

FÜR DEN APRICOT-BRANDY-SIRUP
80 g Zucker
1 breiter Streifen fein abgeschälte Schale von einer unbehandelten Orange
2 EL frisch gepresster Orangensaft, durch ein feines Sieb geseiht
1½ EL Apricot-Brandy

Für die Eiscreme Mohn und Orangensaft in einem Topf bei hoher Temperatur erhitzen und einige Minuten sprudelnd kochen, bis der Mohn den Saft beinahe vollständig aufgesogen hat. Dann Sahne und Buttermilch, die Vanilleschote und das Mark sowie die Orangenschale hinzufügen. Bis kurz vor dem Siedepunkt erhitzen und anschließend auf kleinerer Stufe 5 Minuten köcheln lassen. Vom Herd nehmen und 15 Minuten ziehen lassen. In einer Schüssel die Eigelbe mit dem Zucker aufschlagen, anschließend langsam die warme Milchmischung hinzugießen und ständig weiter mit dem Schneebesen rühren. Das Ganze in einen sauberen Topf füllen und bei niedriger bis mittlerer Temperatur 10–12 Minuten unablässig rühren, bis die Creme den Rücken eines Löffels dick überzieht. Durch ein feines Sieb in eine Schüssel abseihen und leicht abkühlen lassen, anschließend zugedeckt im Kühlschrank völlig erkalten lassen. Die Masse in einer Eismaschine nach Herstelleranweisung weiterverarbeiten. Alternativ in eine flache Metallschale füllen, ins Gefrierfach stellen und alle 2 Stunden mit einem Schneebesen kräftig durchrühren. Die fertige Eiscreme im Gefrierfach aufbewahren.

Für die Aprikosenbällchen die Trockenfrüchte in einer Schüssel mit kochendem Wasser übergießen, 15–20 Minuten quellen lassen, danach abgießen und gut abtropfen lassen. Das Marzipan in 12 gleich große Portionen teilen. Einzeln zu Kugeln rollen und in die Früchte schieben. Die Aprikosen in Mehl wälzen, dann in verquirltes Ei tauchen, zum Schluss in den Bröseln wälzen und für 15 Minuten kühl stellen.

Für den Apricot-Brandy-Sirup 250 Milliliter Wasser mit dem Zucker und der Orangenschale in einem kleinen Topf erhitzen und dabei ständig rühren, bis sich der Zucker gelöst hat. Einmal aufkochen, dann die Hitze verringern. Orangensaft und Apricot-Brandy in den Topf gießen und die Mischung 8 Minuten sirupartig einköcheln lassen. Beiseitestellen.

Für die Aprikosenbällchen kurz vor dem Servieren eine Fritteuse oder einen großen Topf mit schwerem Boden zu einem Drittel mit Öl füllen. Auf 180 °C erhitzen – die Temperatur ist erreicht, wenn ein Brotwürfel in 15 Sekunden bräunt. Die Aprikosen portionsweise 3–4 Minuten frittieren, bis sie goldbraun sind. Auf Küchenpapier abtropfen lassen.

Mit Sirup beträufeln und mit Orangen-Mohn-Eiscreme servieren.

LAKRITZCREME MIT PFLAUMEN UND KOKOS-LIMETTEN-MAKRONEN

FÜR 8 PERSONEN

Sahne und Milch mit den Lakritzstangen in einem Topf bei niedriger bis mittlerer Temperatur langsam erhitzen und 8–10 Minuten köcheln lassen, bis sich der Lakritz aufzulösen beginnt. Vom Herd nehmen und 15 Minuten ziehen lassen. Die Mischung durch ein Sieb in eine Schüssel seihen und den Lakritz wegwerfen.

Den Backofen auf 160 °C vorheizen. Die Eigelbe mit dem Zucker, Vanilleextrakt und Süßholzwurzelpulver mit einem Schneebesen glatt rühren. Langsam die warme Sahnemischung dazugießen und gleichmäßig untermischen. Die Creme erneut durch ein Sieb gießen und dann gleichmäßig auf 8 ofenfeste Förmchen von 185 Millilitern Fassungsvermögen verteilen.

Die Förmchen in einen Bräter setzen und diesen bis 1 Zentimeter unter dem Rand der Förmchen mit warmem Wasser füllen. Die Creme im vorgeheizten Ofen 50 Minuten garen, bis sie gerade fest ist. Die Oberfläche sollte sich trocken anfühlen, die Creme aber noch weich sein. Die Förmchen behutsam aus dem Wasserbad nehmen, 30 Minuten abkühlen lassen und dann über Nacht in den Kühlschrank stellen.

Für die Makronen den Backofen auf 120 °C vorheizen und ein Blech mit Backpapier auslegen. Die Eiweiße mit dem Salz in einer Schüssel mit dem elektrischen Handrührgerät bei hoher Geschwindigkeit schlagen, bis beim Herausziehen der Quirle weiche Spitzen stehen bleiben. Den Limettenabrieb und die Kokosraspel unterziehen. Jeweils 2 Teelöffel der Makronenmasse mit einigem Abstand auf das vorbereitete Blech setzen und mit einer Palette auf etwa 1½ Zentimeter Höhe flach drücken (insgesamt sollten 24 Makronen entstehen). Im vorgeheizten Ofen 15 Minuten eher trocknen lassen als backen. Den Ofen abschalten und die Makronen erst nach dem völligen Auskühlen herausnehmen.

Die Creme in den Förmchen mit den eingemachten Pflaumen servieren und die Makronen danebenlegen.

Anmerkung: Die Makronen halten sich in einem luftdicht verschlossenen Behälter mehrere Wochen.

600 ml Sahne
300 ml Vollmilch
6 weiche Lakritzstangen, gehackt
10 große Eigelb
150 g extrafeiner Zucker
½ TL Vanilleextrakt
¼ TL Süßholzwurzelpulver
eingemachte Pflaumen zum Servieren

FÜR DIE KOKOS-LIMETTEN-MAKRONEN

2 Eiweiß, zimmerwarm
1 Prise Salz
115 g extrafeiner Zucker
½ TL fein abgeriebene Schale von einer unbehandelten Limette
60 g Kokosraspel, leicht geröstet

KNUSPRIGER STRUDEL MIT KÜRBISKERNMARZIPAN AUF GLASIERTEM KÜRBIS

FÜR 6 PERSONEN

1 Butternusskürbis (etwa 500 g) mit 12–15 cm langem, schlankem Hals
625 ml lieblicher deutscher Weißwein, vorzugsweise eine Spätlese
115 g Zucker
½ Vanilleschote, grob gehackt
1 EL frisch gepresster Zitronensaft
Buttermilch-Muskatnuss-Eiscreme (siehe Seite 265) oder Ingwereiscreme (siehe Seite 216) zum Servieren

FÜR DEN STRUDEL
60 g ungeröstete Kürbiskerne plus 2 EL zusätzlich
80 g blanchierte Mandeln
125 g Puderzucker
1½ EL Mehl
2 EL weiche Butter
2 kleine Eier
1 EL dunkler Rum
6 Blatt Filoteig
70 g Butter, zerlassen

Ingwerweiscreme (siehe Seite 216) oder Buttermilch-Muskatnuss-Eiscreme (siehe Seite 265), nach Belieben

Vom Kürbis den schlanken Hals, der nicht von Kernen durchsetzt ist, abschneiden und in 6 Scheiben von 2 Zentimetern Dicke teilen. Zu 5 Zentimeter großen Quadraten zurechtschneiden und Schalenreste sorgfältig entfernen. Mit einem kleinen, scharfen Messer die Ecken leicht abschrägen, damit sie während des Garens nicht abbrechen.

Den Wein mit dem Zucker, der Vanilleschote, dem Zitronensaft und 125 Millilitern Wasser in eine große Pfanne mit hohem Rand geben. Auf hoher Stufe erhitzen und rühren, bis sich der Zucker gelöst hat. Wenn die Mischung aufsprudelt, noch 5 Minuten kochen lassen und dann die Kürbisstücke hineinlegen. Nach dem erneuten Aufwallen die Hitze verringern und den Kürbis 20–25 Minuten köchelnd garen, bis die Stücke weich sind – sie dürfen jedoch nicht zerfallen. Vom Herd nehmen und in dem Sirup völlig auskühlen lassen. Die Kürbisstücke mit einem Schaumlöffel vorsichtig herausnehmen und auf einer Platte beiseitelegen. Den Sirup durch ein Sieb in einen Topf seihen. Bei hoher Temperatur wieder sprudelnd erhitzen und 5 Minuten einkochen, bis er einen kurz eingetauchten Metalllöffel gleichmäßig überzieht.

Den Backofen auf 200 °C vorheizen. Kürbiskerne und Mandeln in der Küchenmaschine fein zerkleinern. Puderzucker, Mehl, Butter, Eier und Rum hinzufügen und alles gründlich vermengen.

Ein Blatt Filoteig dünn mit zerlassener Butter bestreichen. Mit einem weiteren Blatt bedecken und dieses ebenfalls buttern. In der Mitte durchschneiden, sodass 2 fast quadratische Stücke entstehen, und diese jeweils einmal zu einem langen Rechteck zusammenfalten. Aus den übrigen Teigblättern wie zuvor noch 4 weitere Rechtecke herstellen. Auf ein schmales Ende jedes Rechtecks 1 Esslöffel der Kürbiskern-Mandel-Masse geben und verstreichen, dabei einen 1 Zentimeter breiten Rand frei lassen. Diesen über die Füllung legen und dann den Teig aufrollen, dabei die Seitenränder nach innen einschlagen. Die fertigen Rollen mit der übrigen Butter bepinseln und mit den zusätzlichen Kürbiskernen bestreuen. Im Backofen 20 Minuten goldbraun backen.

Auf Dessertteller ein Stück glasierten Kürbis und darauf eine Gebäckrolle legen. Mit Sirup beträufeln und daneben eine Kugel Buttermilch-Muskatnuss- oder Ingwereiscreme setzen. Sofort servieren.

SCHWARZWÄLDER SCHOKOKÜCHLEIN MIT KIRSCHKOMPOTT UND BESCHWIPSTER SAHNE

FÜR 6 PERSONEN

200 g Bitterschokolade
75 ml Sahne
40 g Butter
4 große Eier, zimmerwarm
115 g extrafeiner Zucker
40 g Mehl plus ½ EL zusätzlich
weiche Butter für die Formen
1 EL ungesüßtes Kakaopulver

FÜR DAS KIRSCHKOMPOTT

300 g Kirschen, frisch, tiefgekühlt oder aus dem Glas, entsteint
50 g extrafeiner Zucker
1 TL Vanilleextrakt
1½ EL Kirschlikör
1½ EL Kirschwasser

FÜR DIE BESCHWIPSTE SAHNE

185 ml Sahne
2½ EL Puderzucker, gesiebt
1½ EL Kirschwasser

Schokolade, Sahne und Butter in eine hitzebeständige Schüssel geben. Auf einen Topf mit köchelndem Wasser setzen – der Schüsselboden darf nicht mit dem Wasser in Berührung kommen – und die Schokolade schmelzen. Vom Herd nehmen und leicht abkühlen lassen. Eier, Zucker und Mehl schaumig schlagen. Einige Löffel der Schokoladenmischung mit dem Schneebesen einrühren. Den Rest der Schokoladenmischung nach und nach mit einem Teigschaber gleichmäßig unterziehen. Die Masse zugedeckt im Kühlschrank fest werden lassen, bis sich ein Fingerabdruck auf ihr hält. Inzwischen 6 Souffléförmchen von 125 Millilitern Fassungsvermögen mit Butter auspinseln. Das zusätzliche Mehl mit dem Kakaopulver sieben, die Formen damit ausstreuen und den Überschuss durch Klopfen auf die umgedrehten Formen entfernen. Die Formen bis zur Verwendung ebenfalls in den Kühlschrank stellen.

Für das Kompott die Kirschen mit Zucker, Vanilleextrakt und 2 Esslöffeln Wasser in einem Topf zum Kochen bringen. Bei verminderter Temperatur 15 Minuten köcheln lassen, bis die Kirschen ihren Saft abgegeben haben und die Sauce etwas eingedickt ist. Eingemachte Kirschen nur kurz erwärmen. Kirschlikör und Kirschwasser einrühren und die Sauce weitere 5 Minuten sirupartig einköcheln lassen. Vom Herd nehmen und vollständig auskühlen lassen.

Als Nächstes die Sahne mit dem Puderzucker und dem Kirschwasser in einer gekühlten Schüssel luftig aufschlagen. Zugedeckt bis zum Servieren in den Kühlschrank stellen.

Den Backofen auf 200 °C vorheizen. Die Schokoladenmasse in die vorbereiteten Förmchen füllen. Auf ein Blech setzen und 15 Minuten im vorgeheizten Ofen garen, bis sich die Masse vom Rand der Formen löst. Je nach Backofen ist dieses Stadium auch 1–2 Minuten früher oder später erreicht. Deshalb sollte man die Küchlein, wenn die 15 Minuten beinahe abgelaufen sind, durch das Fenster in der Ofentür genau im Auge behalten, um den idealen Zeitpunkt zu erwischen, an dem sie zart überkrustet und innen noch schokoladig-saftig sind. Herausnehmen, in den Formen 5 Minuten abkühlen lassen und dann behutsam auf große Dessertteller oder in weite, flache Schalen stürzen. Das Kompott und die Sahne danebengeben und die Küchlein warm servieren.

CRÊPES MIT BACK-PFLAUMENFÜLLUNG IN KARAMELLSAUCE, DAZU SPEKULATIUSSAHNE

FÜR 6 PERSONEN

FÜR DIE CRÊPES

150 g Mehl
1 Prise Zucker
1 Prise Salz
3 Eier
185 ml Vollmilch
185 ml kohlensäurehaltiges Mineralwasser
zerlassene Butter zum Braten

FÜR DIE BACKPFLAUMENFÜLLUNG

185 g entsteinte Backpflaumen, gehackt
½ Vanilleschote, aufgeschlitzt
¼ TL fein abgeriebene Schale von einer unbehandelten Orange
2 EL frisch gepresster Orangensaft, durch ein feines Sieb geseiht
2 EL Slibowitz (Pflaumenbrand)

FÜR DIE KARAMELLSAUCE

170 g extrafeiner Zucker
60 ml Sahne
1½ EL Slibowitz (Pflaumenbrand)

FÜR DIE SPEKULATIUSSAHNE

4 Spekulatius, nach Belieben selbst gebacken oder in guter Qualität fertig gekauft
50 g Crème fraîche
2 EL Walnusskerne, geröstet und gehackt
125 ml Sahne, geschlagen

Für die Crêpes Mehl, Zucker und Salz in eine Schüssel sieben und in die Mitte eine Mulde drücken. Eier, Milch und Mineralwasser mit einem Schneebesen verquirlen. In die Mulde gießen und alles zu einem glatten Teig verrühren. Zugedeckt für 1 Stunde beiseitestellen. Den Teig unmittelbar vor der Verwendung nochmals umrühren.

Eine 23 Zentimeter große Crêpe- oder beschichtete Pfanne dünn mit Butter auspinseln und bei mittlerer Temperatur erhitzen. 60 Milliliter Teig in die Mitte gießen und durch Schwenken gleichmäßig verteilen. Die Crêpe 3–4 Minuten braten, bis sie auf der Unterseite zart gebräunt ist, danach wenden und von der anderen Seite 1 Minute fertig braten. Herausnehmen und auf diese Weise den gesamten Teig verarbeiten, dabei die Pfanne nach Bedarf erneut mit Butter ausstreichen. Es werden insgesamt 12 schöne Pfannkuchen benötigt.

Für die Füllung die Backpflaumen mit der Vanilleschote, Orangenabrieb und -saft, Slibowitz und 250 Millilitern Wasser zum Kochen bringen. Anschließend auf kleinerer Stufe 8 Minuten köcheln lassen, bis die Pflaumen ganz weich sind, und dabei regelmäßig rühren. Vom Herd nehmen, leicht abkühlen lassen, dann die Vanilleschote entfernen.

Für die Karamellsauce den Zucker mit 125 Millilitern Wasser in einem Topf bei hoher Temperatur unter Rühren erhitzen, bis er sich gelöst hat. Den Sirup, ohne zu rühren, 10 Minuten kochen, bis er eine goldgelbe Farbe annimmt. Rasch, aber wegen der Spritzgefahr auch vorsichtig zuerst die Sahne und dann den Slibowitz einrühren und die Sauce kochen lassen, bis sie nach 2–3 Minuten eingedickt ist. Vom Herd nehmen.

Inzwischen die Spekulatius zerstoßen. Mit Crème fraîche und Walnüssen vermengen und zuletzt die Sahne unterziehen. Die Spekulatiussahne zugedeckt bis zur Verwendung in den Kühlschrank stellen.

Den Backofen auf 180 °C vorheizen. Die Backpflaumenmischung mit dem Rücken eines zuvor in heißes Wasser getauchten Löffels dünn auf den Crêpes verstreichen. Diese zu Halbkreisen und dann ein weiteres Mal zu Viertelkreisen zusammenfalten. Eine runde ofenfeste Form dünn ausfetten und die Crêpes leicht überlappend hineinlegen. Mit der Karamellsauce übergießen und für 10 Minuten in den Ofen schieben. Die Spekulatiussahne über die Crêpes geben und diese servieren.

FEIN UND FESTLICH TAFELN

AN DEN FESTTAGEN WIRD ÜPPIG GETAFELT UND IN SÜSSIGKEITEN GESCHWELGT. DURCH GESCHMÜCKTE RÄUME ZIEHT EIN ZARTER DUFT VON TANNENNADELN UND GEWÜRZEN. WENN SICH DANN NOCH DIE WELT BEIM BLICK AUS DEM FENSTER UNTER EINER GLITZERNDEN SCHNEEDECKE PRÄSENTIERT, ENTSTEHT EIN ZAUBER, DEM SICH SELBST ÜBERZEUGTE WEIHNACHTSMUFFEL KAUM ENTZIEHEN KÖNNEN.

SCHINKENBRATEN MIT LEBKUCHENGLASUR UND KIRSCH-RELISH

FÜR BIS ZU 20 PERSONEN ALS TEIL EINES BUFFETS

1 ganzer gekochter und geräucherter Schinken (etwa 7 kg)
125 g brauner Zucker
4 EL heller Rohrzuckersirup oder Glukosesirup
1 EL Senf
2 EL frisch gepresster Orangensaft, durch ein feines Sieb geseiht
1½ TL gemahlener Ingwer
½ TL gemahlener Zimt
¼ TL gemahlene Muskatnuss
¼ TL gemahlener Piment
ganze Gewürznelken zum Garnieren

FÜR DAS KIRSCH-RELISH
600 g Süßkirschen, entsteint, Tiefkühlware aufgetaut, eingemachte Kirschen abgetropft
1½ EL brauner Zucker
1 EL gelbe oder braune Senfsamen
1 Knoblauchzehe, sehr fein gehackt
½ rote Zwiebel, sehr fein gehackt
½ TL gemahlener Zimt
2½ EL Apfelessig
½ TL fein gehackte dünn abgeschälte Schale von einer unbehandelten Orange
2 EL frisch gepresster Orangensaft, durch ein feines Sieb geseiht
1 kräftige Prise Salz

Den Backofen auf 180 °C vorheizen. Mit einem sehr scharfen Messer die Schwarte des Schinkens 7 Zentimeter oberhalb des Knochenendes in einer geraden Linie ringsum durchschneiden. An dem Einschnitt vorsichtig den Daumen in Richtung des Schinkens unter die Schwarte schieben und diese zunächst in einem kleinen Bereich von der darunter befindlichen Fettschicht lösen. Allmählich die ganze Hand unter die Schwarte schieben und diese mit der anderen Hand Stück für Stück weiter lösen, bis sie sich schließlich in einem Stück herunterziehen lässt.

Die Fettschicht rautenförmig einritzen, dabei jedoch nicht bis ins Fleisch schneiden, sonst löst sich die Fettauflage während des Garens ab. Alle übrigen Zutaten außer den ganzen Nelken sorgfältig verrühren. In die Mitte jeder Raute eine Nelke stecken. Anschließend den Schinken mit der Hälfte der Glasur gleichmäßig bestreichen, dabei das Knochenende aussparen.

Den Schinken auf einen Bratrost setzen, locker mit Alufolie abdecken und in den Backofen schieben. Die Fettpfanne darunter einschieben und 500 Milliliter Wasser hineingießen. Nun den Schinken 50 Minuten backen, danach herausnehmen. Die Temperatur auf 210 °C erhöhen. Die Folie entfernen und den Schinken mit dem Rest der Glasur bepinseln, ohne die Nelken abzureißen. Ohne die Folie erneut in den Ofen schieben, bis der Schinken nach 25 Minuten karamellisiert ist. Herausnehmen und vor dem Aufschneiden mindestens 15 Minuten ruhen lassen.

Während der Schinken gart, für das Kirsch-Relish alle aufgelisteten Zutaten in einen Topf geben und bei hoher Temperatur rühren, bis sich der Zucker aufgelöst hat. Einmal kurz aufkochen und dann bei milder Hitze 40–45 Minuten köcheln lassen, bis sich nur noch ganz wenig Flüssigkeit im Topf befindet. Der Rest dickt während des Abkühlens zu einem Sirup ein, der dem Relish appetitlichen Glanz verleiht. Warm oder raumtemperiert mit dem Schinken servieren.

GEFÜLLTER SCHWEINERÜCKEN MIT PISTAZIEN UND FEINEM MÖHRENAUFLAUF

FÜR 10–12 PERSONEN

2,25 kg ausgelöster Schweinerücken mit Schwarte, vom Metzger zum Füllen bereits aufgeschnitten und die Schwarte eingeritzt
100 g Hackfleisch vom Schwein
100 g Hackfleisch vom Kalb
160 g frische Weißbrotbrösel
1 Ei
60 g Sauerrahm
50 g Pistazienkerne
½ TL gemahlener Kardamom
1 TL gemahlener Koriander
1½ TL frisch geriebene Muskatnuss
1 TL gemahlener Ingwer
½ TL weißer Pfeffer
3 Knoblauchzehen, zerdrückt
½ TL getrockneter Majoran
1 große Handvoll glatte Petersilie, fein gehackt
3 große Zwiebeln, in dicke Scheiben geschnitten
1 EL Olivenöl
Meersalz nach Geschmack

FÜR DEN MÖHRENAUFLAUF
1,5 kg Möhren, geschält und gehackt
2 EL Butter
1½ EL Melasse
½ TL gemahlener Ingwer
¼ TL frisch geriebene Muskatnuss
125 ml Sahne
3 Eier, getrennt
1½ TL feines Meersalz
¼ TL weißer Pfeffer

Den Backofen auf 200 °C vorheizen. Das Fleischstück mit der Schwarte nach unten auf der Arbeitsfläche ausbreiten. Alle übrigen Zutaten außer den Zwiebeln, dem Olivenöl und dem Meersalz in einer Schüssel mit den Händen gründlich vermengen und dabei darauf achten, dass sich die Gewürze gleichmäßig verteilen. Die Masse mit etwas Salz abschmecken und dann zu einer etwa 6 Zentimeter dicken und 18 Zentimeter langen Rolle formen. In die Mitte des Fleischstücks legen, dieses aufrollen und in regelmäßigen Abständen mit Küchengarn umwickeln, damit es während des Garens die Form behält.

Die Zwiebelscheiben in einem Bräter gleichmäßig verteilen und 250 Milliliter Wasser dazugießen. Das Fleisch ringsum mit dem Olivenöl einreiben, großzügig mit Meersalz bestreuen und auf das Zwiebelbett legen. Für 1 Stunde 50 Minuten, nach Bedarf auch für 2 Stunden in den Ofen schieben, bis die Schwarte ringsum goldbraun und knusprig ist und ein seitlich in die Füllung (nicht durch das Fleisch!) eingestochener Spieß heiß wieder herauskommt – die Füllung muss unbedingt richtig durchgegart sein. Den Braten aus dem Ofen nehmen und vor dem Aufschneiden zugedeckt 20 Minuten ruhen lassen.

Inzwischen die Möhren in kochendem Wasser etwa 30 Minuten sehr weich garen. Abseihen und gut abtropfen lassen und, wenn sie etwas abgekühlt sind, in der Küchenmaschine oder im Mixer sehr fein pürieren. Butter, Melasse, Ingwer, Muskatnuss, Sahne, Eigelbe, Meersalz und weißen Pfeffer hinzufügen und alles gründlich vermischen. Die Eiweiße mit einem elektrischen Handrührgerät schlagen, bis beim Herausziehen der Quirle mittelfeste Spitzen stehen bleiben, und den Eischnee unter die Möhrenmischung heben. Die Masse behutsam in eine leicht gefettete, hohe ofenfeste Form gießen. Etwa 30 Minuten bevor der Braten fertig gegart ist, in den Ofen schieben und mitbacken, bis der Auflauf locker aufgegangen und zart gebräunt ist.

Den Braten aufschneiden und mit dem heißen Möhrenauflauf servieren. Preiselbeerkompott bildet eine schmackhafte Ergänzung.

GEBRATENER TRUTHAHN MIT MARONENFÜLLUNG UND VINSANTO-TRAUBEN-SAUCE

FÜR BIS ZU 20 PERSONEN ALS TEIL EINES BUFFETS, FÜR 12 ALS HAUPTGERICHT

FÜR DIE MARONENFÜLLUNG
300 g frische Maronen
50 g Rosinen, gehackt
2 EL Vinsanto oder Sauternes oder ein anderer Süßwein
3 EL Butter
1 große Zwiebel, fein gehackt
150 g Pancetta oder durchwachsener Speck, fein gewürfelt
80 g Pinienkerne, leicht geröstet
1 Rosmarinzweig, die Blättchen fein gehackt
2 TL gehackte Thymianblättchen
1 große Handvoll glatte Petersilie, fein gehackt
½ TL fein abgeriebene Schale von einer unbehandelten Zitrone
1 TL frisch geriebene Muskatnuss
4 dicke Scheiben altbackenes Weißbrot, entrindet und in kleine Würfel geschnitten
175 ml Vollmilch
Salz und Pfeffer

Den Backofen auf 200 °C vorheizen. Mit einem kleinen, scharfen Messer die Schale der Maronen auf der Unterseite kreuzweise einritzen. Die Maronen in einem großen Topf mit kaltem Wasser bedecken. Bei hoher Temperatur zum Kochen bringen und 15 Minuten garen, danach abseihen. Die Maronen etwas abkühlen lassen, schälen und grob hacken. In einer großen Schüssel beiseitestellen.

Die Rosinen mit dem Vinsanto und 2 Esslöffeln Wasser in einen kleinen Topf geben. Aufkochen und dann auf kleinerer Stufe etwa 5 Minuten köcheln lassen, bis kaum noch Flüssigkeit im Topf ist. Beiseitestellen.

Die Butter in einer Pfanne bei mittlerer bis hoher Temperatur zerlassen und die Zwiebel zusammen mit dem Speck 10–12 Minuten hellgelb anbraten. Die Zwiebel-Speck-Mischung zusammen mit den Rosinen, den Pinienkernen, den Kräutern, dem Zitronenabrieb, der Muskatnuss, den Brotwürfeln und der Milch zu den Maronen geben. Alles gründlich vermengen und dann 10 Minuten ruhen lassen, bis das Brot die gesamte Milch aufgesogen hat. Die Füllung mit Salz und Pfeffer abschmecken.

Die Innereien und den Hals des Truthahns, falls vorhanden, mit Zwiebel, Möhre und Sellerie in einen großen Bräter geben. Den Truthahn innen und außen abspülen und mit Küchenpapier oder einem sauberen Küchentuch trocken tupfen. Die Butter mit dem Knoblauch, dem Thymian und 1 Teelöffel Meersalz gründlich verkneten. Auf der Brustseite des Truthahns mit einer Hand vorsichtig zwischen das Fleisch und die Haut fahren, bis diese so weit gelöst ist, dass die würzige Butter darunter Platz hat – dabei darf die Haut nicht reißen. Die Butter im gesamten Brustbereich gleichmäßig verstreichen und anschließend die Haut wieder andrücken. Die Maronenmischung in den Truthahn füllen (nicht zu fest, da sie sich beim Garen ausdehnt).

Einen stabilen Rost über dem Gemüse im Bräter platzieren und den Truthahn darauflegen. Die Flügel unter den Körper schieben und die Keulen zusammenbinden, damit der Vogel während des Garens seine Form behält. Den Truthahn rundherum mit Olivenöl einreiben und mit dem restlichen Meersalz bestreuen. Die Brühe und 375 Milliliter Wasser in den Bräter gießen. Den Truthahn lose mit langen Alufolienstücken abdecken und diese ringsum fest am Rand des Bräters andrücken. Für 1 Stunde in den Ofen schieben, dabei nach 30 Minuten die Folie kurz abnehmen und den Truthahn mit dem Fond begießen. Die Temperatur auf 190 °C herunterschalten und den Truthahn weitere 2 Stunden garen, währenddessen wiederum in Abständen von etwa 30 Minuten mit dem Fond beschöpfen. Anschließend ohne Folie noch 1 Stunde braten, bis der Truthahn gleichmäßig gebräunt ist und aus der Keule, wenn man sie an der dicksten Stelle mit einem Spieß einsticht, klarer Fleischsaft austritt.

Aus dem Ofen nehmen, vorsichtig auf eine große, vorgewärmte Servierplatte heben und, mit Alufolie abgedeckt, 25–30 Minuten ruhen lassen. Den Fond aus dem Bräter durch ein Sieb in eine große Schüssel mit Schüttrand seihen und eine Weile ruhen lassen. Innereien und Hals des Truthahns sowie das ebenfalls im Sieb zurückgebliebene Gemüse wegwerfen. 80 Milliliter des Fetts, das sich inzwischen oben auf dem Fond gesammelt hat, mit einem Löffel abnehmen und zurück in den Bräter geben. Diesen auf zwei Herdplatten bei mittlerer bis hoher Temperatur aufsetzen. Das Mehl hineinstreuen, 2–3 Minuten anschwitzen und dabei zugleich mit einem Kochlöffel den Bratensatz lösen. Nun unter ständigem Rühren mit einem Schneebesen langsam den Vinsanto, den Fond aus der Schüssel und den Saft dazugießen, den der ruhende Truthahn abgegeben hat, sodass schließlich eine glatte Bratensauce entsteht. Nach Bedarf noch etwas zusätzliche Hühnerbrühe oder Wasser einrühren. Die Trauben hinzufügen und die Sauce weitere 3 Minuten köcheln lassen, bis sie durchgewärmt sind. Mit Salz und Pfeffer abschmecken.

Den Truthahn tranchieren und mit Füllung und Sauce servieren.

1 Truthahn (etwa 7,5 kg), küchenfertig vorbereitet
1 Zwiebel, gehackt
2 Möhren, gewürfelt
2 Stangen Sellerie, gewürfelt
80 g weiche Butter
4 Knoblauchzehen, zerdrückt
2 TL fein gehackter Thymian
3 TL Meersalz
Olivenöl zum Einreiben
1 l Hühnerbrühe
3 EL Mehl
125 ml Vinsanto oder Sauternes
275 g kernlose grüne Trauben, halbiert

GÄNSEBRATEN MIT ÄPFELN, KNUSPRIGEN KARTOFFELN UND HERZHAFTER SAUCE

FÜR 6 PERSONEN

1,5 kg vorwiegend festkochende Kartoffeln, zum Beispiel Désirée, gründlich gewaschen, aber ungeschält
1 Gans (etwa 3 kg), küchenfertig vorbereitet, Tiefkühlware vollständig aufgetaut
1 große Zwiebel, fein gehackt
1 große Stange Sellerie, fein gehackt
5 Lorbeerblätter, einmal zusammengedrückt, plus weitere zum Garnieren
2 TL ganze Pimentkörner
1 Zimtstange, in der Mitte durchgebrochen
feines Meersalz
500 ml Hühnerbrühe
4 Äpfel
2 EL Mehl
60 ml Apfelessig
60 ml Apfelsaft
Salz und Pfeffer

Den Backofen auf 210 °C vorheizen. Die Kartoffeln in einem Topf mit Wasser aufsetzen. Zum Kochen bringen und 20 Minuten garen, bis sie soeben weich werden. Abgießen und abkühlen lassen, dann pellen und je nach Größe halbieren oder in große Stücke schneiden. Bis zur weiteren Verwendung beiseitestellen.

Die Innereien der Gans, falls vorhanden, entfernen und wegwerfen. Die Bauchhöhle mit Salz ausreiben, danach die Gans innen und außen abspülen und mit Küchenpapier oder einem sauberen Küchentuch trocken tupfen. Zwiebel, Sellerie, 2 Lorbeerblätter, die Pimentkörner und die Zimtstange vermengen und die Gans damit füllen. Die Haut mit einem dünnen Spieß gleichmäßig rundherum einstechen, ohne jedoch das Fleisch zu verletzen, daher den Spieß beinahe waagerecht führen.

Die Gans ringsum mit feinem Meersalz einreiben und mit der Brustseite nach oben auf einen stabilen Rost in einen großen Bräter legen. Für 30 Minuten in den Ofen schieben und, wenn die Haut nach Ablauf dieser Zeit soeben etwas Farbe annimmt, die Gans herausnehmen und mit dem inzwischen ausgebratenen Fett begießen. Die Temperatur auf 140 °C verringern und die Gans erneut für 1 Stunde 45 Minuten in den Ofen geben. Danach das gesamte ausgetretene Fett aus dem Bräter in eine Schüssel schöpfen und beiseitestellen. Nun die Hühnerbrühe in den Bräter gießen. Die Gans lose mit langen Alufolienstücken abdecken und diese ringsum fest am Rand des Bräters andrücken. Nochmals 1 Stunde 30 Minuten im Ofen garen, dabei regelmäßig mit einem Teil des abgeschöpften Fetts begießen. Anschließend die Folie entfernen, die Temperatur auf 200 °C erhöhen und die Gans weitere 30 Minuten braten, bis sie ringsum knusprig und kräftig gebräunt ist und aus der Keule, wenn man sie an der dicksten Stelle mit einem Spieß einsticht, klarer Fleischsaft austritt. Aus dem Ofen nehmen, vorsichtig auf eine große, vorgewärmte Servierplatte legen und mit Folie abdecken, damit sie nicht auskühlt. Etwa 25 Minuten ruhen lassen. Den gesamten Fond aus dem Bräter in eine Schüssel gießen und beiseitestellen.

Während die Gans die letzten 30 Minuten im Ofen brät, etwa 250 Milliliter des herausgeschöpften Fetts zusammen mit den restlichen Lorbeerblättern in einem zweiten großen Bräter erhitzen. Die Kartoffeln hinzufügen, durchmischen, bis sie gleichmäßig überzogen sind, und im Ofen weiterbraten, während die Gans ihre Ruhezeit absolviert und anschließend tranchiert wird. Die Kartoffeln mit einem Schaumlöffel aus dem Fett nehmen, in eine vorgewärmte Servierschüssel geben und nach Geschmack salzen.

Während die Kartoffeln braten, die Äpfel gründlich waschen und vom Kerngehäuse befreien, aber nicht schälen, anschließend in 1½ Zentimeter dicke Ringe schneiden. In einer großen Pfanne 2 Esslöffel des restlichen Gänsefetts bei mittlerer bis hoher Temperatur erhitzen und die Apfelringe portionsweise von beiden Seiten je 2 Minuten braten, bis sie weich und schön gebräunt sind. Den Saft, den die Gans während der Ruhezeit abgegeben hat – auch den, der sich in ihrem Inneren gesammelt hat –, in die Schüssel mit dem Fond gießen. Die Apfelscheiben rings um die Gans arrangieren und mit Lorbeerblättern garnieren. Wieder mit der Folie abdecken.

Das Fett, das sich inzwischen oben auf dem Fond in der Schüssel gesammelt hat, abnehmen und 3 Esslöffel davon in den Bräter geben (der Rest wird nicht mehr benötigt). Den Bräter auf zwei Herdplatten bei mittlerer bis hoher Temperatur erhitzen. Das Mehl hineinstreuen und 1 Minute unter ständigem Rühren mit einem Schneebesen anschwitzen. Nun langsam Essig und Apfelsaft dazugießen und dabei unentwegt weiter mit dem Schneebesen rühren, bis eine glatte Sauce entsteht. Zuletzt nach und nach den Fond gleichmäßig einrühren und die Sauce etwa 5 Minuten köchelnd leicht eindicken lassen, dabei weiterrühren. Mit Salz und Pfeffer abschmecken.

Die mit den Äpfeln umlegte Gans erst am Tisch tranchieren. Die Kartoffeln und die Sauce separat reichen. Gut passt dazu würziger Rotkohl (siehe Seite 131) oder Rosenkohl.

1
2
3
.04
5
6
7
8
9
10
11
12
13
14
15
16
17
18
19
20
21
21
22
23
24
25

LACHS MIT KAVIARBUTTER, KARAMELLISIERTEN KARTOFFELN UND ERBSENPÜREE

FÜR 10–12 PERSONEN

FÜR DIE KAVIARBUTTER
250 g weiche Butter
2½ EL Lachs- oder Forellenkaviar
6 gekochte Riesengarnelen, geschält, Darm entfernt, fein gehackt
½ kleine rote Zwiebel, sehr fein gewürfelt
½ TL fein gehackte, dünn abgeschälte Schale von einer unbehandelten Orange
1 kleine Handvoll Dill, fein gehackt
weißer Pfeffer nach Geschmack

FÜR DIE KARDAMOM-KARTOFFELN
2 kg kleine Kartoffeln, geschält
115 g extrafeiner Zucker
125 g Butter
1 kräftige Prise gemahlener Kardamom
Salz und Pfeffer

FÜR DAS SAHNIGE ERBSENPÜREE
500 g Tiefkühl-Erbsen
2 EL Butter
125 g Sauerrahm
Salz und weißer Pfeffer nach Geschmack

Für die Butter alle aufgelisteten Zutaten in einer Schüssel gründlich vermengen. Kräftig mit Salz und weißem Pfeffer abschmecken. Die Masse auf einem Stück Frischhaltefolie zu einer Rolle formen, in die Folie einwickeln und die Enden fest zusammendrehen. Bis zum Servieren in den Kühlschrank legen.

Den Backofen auf 190 °C vorheizen. Die Kartoffeln in einem großen Topf mit gesalzenem Wasser aufsetzen. Zum Kochen bringen und 15 Minuten garen. Abgießen und zugedeckt beiseitestellen.

Für das Erbsenpüree Wasser in einem Topf zum Kochen bringen. Die Erbsen hineingeben und etwa 5 Minuten garen, danach abseihen und gründlich abtropfen lassen. Mit der Butter und dem Sauerrahm in der Küchenmaschine oder im Mixer glatt pürieren. In einen kleinen Topf umfüllen, mit Salz und etwas weißem Pfeffer würzen und zugedeckt beiseitestellen.

Den Lachs innen und außen abspülen und mit Küchenpapier oder einem sauberen Küchentuch trocken tupfen. Mit der Hälfte der Zwiebel- und Zitronenscheiben und den Dillstängeln füllen, ringsum gleichmäßig mit etwas Olivenöl einreiben und mit Meersalz bestreuen. Den Kopf und das Schwanzende des Fisches in Alufolie einwickeln. Die restlichen Zwiebel- und Zitronenscheiben in einem großen Bräter verteilen und ein langes Stück Mulltuch so darüberbreiten, dass dessen Enden an den Schmalseiten ein wenig überhängen (so lässt sich der Fisch später gut herausheben). Den Lachs auf das Tuch legen und den Wein sowie 250 Milliliter Wasser in den Bräter gießen. Den Fisch etwa 45 Minuten im Ofen garen und währenddessen regelmäßig mit dem Fond beschöpfen, bis er durchgegart, im Kern aber noch leicht glasig ist – die Rückenflosse sollte sich jetzt leicht herausziehen lassen.

Währenddessen für die karamellisierten Kartoffeln den Zucker in einer großen Pfanne mit schwerem Boden bei mittlerer bis hoher Temperatur unter gelegentlichem Rühren schmelzen. Zum Kochen bringen und dann bei reduzierter Hitze 5 Minuten köcheln lassen, bis er eine goldgelbe Farbe annimmt. Vorsichtig die Butter mit dem Kardamom einrühren und den Karamell, der zunächst klumpt, weiterköcheln lassen, bis er sich wieder verflüssigt. Die Kartoffeln hinzufügen und etwa 6 Minuten durchschwenken, bis sie gleichmäßig karamellisiert und aufgewärmt sind. Mit Salz und Pfeffer abschmecken und warm halten.

Das Erbsenpüree, falls erforderlich, nochmals sanft erwärmen. Den Lachs mithilfe des Tuches aus dem Bräter behutsam auf eine vorgewärmte Servierplatte heben. Falls es Ihnen schwierig erscheint, das Tuch zu entfernen, schneiden Sie die Ränder dicht neben dem Fisch mit einer Schere einfach ab. Die Folie vom Kopf und Schwanzende entfernen, dann die Haut auf der Oberseite vom Kopf zum Schwanz hin vorsichtig abziehen und wegwerfen.

Den Lachs in Portionsstücke zerteilen und auf einzelnen Tellern mit dem Erbsenpüree anrichten. Jeweils etwas von der Kaviarbutter daraufgeben und mit den Kartoffeln servieren.

1 ganzer Lachs (etwa 3,5 kg), küchenfertig vorbereitet
2 rote Zwiebeln, in feine Scheiben geschnitten
2 Zitronen, in feine Scheiben geschnitten
3 große Dillstängel
Olivenöl zum Einreiben
Meersalz
125 ml trockener Weißwein

MIT KRÄUTERN GEFÜLLTE KALBSBRUST IN RIESLINGSAHNE

FÜR 8 PERSONEN

Den Backofen auf 210 °C vorheizen. Das Brot in kleine Stücke zerpflücken und etwa 10 Minuten in der Milch einweichen, bis sie weitgehend aufgesogen ist. Anschließend die überschüssige Flüssigkeit ausdrücken und das Brot mit den übrigen Zutaten für die Füllung vermengen. Kräftig mit Salz und weißem Pfeffer würzen.

Senf und Knoblauch vermischen. Das Fleisch mit der ehemaligen Knochenseite nach oben so auf die Arbeitsfläche legen, dass das dicke Ende nach vorn weist. Mit einem Fleischklopfer bearbeiten, bis es gleichmäßig etwa 2 Zentimeter dick ist. Die Füllung darauf verstreichen und das Fleisch vom Körper weg aufrollen. Ein großes Stück Backpapier so auf die Arbeitsfläche breiten, dass die kürzeren Kanten zur Seite weisen. Die Speckscheiben leicht überlappend auf das Papier legen – sie sollen eine durchgehende Fläche bilden. Nun das aufgerollte Fleisch auf das untere Ende dieser Speck-»Matte« legen. Die Hälfte der Senfmischung auf dem Braten verstreichen, danach die gefüllte Kalbsbrust vorsichtig vom Körper weg nach oben rollen, bis die Unterseite zum Vorschein kommt, und diese mit der restlichen Senfmischung bestreichen. Das Fleisch in die Speck-»Matte« einrollen, dabei die Papierunterlage zu Hilfe nehmen und zum Schluss abziehen. Die gefüllte Kalbsbrust in regelmäßigen Abständen mit Küchengarn umwickeln.

Die Zwiebelscheiben und Lorbeerblätter in einem 50 x 30 Zentimeter großen Bräter verteilen. Die gefüllte Kalbsbrust darauflegen. Riesling, Brühe, Sahne und Zitronensaft verrühren und über das Fleisch gießen. In den Ofen schieben, bis der Speck nach 10 Minuten etwas Farbe annimmt. Die Temperatur auf 170 °C verringern und das Fleisch noch 2½ Stunden garen, dabei alle 15 Minuten mit der Flüssigkeit übergießen. Aus dem Ofen nehmen und, mit Alufolie abgedeckt, 15 Minuten im Bräter ruhen lassen. Danach das Fleisch auf eine Servierplatte geben und unter Folie warm halten, bis die Sauce fertig ist.

Dafür den Bräter erhitzen, bis die Schmorflüssigkeit sprudelt. 15 Minuten kochend eindicken lassen. Die gefüllte Kalbsbrust in 3 Zentimeter dicke Scheiben schneiden und jeweils etwas Sauce darüberschöpfen. Als Beilage eignen sich gekochte Kartoffeln, in Butter mit Estragon geschwenkt, ebenso wie etwa Brotklöße (siehe Seite 112) sowie grünes Gemüse.

FÜR DIE FÜLLUNG

8 Scheiben Weißbrot, entrindet
125 ml Vollmilch
1 kleine Zwiebel, gerieben und ausgedrückt
2 TL fein gehackter Estragon
1 große Handvoll glatte Petersilie, fein gehackt
2 TL eingelegte Kapern, abgespült, abgetropft und fein gehackt
½ TL frisch geriebene Muskatnuss
1 Ei
Salz und weißer Pfeffer nach Geschmack

FÜR DIE KALBSBRUST

3 EL milder Senf
2 Knoblauchzehen, zerdrückt
2 kg ausgelöste Kalbsbrust, vom Metzger von allen Sehnen befreit
12 lange Scheiben Frühstücksspeck, die Schwarte entfernt
1 große Zwiebel, in sehr feine Scheiben geschnitten
2 Lorbeerblätter
125 ml Riesling
500 ml Kalbsbrühe
500 ml Sahne
1 EL frisch gepresster Zitronensaft

SCHWEINERÜCKEN MIT BIRNENSAUCE UND SENF-ZWIEBEL-KARTOFFELPÜREE

FÜR 8 PERSONEN

3 TL Kümmelsamen
2 TL Fenchelsamen
½ TL getrockneter Majoran
1 TL schwarzer Pfeffer aus der Mühle
2,5 kg Schweinerücken mit den Rippenknochen, die Schwarte vom Metzger bereits eingeschnitten
1 große Zwiebel, gehackt
1 Möhre, gehackt
2 Stangen Sellerie, gehackt
250 ml Weizenbier
1½ EL Meersalz
3 EL Mehl
375 ml Hühnerbrühe

FÜR DIE BIRNENSAUCE
3 reife Birnen, geschält, vom Kerngehäuse befreit und gewürfelt
1 EL brauner Zucker
½ TL fein abgeriebene Schale von einer unbehandelten Zitrone

Kümmel- und Fenchelsamen im Mörser grob zerstoßen oder in einer Gewürzmühle grob mahlen, danach mit dem Majoran und Pfeffer mischen. Den Schweinerücken gleichmäßig mit der Gewürzmischung einreiben, die dabei auch in die Einschnitte in der Schwarte eindringen soll. Den Braten zugedeckt über Nacht in den Kühlschrank stellen.

Den Backofen auf 200 °C vorheizen. Zwiebel, Möhre und Sellerie mit dem Bier und 375 Millilitern Wasser in einen großen Bräter füllen. Einen stabilen Rost hineinsetzen, das Fleisch darauflegen und die Schwarte gleichmäßig mit dem Meersalz einreiben. Auf der untersten Schiene für 1½ Stunden in den Ofen schieben, bis die Schwarte goldbraun und knusprig ist und man, wenn man das Fleischstück in Längsrichtung fest zusammendrückt, nur einen leichten Widerstand spürt. Falls die Schwarte zu kräftig bräunt, bevor das Fleisch gar ist, locker mit einem Stück Alufolie abdecken.

Während das Fleisch gart, für die Birnensauce alle aufgeführten Zutaten mit 80 Millilitern Wasser in einen Topf geben. Bei hoher Temperatur zum Kochen bringen und dann auf kleinerer Stufe 12–15 Minuten köcheln lassen, bis die Birnenstücke sehr weich sind. Im Mixer pürieren und zuletzt abschmecken. Die Sauce in einen sauberen Topf füllen und beiseitestellen. Vor dem Servieren wird sie nochmals aufgewärmt.

Für das Senf-Zwiebel-Kartoffelpüree ein Drittel der Butter mit dem Olivenöl in einer Pfanne bei mittlerer bis hoher Temperatur erhitzen, bis sie schmilzt. Die Zwiebelscheiben mit dem Meersalz hinzufügen und unter gelegentlichem Rühren 5 Minuten braten. Die Senfsamen untermischen und weitere 10 Minuten braten, bis die Zwiebelstücke goldbraun und am Rand leicht knusprig sind.

Inzwischen die Kartoffelwürfel 15 Minuten garen, bis sie sehr weich sind. Abseihen, gut abtropfen lassen und mit der restlichen Butter, Knoblauch und Sauerrahm zurück in den Topf geben. Zu einem glatten Püree zerstampfen. Die Zwiebelmischung unterziehen und das Püree mit Salz und Pfeffer abschmecken. Zugedeckt bis zum Servieren beiseitestellen.

Das fertig gegarte Fleisch aus dem Ofen nehmen, auf eine vorgewärmte Servierplatte geben und mit Alufolie abgedeckt, damit es nicht auskühlt, 15–20 Minuten ruhen lassen.

Währenddessen den gesamten Fond aus dem Bräter abgießen, dabei das Gemüse auffangen und wegwerfen. Wenn sich das Fett auf der Oberfläche des Fonds gesammelt hat, dieses sorgfältig abschöpfen und 3 Esslöffel davon beiseitestellen. Den Bräter auf zwei Herdplatten gleichzeitig bei hoher Temperatur erhitzen. Die 3 Esslöffel Fett hineingeben, mit dem Mehl bestäuben und rühren, dabei den Bratensatz vom Boden lösen. Langsam den entfetteten Fond sowie die Brühe hinzugießen und dabei mit einem Schneebesen rühren, sodass eine glatte, dünne Sauce entsteht. Einige Minuten köchelnd etwas eindicken lassen und zuletzt den Fleischsaft, der sich inzwischen auf der Servierplatte gesammelt hat, einrühren. Die Sauce durch ein Sieb gießen und abschmecken.

Die Birnensauce und auch das Senf-Zwiebel-Kartoffelpüree, falls erforderlich, nochmals behutsam erwärmen. Das Fleisch aufschneiden und mit dem Püree, der Bratensauce und der Birnensauce servieren. Außerdem würden einige Scheiben gebratene Blutwurst dazu passen, ebenso Sauerkraut oder saurer Kohl (siehe Seite 109) oder auch Brotklöße (siehe Seite 112) anstelle des Kartoffelpürees.

FÜR DAS SENF-ZWIEBEL-KARTOFFELPÜREE
125 g Butter
2 EL Olivenöl
2 große Zwiebeln, in feine Scheiben geschnitten
3 TL braune Senfsamen
2 kg vorwiegend festkochende Kartoffeln, zum Beispiel Désirée, geschält und gewürfelt
1 Knoblauchzehe, zerdrückt
375 g Sauerrahm
Meersalz und Pfeffer

FASAN IN SLIBOWITZ MIT KARTOFFEL-KOHL-KÜCHLEIN UND BACKPFLAUMENSAUCE

FÜR 6 PERSONEN

3 Fasane (je 1 kg) einschließlich der Hälse, aber ohne Innereien
125 ml Slibowitz (Pflaumenbrand)
1 Zwiebel, fein gehackt
1 große Möhre, sehr fein gewürfelt
1 große Stange Sellerie, sehr fein gewürfelt
4 Lorbeerblätter, einmal zusammengedrückt
3 Knoblauchzehen, angedrückt
1½ TL Wacholderbeeren, angedrückt
1 TL gemahlener Zimt
1 TL gemahlener Ingwer
125 ml frisch gepresster Orangensaft, durch ein feines Sieb geseiht
2 Scheiben Frühstücksspeck, fein gehackt, plus 3 Scheiben (nur der durchwachsene Teil), halbiert
125 g weiche Butter
Salz und frisch gemahlener schwarzer Pfeffer

Die Fasane innen und außen abspülen, mit Küchenpapier oder einem sauberen Küchentuch trocken tupfen und in eine korrosionsbeständige Schüssel geben. Slibowitz, Zwiebel, Möhre, Sellerie, Lorbeerblätter, Knoblauchzehen, Wacholderbeeren, Zimt, Ingwer, Orangensaft und gehackten Speck vermischen und die Fasane damit übergießen. In der Marinade wenden und auch etwas davon in die Bauchhöhlen schöpfen. Mit Frischhaltefolie abdecken und 48 Stunden im Kühlschrank marinieren, dabei gelegentlich wenden.

Am Tag der Zubereitung als Erstes für die Kartoffel-Kohl-Küchlein alle aufgelisteten Zutaten außer dem Öl und dem gewürzten Mehl gründlich vermengen. Die Masse in 6 gleiche Portionen teilen und zu 1 Zentimeter dicken Küchlein von etwa 8 Zentimetern Durchmesser formen. Nebeneinander auf eine Platte legen und, bis sie gebraten werden, zugedeckt kalt stellen.

Den Backofen auf 200 °C vorheizen. Die Fasane aus der Marinade nehmen – diese nicht weggießen, denn sie wird später für die Sauce benötigt. Behutsam die Brusthaut der Fasane lösen, etwas Butter darunterschieben und mit den Fingern gleichmäßig verstreichen, danach die Haut wieder glatt darüberspannen und andrücken. Die restliche Butter außen auf den Fasanen verstreichen und diese mit Salz sowie etwas schwarzem Pfeffer aus der Mühle würzen. Damit sie während des Garens besser die Form halten, die Schenkel zusammenbinden und anschließend über die Brust jedes Fasans längs zwei Speckstücke breiten. In einem Bräter einen Rost platzieren, die Fasane mit der Brustseite nach oben darauflegen und 625 Milliliter Wasser in den Bräter gießen. Für 15 Minuten in den Ofen schieben, danach herausnehmen und die

Speckscheiben entfernen. Die Ofentemperatur auf 180 °C herunterschalten und die Fasane weitere 55 Minuten garen, dabei regelmäßig mit dem Fond beschöpfen, bis sie schließlich appetitlich gebräunt sind und aus der Keule, wenn man sie an der dicksten Stelle mit einem Spieß einsticht, klarer Fleischsaft austritt. Aus dem Ofen nehmen, mit Alufolie abdecken, damit sie nicht auskühlen, und 15 Minuten ruhen lassen.

Während die Fasane garen, die Backpflaumensauce zubereiten. Dafür die reservierte Marinade mit der Kalbsbrühe, dem Orangenabrieb und 125 Millilitern Wasser in einem großen Topf bei hoher Temperatur sprudelnd erhitzen und anschließend 15 Minuten auf etwa 250 Milliliter einkochen lassen. Durch ein feines Sieb in einen sauberen Topf gießen und die Backpflaumen hinzufügen. Erneut zum Kochen bringen und dann auf kleinerer Stufe 10 Minuten köcheln lassen, bis die Sauce auf etwa 175 Milliliter reduziert ist. Zugedeckt beiseitestellen.

Für die Kartoffel-Kohl-Küchlein eine große Pfanne 1 Zentimeter hoch mit Öl füllen und bei mittlerer bis hoher Temperatur kräftig erhitzen. Die vorbereiteten Küchlein im gewürzten Mehl wenden, sodass sie einen leichten Überzug erhalten, und portionsweise 2–3 Minuten von jeder Seite braten, bis sie gründlich durchgewärmt und goldbraun sind. Nach Geschmack salzen.

Wenn die Ruhezeit der Fasane abgelaufen ist, den Saft, den sie inzwischen abgegeben haben, in die Backpflaumensauce einrühren und diese nochmals erwärmen.

Die Fasane längs halbieren und mit den Küchlein anrichten, die Sauce separat dazu reichen. Außerdem passt dazu knackig gegartes grünes Gemüse.

FÜR DIE KARTOFFEL-KOHL-KÜCHLEIN
900 g zerstampfte Kartoffeln
75 g Mehl, mit ½ TL Backpulver vermischt
75 g Weißkohl, in feine Streifen geschnitten
1 Handvoll Schnittlauch, in feine Röllchen geschnitten
60 g Sauerrahm
1 Ei
Sonnenblumenöl zum Braten
Mehl, mit Salz und Pfeffer gewürzt, zum Überziehen der Küchlein

FÜR DIE BACKPFLAUMENSAUCE
500 ml Kalbsbrühe
½ TL fein abgeriebene Schale von einer unbehandelten Orange
12 entsteinte Backpflaumen, halbiert

BIGOS MIT ENTENKEULEN

FÜR 10–12 PERSONEN

5 Entenkeulen (je etwa 225 g), die Haut gleichmäßig eingestochen
2 große Zwiebeln, gehackt
3 Knoblauchzehen, gehackt
1 kg Sauerkraut, abgespült und abgetropft
500 g Mettenden oder andere kräftig gewürzte Wurst
800 g geräucherte Schweinshaxe
400 g Schweinebauch, in 5 cm große Würfel geschnitten
500 g Rehkeule, in 5 cm große Würfel geschnitten
1,5 l Rinderbrühe
750 ml Rotwein
8 entsteinte Backpflaumen, gehackt
2 Äpfel, geschält und gerieben
2 EL getrocknete Steinpilze
10 Wacholderbeeren
2 Lorbeerblätter
1 TL Kümmelsamen
Salz und Pfeffer

Die Entenkeulen mit der Haut nach unten in einen großen Topf geben und bei mittlerer Temperatur 7 Minuten braten, bis sie kräftig gebräunt sind. Herausnehmen und auf einem Teller beiseitestellen. Das ausgebratene Fett bis auf 3 Esslöffel aus dem Topf entfernen. Die Zwiebeln hineingeben und 15 Minuten unter gelegentlichem Rühren goldgelb braten. Den Knoblauch einrühren, bis er nach etwa 30 Sekunden aromatisch duftet. Die Entenkeulen wieder in den Topf legen und die übrigen Zutaten sowie 1 Liter Wasser hinzufügen. Auf hoher Stufe zum Kochen bringen und dann bei milder Hitze 2½ Stunden köcheln lassen, dabei gelegentlich umrühren. Wenn das gesamte Fleisch gar ist, den Eintopf vom Herd nehmen und 45 Minuten abkühlen lassen. Erst danach zugedeckt in den Kühlschrank stellen und 24–48 Stunden ruhen lassen, sodass sich der Geschmack voll entwickelt.

Nach der Ruhezeit zunächst das Fett, das sich an der Oberfläche gesammelt hat, abnehmen. Den Eintopf bei mittlerer bis hoher Temperatur einmal aufkochen und dann auf kleinerer Stufe noch 10 Minuten köchelnd gründlich durchwärmen. Eisbein und Entenkeulen herausnehmen. Auf einem Tranchierbrett das Eisbein in 5 Zentimeter dicke Scheiben schneiden, die Keulen hingegen im Gelenk durchtrennen. Die Zutaten wieder zum Eintopf geben und nochmals durchmischen. Mit Salz und Pfeffer abschmecken und sofort auftischen. Kartoffeln und Sauerrahm oder mit Butter bestrichenes dunkles Roggenbrot bilden stilechte Beilagen. Je nach Zahl der Gäste oder auch der Gänge, die bei dem Essen serviert werden, kann das Fleisch in entsprechend kleinere Portionsstücke zerteilt werden.

Anmerkung: Bigos ist ein polnisches Nationalgericht, für das jede Familie ihr überliefertes Rezept hütet. Probieren Sie den Eintopf zur Abwechslung auch mit Kaninchen, Wildschwein, Rindfleisch oder Lamm.

Variation: In der Steinpilzsaison empfiehlt es sich, die getrockneten durch 150 Gramm frische Pilze zu ersetzen.

GETRÜFFELTES HUHN MIT LAUCH UND CHAMPAGNER-SAHNE-SAUCE

FÜR 6 PERSONEN

3 Stangen Lauch, nur das Weiße
60 g weiche Butter
500 ml Hühnerbrühe
6 ausgelöste Hähnchenbrustfilets mit Haut und Oberknochen des Flügels, vorzugsweise in Bioqualität
1 kleine schwarze Trüffel (etwa 20 g), vorzugsweise frisch
feines Meersalz und frisch gemahlener schwarzer Pfeffer
1 EL Olivenöl

FÜR DIE CHAMPAGNER-SAHNE-SAUCE
2 TL Butter
1 Knoblauchzehe, zerdrückt
1 EL Mehl
75 ml Champagner
125 ml Sahne
125 ml Hühnerbrühe
1 Thymianzweig
Meersalz nach Geschmack
weißer Pfeffer nach Geschmack
Trüffelöl von schwarzen Trüffeln (nach Belieben)

Den Backofen auf 190 °C vorheizen. Die weißen Lauchabschnitte quer genau in der Mitte halbieren, danach jedes Stück einmal längs durchschneiden – insgesamt ergeben sich also 12 Stücke. Mit der Schnittfläche nach oben nebeneinander in einen Bräter legen, den die Stücke dicht an dicht genau ausfüllen. Zwei Drittel der Butter in Flöckchen darüber verteilen und dann die Brühe über das Gemüse gießen. Mit feinem Meersalz und schwarzem Pfeffer aus der Mühle würzen und 30 Minuten im Ofen garen, bis der Lauch gerade weich ist.

Inzwischen die Haut der Hähnchenbrustfilets behutsam mit den Fingern lösen – sie darf dabei nicht reißen. Die Trüffel in ganz feine Scheiben hobeln oder schneiden und jeweils einige davon einzeln vorsichtig unter die Haut der Hähnchenbrustfilets schieben. Die Haut wieder glatt andrücken, mit Meersalz bestreuen und nach Belieben, damit sie sich während des Garens nicht zusammenzieht, am schmal zulaufenden Ende der Brust mit einem Zahnstocher feststecken (aber nicht vergessen, die Zahnstocher vor dem Servieren zu entfernen!).

Die restliche Butter mit dem Öl in einer großen Pfanne mit schwerem Boden bei mittlerer bis hoher Temperatur erhitzen, bis sie geschmolzen ist. Die Hähnchenbrustfilets mit der Hautseite nach unten hineinlegen und 3 Minuten hellbraun anbraten, danach wenden und von der anderen Seite nochmals 3 Minuten braten. Herausnehmen und auf einer Platte beiseitestellen, die Pfanne mit dem Bratensaft ebenfalls bis zur weiteren Verwendung beiseitestellen.

Den Bräter mit dem Lauch, sobald dieser gar ist, aus dem Ofen nehmen. Die Hähnchenbrustfilets mit der Hautseite nach oben auf das Gemüse legen. Den Bräter wieder in den Ofen schieben, bis das Fleisch nach etwa 15 Minuten durchgegart und die Haut goldbraun und knusprig ist. Die Hähnchenbrustfilets auf einer leicht vorgewärmten Platte unter Alufolie, damit sie nicht auskühlen, 5 Minuten ruhen lassen. Aus dem Bräter 80 Milliliter des Fonds abgießen und auffangen. Anschließend den Lauch, ebenfalls mit Folie abgedeckt, beiseitestellen.

Während die Hähnchenbrustfilets ruhen, für die Sauce die Butter in der Pfanne mit dem Bratensatz bei mittlerer bis hoher Temperatur zerlassen. Den Knoblauch einige Sekunden einrühren, bis er aromatisch duftet. Das Mehl darüberstäuben und unter Rühren anschwitzen, dabei zugleich sorgfältig den Bratensatz vom Pfannenboden lösen. Den Champagner, die Sahne, die Hühnerbrühe und den aufgefangenen Fond des Lauchs verrühren. Die Flüssigkeit langsam in die Pfanne gießen und dabei mit einem Schneebesen glatt rühren. Den Thymianzweig dazugeben. Die Sauce aufkochen und dann bei milder Hitze 3 Minuten köchelnd eindicken lassen, bis sie einen eingetauchten Löffel gleichmäßig überzieht. Währenddessen regelmäßig rühren. Den inzwischen aus den Hähnchenbrustfilets ausgetretenen Saft in die Sauce einrühren. Mit Meersalz und etwas weißem Pfeffer abschmecken und nach Belieben mit einigen Tropfen Trüffelöl parfümieren (sofern die für das Fleisch verwendete Trüffel frisch und von guter Qualität war, erübrigt sich die Zugabe von Trüffelöl).

Die Lauchstücke nebeneinander auf einer vorgewärmten Servierplatte anordnen und die Hähnchenbrustfilets darauf verteilen. Die Champagner-Sahne-Sauce separat dazu reichen.

Etwas bissfest gegarter Spargel und in Butter gebratene Pilze runden das Gericht ab. Auch Kartoffeln, ob knusprig geröstet oder zu einem samtigen Püree verarbeitet, bilden eine perfekte Ergänzung.

DÄNISCHER REISPUDDING MIT KIRSCHSAUCE

FÜR 6 PERSONEN

Milch und Sahne mit Vanilleschote und -mark, Zimt, Kardamom und Zitronenschale in einen großen Topf geben. Bei hoher Temperatur erhitzen und, wenn die Flüssigkeit aufkocht, den Reis einrühren. Nach dem erneuten Aufwallen die Hitze sofort verringern und den Reis 30 Minuten köcheln lassen, dabei regelmäßig umrühren. Den Zucker untermischen, bis er sich gelöst hat, und den Reis noch etwa 15 Minuten unter häufigem Rühren köchelnd garen, bis er weich und cremig ist. Vanilleschote, Zimtstücke und Zitronenschale entfernen und schließlich die gehackten Mandeln unter den Reis ziehen.

Gleichzeitig für die Kirschsauce die Kirschen mit ihrem Saft sowie dem Zucker und 60 Millilitern Wasser in einen Topf füllen. Bei mittlerer bis hoher Temperatur unter ständigem Rühren erhitzen, bis sich der Zucker gelöst hat. Die Maisstärke mit 2 Teelöffeln kaltem Wasser glatt rühren und unter die Kirschen mischen. Zum Kochen bringen und danach auf kleinerer Stufe 5 Minuten köcheln lassen, bis die Mischung eindickt. Zuletzt den Kirschlikör oder das Kirschwasser einrühren.

Den Reispudding auf einzelne Schalen verteilen, etwas Kirschsauce dazugeben, mit den gebrannten Mandeln bestreuen und sofort servieren.

Anmerkung: Einem dänischen Brauch zufolge gibt man in eine der Schalen eine ganze Mandel. Wer sie erwischt, bekommt ein kleines Weihnachtsgeschenk, zum Beispiel ein Marzipanschwein.

FÜR DEN REISPUDDING

625 ml Vollmilch
625 ml Sahne
1 Vanilleschote, aufgeschlitzt und das Mark herausgeschabt
1 Zimtstange, in der Mitte durchgebrochen
1 Msp. gemahlener Kardamom
1 Streifen fein abgeschälte Schale von einer unbehandelten Zitrone
225 g Milchreis
110 g Zucker
40 g blanchierte Mandeln, sehr fein gehackt

FÜR DIE KIRSCHSAUCE

300 g Süßkirschen, entsteint, Tiefkühlware aufgetaut, Kirschen aus dem Glas abgetropft
80 g Zucker
½ TL Maisstärke
1½ EL Kirschlikör oder Kirschwasser

gebrannte Mandeln, grob zerstoßen, zum Garnieren

MOHN-WALNUSS-POTICA MIT KAFFEEGLASUR

FÜR 8–10 PERSONEN

30 g Frischhefe
60 ml warme Vollmilch plus 2 TL nach Bedarf
1 Prise Salz
100 g brauner Zucker
450 g Mehl
2 Eigelb, verquirlt
125 g Sauerrahm
40 g weiche Butter
Walnusshälften, unzerteilt oder grob gehackt, zum Garnieren
Schlagsahne zum Servieren (nach Belieben)

Die Hefe in eine kleine Schüssel bröckeln. 60 Milliliter der warmen Milch, Salz und ½ Teelöffel des braunen Zuckers hinzufügen und die Hefe mit einer Gabel fein zerdrücken. Die Mischung, mit Frischhaltefolie abgedeckt, für etwa 15 Minuten an einen warmen Platz stellen, bis sie zu schäumen beginnt.

Das Mehl in eine Schüssel sieben und gründlich mit dem restlichen Zucker vermengen. In die Mitte eine Mulde drücken. Die Hefemischung hineingießen, dann die Eigelbe zusammen mit dem Sauerrahm und der Butter hinzufügen. Alles zu einem weichen, leicht klebrigen Teig verarbeiten und dabei nach Bedarf die zusätzliche Milch hinzufügen.

Den Teig auf der leicht bemehlten Arbeitsfläche 10–15 Minuten kneten, bis er glatt ist und nicht mehr klebt. In eine Schüssel geben, locker mit Frischhaltefolie abdecken und an einem warmen Platz 1 Stunde gehen lassen, bis er sein Volumen verdoppelt hat.

Für die Füllung die Mohnsamen in einer Gewürzmühle fein mahlen oder im Mörser zerstoßen, um ihr aromatisches Öl freizusetzen. Mit Milch, Butter, Vanilleextrakt, Zimt und Zitronenabrieb in einen Topf geben. Bei mittlerer Temperatur unter ständigem Rühren kochen, bis die Mohnsamen weich geworden sind. Vom Herd nehmen und den Honig zusammen mit dem Rum, den Walnüssen und dem Eiweiß einrühren. Den Topf erneut auf die Kochstelle setzen und die Mischung bei niedriger Temperatur 8 Minuten eindicken lassen. Vom Herd nehmen und zum Abkühlen beiseitestellen.

Eine Kranz- oder Gugelhupfform mit Butter ausfetten. Den Teig zusammenschlagen und danach zu einem 50 Zentimeter großen Kreis ausrollen. Mit der Mohn-Walnuss-Füllung bestreichen, dabei einen 2 Zentimeter breiten Rand frei lassen. Den Teig möglichst fest aufrollen und so in die vorbereitete Form legen, dass die Naht zur Mitte weist. Zugedeckt an einem warmen Platz 1 Stunde gehen lassen.

Den Backofen rechtzeitig auf 170 °C vorheizen. Den Kuchen nach Ablauf der Ruhezeit hineinschieben und 45 Minuten goldbraun backen. Zur Garprobe aus der Form nehmen und gegen die Unterseite klopfen: Es muss hohl klingen. Bei Bedarf den Kuchen nochmals in die Form setzen und eine kleine Weile weiterbacken. Nachdem er fertig gegart ist, kurz in der Form abkühlen lassen und dann auf ein Drahtgitter stürzen.

Wenn der Kuchen beinahe vollständig ausgekühlt ist, für die Glasur die aufgelisteten Zutaten in einer Schüssel gründlich verrühren. Da die Mischung ziemlich flüssig sein soll, nach Bedarf noch ein wenig Wasser hinzufügen. Die Glasur über den Kuchen gießen, wobei ein Teil ruhig seitlich herunterlaufen darf, und die ganzen oder grob gehackten Walnüsse aufstreuen. Wenn die Glasur erstarrt ist, den Kuchen aufschneiden und mit Schlagsahne servieren.

Anmerkung: Potica stammt aus Slowenien und ist ein Gebäck aus Hefeteig, das mit einer Mohn- oder Nussfüllung aufgerollt wird.

FÜR DIE MOHN-WALNUSS-FÜLLUNG

100 g Mohnsamen
60 ml Vollmilch
50 g Butter
1 TL Vanilleextrakt
1 TL gemahlener Zimt
¼ TL fein abgeriebene Schale von einer unbehandelten Zitrone
1 EL Honig
50 g Zucker
1 EL heller Rum
60 g Walnusskerne, geröstet und sehr fein gehackt
1 Eiweiß, zu dickem Schaum geschlagen

FÜR DIE KAFFEEGLASUR

185 g Puderzucker, gesiebt
3 EL frisch aufgebrühter Kaffee, eisgekühlt
¾ TL Vanilleextrakt

RHABARBERGRÜTZE MIT LEBKUCHEN-EISCREME UND GEWÜRZPLÄTZCHEN

FÜR 6–8 PERSONEN

FÜR DIE GEWÜRZPLÄTZCHEN
300 g Mehl
¾ TL Backpulver
1 EL gemahlener Zimt
1 TL gemahlener Ingwer
¼ TL gemahlene Gewürznelken
1 kräftige Prise weißer Pfeffer
1 TL frisch geriebene Muskatnuss
½ TL feines Meersalz
350 g brauner Zucker
150 g Butter, in Würfel geschnitten
1 großes Ei, leicht verquirlt
½ TL Vanilleextrakt
50 g gehobelte Mandeln (nach Belieben)

Der Teig für die Gewürzplätzchen wird bereits am Vortag zubereitet. Dafür das Mehl, das Backpulver, die Gewürze, das Meersalz und den Zucker in eine Schüssel sieben. Als Nächstes die Butter mit den Fingerspitzen in die trockene Mischung einarbeiten, bis sich feine Krümel bilden. Das verquirlte Ei und den Vanilleextrakt hinzufügen und die Zutaten mit einem Messer mit breiter Klinge zusammenhacken, bis grobe Streusel entstanden sind. Falls das Ganze zu trocken ist, nach Bedarf 1–2 Esslöffel Wasser dazugießen. Den Teig zu einer Kugel formen, in Frischhaltefolie einschlagen und über Nacht in den Kühlschrank legen, sodass sich die Gewürzaromen schön entfalten.

Für die Eiscreme Milch und Sahne mit dem Vanilleextrakt und den gemahlenen Gewürzen in einem Topf bei mittlerer bis hoher Temperatur bis unmittelbar vor dem Siedepunkt erhitzen. Anschließend auf kleinerer Stufe 3 Minuten köcheln lassen. Vom Herd nehmen und zugedeckt 15 Minuten ziehen lassen, dann durch ein feines Sieb in eine Schüssel seihen. Die Eigelbe mit der Melasse und dem braunen Zucker verquirlen. Nun langsam die Milch-Sahne-Mischung dazugießen und mit dem Schneebesen verrühren. Das Ganze in einen sauberen Topf füllen und bei niedriger bis mittlerer Temperatur unter ständigem Rühren etwa 10 Minuten erwärmen, bis die Creme den Rücken eines Löffels dick überzieht – sie darf dabei auf keinen Fall aufkochen. Etwas abkühlen lassen und dann, mit Frischhaltefolie abgedeckt, im Kühlschrank vollständig erkalten lassen. Anschließend die Masse in einer Eismaschine nach Herstelleranweisung weiterverarbeiten. Alternativ in eine flache Metallschale füllen, ins Gefrierfach stellen und alle 2 Stunden mit einem Schneebesen kräftig durchrühren, damit sich keine großen Eiskristalle bilden. Die fertige Eiscreme bis zur weiteren Verwendung im Gefrierfach aufbewahren.

Zum Backen der Gewürzplätzchen den Backofen auf 170 °C vorheizen und zwei Bleche mit Backpapier auslegen. Den Teig aus dem Kühlschrank nehmen, in zwei Portionen teilen und diese zwischen zwei Stücken Backpapier etwa 5 Millimeter dick ausrollen. Mit einem Messer in Rechtecke schneiden oder mit Plätzchenformen beliebige Motive ausstechen. Die Mandeln, falls verwendet, darüberstreuen und behutsam andrücken. Die Plätzchen mit einigem Abstand auf die vorbereiteten Bleche legen und 15 Minuten goldgelb backen. Danach sind sie anfangs in der Mitte noch etwas weich, doch härten sie aus, wenn man sie zum Auskühlen vorsichtig auf ein Kuchengitter legt.

Während die Plätzchen im Ofen sind, den Rhabarber in feine Scheiben schneiden (falls frischer Rhabarber verwendet wird). Mit 750 Millilitern Wasser in einen Topf geben, bei hoher Temperatur einmal aufkochen und dann bei milder Hitze 10 Minuten köcheln lassen, bis der Rhabarber so weich ist, dass er schon zerfällt. Vom Herd nehmen und leicht abkühlen lassen. Den vorbereiteten Rhabarber (oder das fertige Kompott aus dem Glas) in die Küchenmaschine füllen, glatt pürieren und über einem sauberen Topf durch ein Sieb passieren. Den Zucker hinzufügen (wenn Kompott aus dem Glas verwendet wird, die Zuckermenge reduzieren) und bei mittlerer bis hoher Temperatur rühren, bis er sich gelöst hat. Die Kartoffelstärke in 1 Esslöffel kaltem Wasser auflösen und untermischen. Noch 5 Minuten rühren, bis die Grütze aufkocht und eindickt, dann vom Herd nehmen und leicht abkühlen lassen.

Die warme Rhabarbergrütze in Schalen füllen und jeweils 1 Kugel Lebkuchen-Eiscreme hineingeben. Mit den Gewürzplätzchen servieren.

Anmerkung: Die etwa 50 Plätzchen, die mein Rezept ergibt, brauchen Sie hier natürlich nicht. Aber sie schmecken auch zu einer Tasse heißer Schokolade oder Kaffee wundervoll. In einer Blechdose oder einem anderen luftdicht schließenden Behälter aufbewahrt, halten sie sich einige Wochen. Sie eignen sich auch für die Spekulatiussahne auf Seite 224.

FÜR DIE LEBKUCHEN-EISCREME
375 ml Vollmilch
500 ml Sahne
1 TL Vanilleextrakt
3 TL gemahlener Ingwer
1 TL gemahlener Zimt
1 TL gemahlener Piment
1 kleine Prise gemahlene Gewürznelken
8 Eigelb
1½ EL Melasse
100 g brauner Zucker

FÜR DIE RHABARBERGRÜTZE
700 g Rhabarber, geputzt, nach Belieben auch aufgetauter Tiefkühl-Rhabarber oder Rhabarberkompott aus dem Glas
230 g Zucker
3 TL Kartoffelstärke

APFELKRAPFEN MIT BUTTERMILCH-MUSKATNUSS-EISCREME

FÜR 8 PERSONEN

Für die Eiscreme Sahne und Buttermilch mit der Vanilleschote und dem Mark in einem Topf bis kurz vor dem Siedepunkt erhitzen. Vom Herd nehmen und 15 Minuten ziehen lassen, danach durch ein feines Sieb gießen. Die Eigelbe mit dem Zucker cremig rühren und langsam die Sahnemischung mit einem Schneebesen einrühren. In einen sauberen Topf füllen und bei niedriger bis mittlerer Temperatur unter ständigem Rühren erwärmen, bis die Creme eindickt und einen Löffelrücken gleichmäßig überzieht. Dabei darf sie auf keinen Fall aufkochen. Vom Herd nehmen und, nachdem die Creme leicht abgekühlt ist, zugedeckt im Kühlschrank völlig erkalten lassen. Anschließend die Masse in einer Eismaschine nach Herstelleranweisung weiterverarbeiten, dabei, wenn sie halb gefroren ist, die Muskatnuss unterziehen. Alternativ die Masse in eine flache Metallschale füllen, ins Gefrierfach stellen und alle 2 Stunden mit einem Schneebesen kräftig durchrühren. Die fertige Eiscreme bis zur Verwendung im Gefrierfach aufbewahren.

Für die Krapfen die Hefe in eine kleine Schüssel bröckeln. Mit 1 Teelöffel Zucker und 60 Millilitern der Milch gründlich verrühren. Zugedeckt an einem warmen Platz 15 Minuten ruhen lassen, bis die Mischung schäumt. Das Mehl, das Meersalz und den restlichen Zucker in eine Schüssel sieben und in die Mitte eine Mulde drücken. Die übrige warme Milch, den Rum, die Hefemischung und das Ei hineingeben und die Zutaten gründlich vermischen. Rosinen, Apfel und Zitronenabrieb gleichmäßig unter den Teig ziehen. Zugedeckt an einem warmen Platz etwa 1 Stunde auf das doppelte Volumen aufgehen lassen. Danach die Schüssel mehrmals auf die Arbeitsfläche klopfen, damit ein Teil der eingeschlossenen Luft aus dem Teig entweicht.

Eine Fritteuse oder einen großen Topf mit schwerem Boden zu einem Drittel mit Öl füllen. Auf 180 °C erhitzen – die Temperatur ist erreicht, wenn ein Brotwürfel in 15 Sekunden bräunt. Mit zwei Löffeln esslöffelgroße Teigbällchen abstechen und ins Öl gleiten lassen, dabei den Teig mithilfe des einen Löffels vom anderen herunterstreifen. Wenn die Krapfen nach etwa 6 Minuten durchgegart und dabei locker aufgegangen und gebräunt sind, herausnehmen und auf Küchenpapier abtropfen lassen. Mit Puderzucker bestäuben und mit Eiskugeln servieren.

FÜR DIE BUTTERMILCH-MUSKATNUSS-EISCREME

375 ml Sahne
375 ml Buttermilch
1 Vanilleschote, aufgeschlitzt und das Mark herausgeschabt
8 Eigelb
50 g Zucker
2 TL frisch geriebene Muskatnuss

FÜR DIE APFELKRAPFEN

10 g Frischhefe
2 EL extrafeiner Zucker
125 ml lauwarme Vollmilch
190 g Mehl
1 kräftige Prise Meersalz
1 EL Rum
1 kleines Ei
1½ EL Rosinen, gehackt
1 Granny-Smith-Apfel, geschält, vom Kerngehäuse befreit und fein gehackt
½ TL fein abgeriebene Schale von einer unbehandelten Zitrone
Sonnenblumenöl zum Frittieren
Puderzucker zum Bestäuben

BÛCHE DE NOËL, GEFÜLLT MIT MARONENCREME

FÜR 10 PERSONEN

4 große Eier, zimmerwarm
150 g extrafeiner Zucker plus 2 TL zusätzlich
½ TL Vanilleextrakt
2 EL ungesüßtes Kakaopulver
40 g Maisstärke
75 g Mehl
25 g fein gemahlene Mandeln
1 kräftige Prise Backpulver
3 EL Mandellikör, zum Beispiel Amaretto
Puderzucker zum Bestäuben
kleine Stechpalmenzweige zum Garnieren (nach Belieben)

FÜR DIE MARONENCREME

210 g ungesüßtes Maronenpüree
2½ EL Mandellikör, zum Beispiel Amaretto
60 g Puderzucker, gesiebt
2 EL brauner Zucker
1 TL Vanilleextrakt
125 ml Sahne

Den Backofen auf 200 °C vorheizen. Ein Backblech mit erhöhtem Rand mit Backpapier auslegen.

Die Eier mit einem elektrischen Handrührgerät bei hoher Geschwindigkeit etwa 2 Minuten hellgelb und cremig aufschlagen. Bei laufendem Gerät den Zucker esslöffelweise hinzufügen und vor jeder weiteren Zugabe die vorherige zunächst gründlich einarbeiten. Noch etwa 10 Minuten weiterschlagen, bis sich der Zucker vollständig gelöst hat. Die Mischung sollte sich jetzt, wenn man ein wenig davon zwischen Daumen und Mittelfinger verreibt, ganz glatt anfühlen, man darf also keine Körnchen mehr spüren. Den Vanilleextrakt einrühren.

Kakaopulver, Maisstärke, Mehl, gemahlene Mandeln und Backpulver zweimal sieben. Die Hälfte dieser trockenen Zutatenmischung über die Eiercreme sieben und behutsam mit einem Teigspatel unterziehen. Den Rest darübersieben und wie zuvor unterziehen – es geht dabei darum, die Zutaten gründlich und gleichmäßig einzuarbeiten, ohne jedoch kräftig zu rühren, damit die Masse ihre luftige Beschaffenheit behält. Behutsam in das vorbereitete Blech gießen und zu einem 25 x 30 Zentimeter großen Rechteck verstreichen. Für etwa 10 Minuten in den Ofen schieben, bis der Teig gleichmäßig goldgelb ist und sich eine mit dem Finger eingedrückte Delle gleich wieder zurückbildet. Auf der Arbeitsfläche ein sauberes Küchentuch ausbreiten, mit Backpapier abdecken und dieses mit dem zusätzlichen extrafeinen Zucker bestreuen. Die Biskuitplatte auf diese Unterlage stürzen, das obere Papier abziehen und den Teig mit dem Mandellikör bepinseln. An einer Längsseite das Tuch vorsichtig anheben und den Teig mitsamt der Papierunterlage aufrollen. Die Rolle auf einem Kuchengitter vollständig auskühlen lassen.

Inzwischen für die Füllung das Maronenpüree, den Mandellikör, den Puderzucker und den braunen Zucker sowie den Vanilleextrakt mit einem elektrischen Handrührgerät gründlich vermischen. Die Sahne schlagen, bis beim Herausziehen der Quirle feste Spitzen stehen bleiben, und unter das Maronenpüree ziehen. Zugedeckt bis zur Verwendung in den Kühlschrank stellen.

Wenn die Biskuitrolle vollständig ausgekühlt ist, vorsichtig wieder entrollen und das Papier abziehen. Die Teigplatte gleichmäßig mit der Maronencreme bestreichen, erneut aufrollen und mit der Nahtseite nach unten auf eine Servierplatte legen. Bis zur weiteren Verarbeitung in den Kühlschrank stellen.

Für die Schokoladen-Ganache die Sahne mit der Butter in einem Topf bei mittlerer Temperatur bis kurz vor dem Siedepunkt erhitzen. Vom Herd nehmen und die gesamte geraspelte Schokolade einrühren, bis sie geschmolzen ist und eine glatte Mischung von gleichmäßiger Farbe entsteht. In eine Schüssel füllen, leicht abkühlen lassen und dann zugedeckt in den Kühlschrank stellen, bis sie nach etwa 50 Minuten eine streichfähige Konsistenz angenommen hat.

Mit einem Brotmesser von der gefüllten Biskuitrolle an einem Ende etwa ein Viertel schräg abschneiden. Das kleine Stück an der Schnittfläche mit etwas Ganache bestreichen und – als »Aststumpf« – seitlich an das große Stück ansetzen. Die restliche Ganache gleichmäßig auf dem gesamten Kuchen verstreichen, dabei die Enden nicht vergessen. Zuletzt mit einer Gabel Rillen und knorrige Strukturen in den Überzug einritzen, sodass das Ganze schließlich wie ein Stück Baumstamm mit zerfurchter Borke aussieht. Den Überzug im Kühlschrank fest werden lassen, danach den Kuchen mit Frischhaltefolie abdecken und nochmals für einige Stunden in den Kühlschrank stellen. Er sollte auf keinen Fall gleich serviert werden, denn er braucht eine gewisse Ruhezeit, bis er die richtige Konsistenz und Aromafülle gewonnen hat.

Den Kuchen vor dem Servieren mit Puderzucker bestäuben, sodass er wie zart verschneit aussieht, und nach Belieben mit den Stechpalmenzweigen garnieren. Zum Aufschneiden ein scharfes Messer in heißes Wasser tauchen und danach rasch abtrocknen.

Variation: Beliebt als Dekoration für diesen französischen »Baum-Kuchen« sind auch aus Marzipan oder Baisermasse modellierte und mit etwas Kakaopulver bestäubte Pilze.

FÜR DIE SCHOKOLADEN-GANACHE
185 ml Sahne
50 g Butter
150 g Bitterkuvertüre, geraspelt
150 g Vollmilchkuvertüre, geraspelt

BUTTERSTOLLEN MIT MARZIPAN

FÜR 10–12 PERSONEN

85 g Rosinen
35 g Korinthen
60 g kandierte Kirschen
40 g Zitronat
80 ml brauner Rum
1½ TL gemahlener Zimt
1½ TL frisch geriebene Muskatnuss
30 g Frischhefe
115 g extrafeiner Zucker
185 ml lauwarme Vollmilch
450 g Mehl
1 Ei, zimmerwarm, leicht verquirlt
2 TL Vanilleextrakt
175 g weiche Butter, zerlassen
200 g Marzipanrohmasse
1 Eigelb
100 g Puderzucker

Rosinen, Korinthen, Kirschen, Zitronat und Rum in einer Schüssel mischen. Zugedeckt über Nacht ziehen lassen, gelegentlich durchrühren. Danach den überschüssigen Rum abgießen, Zimt und Muskatnuss gründlich zugeben.

Die Hefe in eine kleine Schüssel bröckeln. Mit ½ Teelöffel des extrafeinen Zuckers und 125 Millilitern der Milch gründlich verrühren und die Mischung zugedeckt an einem warmen Platz etwa 15 Minuten ruhen lassen, bis sie schäumt. Das Mehl in eine große Schüssel sieben und den restlichen extrafeinen Zucker untermengen. In die Mitte eine Mulde drücken und die Hefemischung zusammen mit dem Ei, dem Vanilleextrakt, der übrigen Milch sowie 125 Gramm zerlassener Butter hineingeben. Die Zutaten gründlich vermischen. Anschließend auf einer leicht bemehlten Arbeitsfläche etwa 5 Minuten kneten, bis ein geschmeidiger Teig entsteht. In einer Schüssel zugedeckt 1 Stunde auf das doppelte Volumen aufgehen lassen.

Inzwischen die Marzipanrohmasse mit dem Eigelb und 30 Gramm Puderzucker gründlich vermengen. Zu einer etwa 3 Zentimeter dicken Rolle formen und in den Kühlschrank geben.

Den Backofen auf 180 °C vorheizen. Den Teig zu einem langen Oval formen und dann zu einem 20 x 35 Zentimeter großen, etwa 1 Zentimeter dicken Rechteck ausrollen. Mit dem Rollholz in Längsrichtung leicht versetzt zur Mittellinie eine Vertiefung in den Teig drücken und in diese die Marzipanrolle legen. Die breitere Teighälfte darüberschlagen und die Teigränder zusammendrücken. Das Ganze um eine Vierteldrehung weiterrollen, sodass sich die »Naht« auf der Unterseite befindet, und die Teigenden ebenfalls zusammendrücken. Den Stollen auf ein gefettetes und bemehltes Backblech legen und etwa 10 Minuten ruhen lassen. Mit der Hälfte der restlichen Butter bestreichen und in den Ofen schieben. Nach 20 Minuten die Temperatur auf 160 °C reduzieren und den Stollen weitere 25 Minuten backen, bis er gleichmäßig gebräunt ist.

Aus dem Ofen nehmen, mit der restlichen zerlassenen Butter bestreichen und gleichmäßig mit dem übrigen Puderzucker bestäuben. Auskühlen lassen und vor dem Aufschneiden über Nacht in Frischhaltefolie eingeschlagen ruhen lassen.

SACHERTORTE MIT APRIKOSEN-ORANGEN-SAHNE

FÜR 8–10 PERSONEN

Den Backofen auf 180 °C vorheizen. Eine Springform von 22 Zentimetern Durchmesser ausfetten, mit Backpapier auskleiden und mit Mehl ausstreuen. Butter, Puderzucker und Vanilleextrakt mit dem elektrischen Handrührgerät cremig rühren. Bei laufendem Motor nacheinander die Eigelbe zugeben, anschließend die geschmolzene Schokolade und das Kakaopulver. Die Eiweiße mit 1 kräftigen Prise des extrafeinen Zuckers schlagen, bis weiche Spitzen stehen bleiben, danach langsam den übrigen Zucker hinzufügen und weiterschlagen, bis der Eischnee sehr steif ist. Nun zunächst 1 Esslöffel Eischnee gründlich in die Biskuitmasse einrühren, dann den Rest behutsam unterheben. Das Mehl darübersieben und vorsichtig unterziehen.

Den Teig in die Form füllen und glatt streichen. Für 30–35 Minuten in den Ofen schieben, bis ein in der Mitte eingestochener Spieß sauber wieder herauskommt. Den Boden auf einem Kuchengitter vollständig abkühlen lassen und dann aus der Form lösen. Die Oberseite, falls erforderlich, glatt schneiden und den Boden waagerecht halbieren.

Die Konfitüre mit dem Apricot-Brandy bei mittlerer Temperatur erwärmen. Die untere Hälfte des Biskuitbodens damit bestreichen und die obere Hälfte wieder säuberlich darauflegen. Den Kuchen oben und seitlich mit der restlichen Marmeladenmischung bestreichen. Auf einem Kuchengitter über einer größeren Platte trocknen lassen.

Für die Glasur den Zucker mit 125 Millilitern Wasser bei mittlerer Temperatur erhitzen und dabei ständig rühren, bis sich der Zucker gelöst hat. Den Sirup, ohne zu rühren, etwa 5 Minuten kochen lassen. Vom Herd nehmen, 2 Minuten abkühlen lassen und schließlich die Schokolade mit einem Metalllöffel 6–8 Minuten einrühren, bis die Mischung so dickflüssig ist, dass ein aufgeträufeltes »S« nicht wieder zerläuft. Die Glasur zügig mitten über den Kuchen gießen und, während sie herunterläuft, mit einer Palette, die man in heißes Wasser taucht und dann schnell gut abtrocknet, seitlich gleichmäßig verstreichen.

Während die Glasur fest wird, die Sahne schlagen. Die kandierten Aprikosen, den Apricot-Brandy und den Orangenabrieb unterziehen. Die Torte mit einem in heißem Wasser erwärmten Messer aufschneiden. Die Aprikosen-Orangen-Sahne dazu reichen.

125 g Butter
125 g Puderzucker
1 TL Vanilleextrakt
5 Eier, zimmerwarm, Eiweiß und Eigelb getrennt
150 g Bitterkuvertüre, geschmolzen und leicht abgekühlt
1 EL ungesüßtes Kakaopulver, gesiebt
50 g extrafeiner Zucker
150 g Mehl
160 g Aprikosenkonfitüre
2 EL Apricot-Brandy

FÜR DIE GLASUR
230 g extrafeiner Zucker
175 g Bitterkuvertüre, geraspelt

FÜR DIE APRIKOSEN-ORANGEN-SAHNE
375 ml Sahne
100 g kandierte Aprikosen, fein gewürfelt
3 TL Apricot-Brandy
1 TL fein abgeriebene Schale von einer unbehandelten Orange

KÄSEKUCHEN MIT EISKALTEN BEEREN UND HEISSER KARAMELLSAUCE

FÜR 8–10 PERSONEN

FÜR DEN BODEN
150 g Butter, gewürfelt
80 g extrafeiner Zucker
1 Prise Salz
1 EL Sauerrahm
1 Eigelb
150 g Mehl, gesiebt

FÜR DIE FÜLLUNG
375 g Quark oder Frischkäse
375 g Sauerrahm
250 g Ricotta, abgetropft
170 g extrafeiner Zucker
4 Eigelb
2 ganze Eier
2 EL Kartoffelstärke
¼ TL Backpulver
1 TL frisch geriebene Muskatnuss
1½ TL fein abgeriebene Schale von einer unbehandelten Orange oder Zitrone
2 TL Vanilleextrakt
250 g tiefgekühlte Cranberrys, Rote Johannisbeeren oder Brombeeren, nicht aufgetaut

FÜR DIE KARAMELLSAUCE
250 ml Sahne
100 g brauner Zucker
1 TL Melasse

Für den Boden Butter, Zucker und Salz in einer Schüssel mit einem elektrischen Handrührgerät auf hoher Stufe 6 Minuten hellgelb und cremig rühren. Den Sauerrahm zusammen mit dem Eigelb zugeben. Das Mehl untermischen, sodass ein gleichmäßiger, weicher Teig entsteht. Den Boden einer 23 Zentimeter großen Springform mit Backpapier auslegen. Den Teig einfüllen, gleichmäßig flach drücken und in regelmäßigen Abständen mit einer Gabel einstechen. 30 Minuten im Kühlschrank fest werden lassen.

Den Backofen auf 170 °C vorheizen und den Boden 25 Minuten backen. Herausnehmen und in der Form auf einem Kuchengitter abkühlen lassen. Die Ofentemperatur auf 150 °C verringern.

Für die Füllung Quark, Sauerrahm, Ricotta und Zucker in der Schüssel der Küchenmaschine auf hoher Stufe 10 Minuten glatt rühren. Die Eigelbe gründlich unterziehen, danach die ganzen Eier eines nach dem anderen sorgfältig einrühren. Die Kartoffelstärke, das Backpulver und die Muskatnuss über die Creme sieben, den Orangen- oder Zitronenabrieb und den Vanilleextrakt hinzufügen und die Zutaten gründlich einarbeiten. Die Creme mit einem Löffel in die Form füllen. Auf einem Blech in den Ofen schieben und ganz unten eine hitzebeständige Schüssel mit Wasser einschieben.

Den Kuchen 55–60 Minuten backen, bis die Oberfläche soeben fest ist. Aus dem Ofen nehmen und in der Form auf einem Kuchengitter abkühlen lassen. In Frischhaltefolie einwickeln und für mindestens 8 Stunden oder über Nacht in den Kühlschrank stellen.

Vor dem Servieren mit einem erwärmten Messer am Innenrand der Form entlangfahren. Den Rand der Form abnehmen und den Kuchen vorsichtig auf eine Platte gleiten lassen.

Für die Karamellsauce alle aufgelisteten Zutaten in einem Topf bei mittlerer bis hoher Temperatur unter Rühren erhitzen, bis sich der Zucker gelöst hat. Die Sauce einmal aufkochen und dann auf kleinerer Stufe 3 Minuten köcheln lassen, bis sie leicht eindickt. Nicht zu stark eindicken lassen, sonst klumpt die Sauce, wenn sie später mit den kalten Beeren in Berührung kommt. Leicht abkühlen lassen.

Die gefrorenen Beeren auf den Käsekuchen häufen und die Sauce darüberträufeln. Sofort servieren.

GEFÜLLTE NEUJAHRSBREZEL

FÜR 10–12 PERSONEN

20 g Frischhefe
80 g extrafeiner Zucker
250 ml warme Vollmilch
125 g Butter
425 g Mehl
1 kräftige Prise Salz
1 Eigelb, leicht verquirlt

FÜR DIE FÜLLUNG
2½ EL Rosinen, gehackt
1½ EL Weinbrand
300 ml Vollmilch
2½ EL Mehl
2 EL extrafeiner Zucker
¼ TL fein abgeriebene Schale von einer unbehandelten Zitrone
½ TL Vanilleextrakt
¼ TL natürliches Mandelaroma
4 Eigelb, leicht verquirlt

Die Hefe in eine Schüssel bröckeln, 2 Teelöffel des Zuckers hinzufügen und 60 Milliliter der warmen Milch darübergießen. Mit einer Gabel zu einer glatten Paste verarbeiten und, mit Frischhaltefolie abgedeckt, an einem warmen Platz 15 Minuten ruhen lassen, bis die Hefemischung schäumt. Inzwischen die Butter in der restlichen Milch in einem Topf bei milder Hitze schmelzen. Vom Herd nehmen und beiseitestellen.

Mehl und Salz in eine große Schüssel sieben und den restlichen Zucker untermengen. In die Mitte eine Mulde drücken und die Hefemischung, das Eigelb sowie die Butter-Milch-Mischung hineingießen. Alles gründlich zu einem weichen Teig verarbeiten. Mit Frischhaltefolie abdecken und an einem warmen Platz etwa 1 Stunde aufgehen lassen, bis sich das Volumen verdoppelt hat.

Währenddessen die Füllung zubereiten. Dafür die Rosinen 30 Minuten im Weinbrand quellen lassen, danach abseihen und ausdrücken. Die Milch in einem Topf bei mittlerer Temperatur bis zum Siedepunkt erhitzen. Das Mehl und den Zucker in eine Schüssel sieben, langsam die warme Milch hinzugießen und dabei mit einem Schneebesen rühren, sodass eine glatte Mischung entsteht. Diese wieder in den Topf gießen. Zitronenabrieb, Vanilleextrakt und Mandelaroma hinzufügen und die Mischung auf hoher Stufe unter ständigem Rühren ziemlich stark eindicken lassen. Vom Herd nehmen, etwas abkühlen lassen und dann die Eigelbe mit dem Schneebesen unterziehen. Wieder auf den Herd stellen und bei schwacher Hitze 2 Minuten rühren, bis die Creme erneut eingedickt ist. Zuletzt die Rosinen untermischen. Die Vanillecreme vom Herd nehmen und ein wenig abkühlen lassen. Mit einem Stück Backpapier abdecken, damit sich keine Haut bildet, und im Kühlschrank gründlich abkühlen lassen.

Den Backofen auf 180 °C vorheizen. Den Teig, nachdem er sein Volumen verdoppelt hat, zusammenschlagen und etwa 5 Millimeter dick zu einem 16 x 90 Zentimeter großen Streifen ausrollen – die Schmalseiten weisen auf der Arbeitsfläche nach rechts und links. Falls erforderlich, die Teigplatte passend zuschneiden und die Kanten begradigen. Nun die kalte Creme mit einem Löffel entlang der Teigplatte aufklecksen, und zwar so, dass die Häufchen knapp oberhalb der Mittellinie des Teigstreifens eine Reihe bilden. Die Creme entlang dem Teigstreifen so verstreichen, dass an der rechten und linken Schmalseite jeweils 2 Zentimeter frei bleiben und die Cremeschicht etwa 5 Millimeter dick ist. Die vordere lange Teigkante aufnehmen und über die Creme schlagen, danach die Teigränder fest zusammendrücken, sodass die Füllung komplett eingeschlossen ist. Nun die Brezel formen: Die beiden Enden des gefüllten Teigstrangs vorsichtig auf der Arbeitsfläche nach unten, also zum Körper hin ziehen, wobei sich der mittlere Abschnitt des Teigstrangs bogenförmig krümmt. Die Endstücke miteinander verschlingen, nach oben umlegen, die äußersten Enden seitlich nach links beziehungsweise rechts versetzt unter den Bogen schieben und die gesamte Brezel gleichmäßig etwas flach drücken. Vorsichtig auf ein mit Backpapier ausgelegtes Blech gleiten lassen.

Für den Mandelbelag Mehl, Zucker, Mandeln und Gewürze vermengen. Gründlich die zerlassene Butter untermischen, wobei die Mandeln ruhig in etwas kleinere Stücke zerbrechen dürfen. Die Mischung über die Brezel streuen und leicht andrücken.

Die Brezel 40 Minuten backen, bis sie gleichmäßig gebräunt ist. Aus dem Ofen nehmen, etwas abkühlen lassen und in Scheiben schneiden. Die Brezel schmeckt frisch gebacken zu einer Tasse Kaffee am besten. Man kann sie aber auch mit Schlagsahne oder Eiscreme servieren.

FÜR DEN MANDELBELAG
50 g Mehl
100 g extrafeiner Zucker
50 g gehobelte Mandeln
¼ TL gemahlener Kardamom
½ TL gemahlener Zimt
100 g Butter, zerlassen

LEBKUCHENHERZEN

ERGIBT ETWA 18 STÜCK

- 175 g Honig
- 175 g Melasse
- 100 g brauner Zucker
- 375 g Mehl
- ½ TL Natron
- 1 Prise Salz
- 1 TL gemahlener Ingwer
- 1½ TL gemahlener Zimt
- ¾ TL gemahlene Gewürznelken
- 1½ TL frisch geriebene Muskatnuss
- 1 TL gemahlener Piment
- ¼ TL gemahlener Anis
- 1 EL fein gehacktes Zitronat
- 1 EL fein gehacktes Orangeat
- 1 Ei, verquirlt
- blanchierte Mandeln zum Garnieren
- geschmolzene Zartbitter- und/oder weiße Schokolade zum Verzieren (nach Belieben)

Honig, Melasse und braunen Zucker in einem Topf bei mittlerer Temperatur unter ständigem Rühren erhitzen, bis sich der Zucker gelöst hat. Das Mehl mit Natron, Salz und den gemahlenen Gewürzen in eine große Schüssel sieben. In die Mitte eine Mulde drücken und die Honigmischung hineingießen. Die Zutaten gründlich vermischen und zuletzt das Zitronat, das Orangeat und das verquirlte Ei untermengen. Den weichen, klebrigen Teig, der sich so ergibt, mit Frischhaltefolie abdecken und über Nacht in den Kühlschrank stellen.

Den Backofen auf 170 °C vorheizen und inzwischen den Teig wieder Raumtemperatur annehmen lassen. Zwischen zwei Stücken Backpapier 8 Millimeter dick ausrollen und mit einem herzförmigen Plätzchenausstecher die Lebkuchen ausstechen; dabei die Form und die Finger zwischendurch immer wieder in Wasser tauchen, damit der Teig nicht anklebt. (Alternativ aus Backpapier eine Schablone in Herzform oder auch in einer beliebigen anderen Form zuschneiden, auf den Teig legen und mit einem scharfen Messer die Lebkuchen ausschneiden.) Insgesamt sollten etwa 18 Stück entstehen.

Die Lebkuchen auf ein mit Backpapier ausgelegtes Blech geben. Die Hälfte von ihnen mit den Mandeln verzieren und das Blech dann für 12–13 Minuten in den Ofen schieben. Die Lebkuchen sind fertig, wenn sich eine mit dem Finger eingedrückte Delle langsam zurückbildet.

Auf Kuchengittern auskühlen lassen und danach die nicht mit Mandeln verzierten Lebkuchen mit der geschmolzenen Schokolade dekorieren. Nachdem die Schokolade fest geworden ist, die Lebkuchen in einen fest schließenden Behälter geben. An einem kühlen Platz aufbewahrt, halten sie sich bis zu 1 Monat. Man kann sie sofort verwenden oder 1–2 Wochen durchziehen lassen, damit sie weich werden.

Variation: Anstatt die Lebkuchen mit Schokolade zu verzieren, kann man sie auch einfach mit Zitronenglasur (siehe Seite 65) überziehen.

Anmerkung: Falls die Lebkuchen als Weihnachtsschmuck aufgehängt werden sollen, vor dem Backen mit einem Spieß oder einer Stricknadel oben ein Loch einstechen.

DANK

Wie immer gilt mein Dank der so begabten wie außergewöhnlichen Kay Scarlett. Dank gebührt außerdem Matt und Clare Handbury, Juliet Rogers und dem MB-Acquisitions-Ausschuss. Einmal mehr weiß ich nicht nur den finanziellen Einsatz zu schätzen, sondern ebenso den Vertrauensvorschuss, der dem Projekt gewährt wurde.

Dank an alle bei Murdoch Books dafür, dass sie so wunderschöne Bücher produzieren, und auch dafür, dass sie mich wieder mit offenen Armen in ihren Kreis aufgenommen haben.

Ich danke Alice Adams, einem Ausbund an Talent und Leidenschaft, Ross Dobson, Vicky Harris und Chris Tate, die meiner Bitte um akribische Genauigkeit beim Testen der Rezepte von Anfang bis Ende unermüdlich nachkamen, und Janine Flew für ihr Feedback beim Verkosten.

Ein herzliches Dankeschön geht an die großartige und engagierte Peta Dent, die unglaublich effiziente Chrissy Freer und Backgenie Kathy Knudsen – ihr alle habt dafür gesorgt, dass meine Rezepte köstliche Gestalt angenommen haben!

Brett Stevens und Lynsey Fryers, ihr habt mich schlicht umgehauen. Was ihr alles angestellt habt, um die Idee dieses Buches umzusetzen, ist wirklich phänomenal. Ab und zu rieselt mir immer noch etwas Kunstschnee aus den Haaren. Große Klasse, danke!

Jacqueline Blanchard, du magst Sydney verlassen haben, um höhere Ziele anzustreben, aber ich hoffe, dass du trotzdem weiterhin unsere Kochbücher redigierst. Ich bin dir sehr dankbar für deine aufmunternden Worte und deine enorme Genauigkeit und Professionalität.

Crossman, ich sage es nicht zum ersten und auch nicht zum letzten Mal: Du bist einzigartig und ein Riesentalent. Ich kann dir gar nicht genug danken für die Mühe und den Enthusiasmus, die du in dieses Projekt hast einfließen lassen, für die Geduld, mit der du mir als Autorin begegnet bist, und nicht zuletzt für deine Freundschaft und deinen schrägen Humor.

Schließlich danke ich meiner Familie und all meinen Freunden für ihre Geduld und ihr Verständnis. Wie ihr wisst, liegt eine verrückte Zeit mit einer Menge Arbeit hinter mir, aber ich kann euch versichern, dass die Dinge allmählich wieder ins Lot kommen. Ich danke den vielen Freunden nah und fern, die mich bei den Recherchen unterstützt haben, insbesondere Julie und Moo für ihre großzügige Gastfreundschaft sowie Noel für einen herrlichen Aufenthalt in den Bergen (einschließlich Barfuß-Barbecue im Schnee – für eine Australierin, auch wenn sie gerade in fremden Welten wandelt, ein absolutes Highlight!).

Ich widme dieses Buch all den »kleinen Trollen« in meinem Leben, die mich so viel Wichtiges über mich selbst lehren, allen voran Jake, Chloe, Jaslyn und Tia xxxx.

REGISTER

A
Äpfel
Apfelkrapfen mit Buttermilch-Muskatnuss-Eiscreme 265
Apfelmeerrettich 131
Gänsebraten mit Äpfeln, knusprigen Kartoffeln und herzhafter Sauce 236 f.
Hähnchenbrust mit Äpfeln in Knoblauchsahne 117
Kartoffel-Apfel-Kroketten 186 f.
Knuspriges Apfel-Preiselbeer-Gratin 152
Müsli-Pfannkuchen mit Cranberry-Apfel-Kompott und Joghurt 94
Warmer Apfel-Toddy 76
Aprikosenbällchen, frittiert, mit Orangen-Mohn-Eiscreme 218
Aprikosen-Orangen-Sahne 271
Aquavit 29
Austern, gratiniert, mit Blumenkohlsoufflé und Kaviar 168

B
Backpflaumensauce 249
Bierkuchen mit Rosinen und Walnuss-Streuseln 69
Bigos mit Entenkeulen 251
Birnensauce 244
Bitterballen 12
Black Balsam 79
Bohnen
Bohnen-Maronen-Suppe mit Jakobsmuscheln und Petersilienöl 171
Filetsteak mit Foie gras, würziger Schokoladensauce und grünen Bohnen 188 f.
Kalbsbries mit Balsamicoglasur und frittierten Bohnenbällchen 176 f.
Schweinebauch aus dem Ofen mit gebackenen Braunen Bohnen 118
Borschtsch mit Meerrettichsahne 20
Brotklöße 112 f.
Brotsuppe mit Bier und Knoblauchsahne 57
Bûche de Noël, gefüllt mit Maronencreme 266 f.
Buchweizen-Kascha mit Pilzen in Dillrahm 100
Buchweizenblini mit verschiedenen Beigaben 174
Butterstollen mit Marzipan 270

C
Canederli, Spinat- 138 f.
Champagnersauce 252 f.
Cotechino mit Kürbissoufflé, Schwarzkohl und Senffrüchte-Dressing 182 f.
Cranberry-Apfel-Kompott 94
Crêpes mit Backpflaumenfüllung in Karamellsauce, dazu Spekulatiussahne 224

D
Dänischer Reispudding mit Kirschsauce 257
Desserts
Apfelkrapfen mit Buttermilch-Muskatnuss-Eiscreme 265
Bierkuchen mit Rosinen und Walnuss-Streuseln 69
Bûche de Noël mit Maronencreme 266 f.
Crêpes mit Backpflaumenfüllung in Karamellsauce, dazu Spekulatiussahne 224
Dänischer Reispudding mit Kirschsauce 257
Frittierte Aprikosenbällchen mit Orangen-Mohn-Eiscreme 218
Gewürzwaffeln mit Rhabarbersirup und Orangenbutter 93
Honigkuchen-Schneebälle mit Feigen-Walnuss-Sauce 216 f.
Käsekuchen mit eiskalter Beeren und heißer Karamellsauce 272
Kirschstrudel 158 f.
Knuspriger Strudel mit Kürbiskernmarzipan auf glasiertem Kürbis 222
Knuspriges Apfel-Preiselbeer-Gratin 152
Krapfen mit Mokkasauce 60 f.
Lakritzcreme mit Pflaumen und Kokos-Limetten-Makronen 221
Müsli-Pfannkuchen mit Cranberry-Apfel-Kompott und Joghurt 94
Panettone mit schmelzender Marshmallow-Schoko-Füllung 66
Rhabarbergrütze mit Lebkuchen-Eiscreme und Gewürzplätzchen 262 f
Schokoladenfondue 156
Schwarzwälder Schokoküchlein mit Kirschkompott und beschwipster Sahne 223
Süße Polenta mit Zimtpflaumen 90
Warme Pfannkuchentorte mit Walnüssen und Schokoladensauce 164

E
Eier
Ei-Sardellen-Butter 26
Speckrösti mit verlorenen Eiern und Thymian-Hollandaise 96 f.
Eiscreme
Buttermilch-Muskatnuss-Eiscreme 265
Ingwereiscreme 216
Lebkuchen-Eiscreme 262 f.
Orangen-Mohn-Eiscreme 218
Ente
Bigos mit Entenkeulen 251
Entenbrust mit Kartoffel-Apfel-Kroketten in Moltebeerensauce 186 f.
Entenlebermousse mit Tokajergelee und knusprigem Walnussbrot 172 f.
Erbsen
Erbsensuppe mit geräucherter Schweinshaxe 36
Lachs mit Kaviarbutter, karamellisierten Kartoffeln und Erbsenpüree 240 f.

F
Fasan in Slibowitz mit Kartoffel-Kohl-Küchlein und Backpflaumensauce 249
Feigen-Walnuss-Sauce 216 f.
Fenchel-Möhren-Gemüse 199
Filetsteak mit Foie gras, würziger Schokoladensauce und grünen Bohnen 188 f.
Fisch
Fischfilet mit Röstikruste auf Spinat-Lauch-Gemüse 197
Fischfrikadellen mit Curry-Remoulade 55
Graupensuppe mit Pilzen und Hering, dazu würzige Kräutersahne 45
Kartoffel-Wraps mit Räucherlachs und Gurken-Relish 26
Lachsfilet mit Rotweinsauce auf Wirsing 213
Warme Fischterrine mit Garnelensauce 180 f.
Fleischbällchen in Wodka-Dill-Sauce 141
Frikadellen mit Kohl und süßsaurem Zwiebel-Relish 101
Frittierte Aprikosenbällchen mit Orangen-Mohn-Eiscreme 218
Frittierte Bohnenbällchen 176 f.

G
Gänsebraten mit Äpfeln, knusprigen Kartoffeln und herzhafter Sauce 236 f.
Garnelensauce 180 f.
Geflügel
Fasan in Slibowitz mit Kartoffel-Kohl-Küchlein und Backpflaumensauce 249
Gänsebraten mit Äpfeln, knusprigen Kartoffeln und herzhafter Sauce 236 f.

  - Gebratener Truthahn mit Maronenfüllung und Vinsanto-Trauben-Sauce 232 f.
  - Getrüffeltes Huhn mit Lauch und Champagnersauce 252 f.
  - Hähnchenbrust mit Äpfeln in Knoblauchsahne 117
  - Hühnersuppe mit Nudeln und Gemüse 33
  - Korianderhuhn in Walnuss-Sauce 151
  - Russische Pastete mit Huhn 134 f.
  - Putenbrust mit Speckkartoffeln und Honigsauce 115
  - Taube, gebraten, mit Rosmarin auf Rotwein-Gemüse-Risotto 195
- Gefüllte Neujahrsbrezel 274 f.
- Gefüllter Schweinerücken mit Pistazien und feinem Möhrenauflauf 230
- Geschmorte Lammhaxe mit Jansons Versuchung 148
- Getränke
  - Glühwein 72
  - Grog von Black Balsam 79
  - Heiße Schokolade mit Mandeln 81
  - Heißer Kirschpunsch mit Minze 75
  - Holunderpunsch mit Gin und Zitrone 84
  - Honig-Safran-Likör 87
  - Kaffee mit Lebkuchengewürz 80
  - Warmer Apfel-Toddy 76
- Getrüffeltes Huhn mit Lauch und Champagnersauce 252 f.
- Gewürzwaffeln mit Rhabarbersirup und Orangenbutter 93
- Glühwein 72
- Graupensuppe mit Pilzen und Hering, dazu würzige Kräutersahne 45
- Grog von Black Balsam 79
- Grüne Lasagne 146 f.
- Gulaschsuppe mit Kümmel-Klößchen 15
- Gurken-Relish 26

H

- Hackbraten, italienischer, mit Linsen 104
- Hausmachersenf, süßer 421
- Heiße Schokolade mit Mandeln 81
- Heißer Kirschpunsch mit Minze 75
- Herzhafte Zwiebelsuppe mit Käsetoasts 37
- Holunderpunsch mit Gin und Zitrone 84
- Honig
  - Honigkuchen-Schneebälle mit Feigen-Walnuss-Sauce 216 f.
  - Honig-Safran-Likör 87
  - Honigsauce 115
  - Honigsirup 163
- Hotdogs mit Bratwurst und süßem Hausmachersenf 421
- Huhn
  - Getrüffeltes Huhn mit Lauch und Champagnersauce 252 f.
  - Hähnchenbrust mit Äpfeln in Knoblauchsahne 117
  - Hühnersuppe mit Nudeln und Gemüse 33
  - Korianderhuhn in Walnuss-Sauce 151
  - Russische Pastete mit Huhn 134 f.
- Hüttenkäseknödel mit Pflaumenfüllung und Zimtwalnüssen 155

I

- Italienischer Hackbraten mit Linsen 104

J

- Jansons Versuchung 148
- Jakobsmuscheln
  - Bohnen-Maronen-Suppe mit Jakobsmuscheln und Petersilienöl 171

K

- Kaffee mit Lebkuchengewürz 80
- Kalb
  - Kalbsbries mit Balsamicoglasur und frittierten Bohnenbällchen 176 f.
  - Kalbskoteletts in Weißbiersauce mit einem Strudel von Wintergemüse 202
  - Mit Kräutern gefüllte Kalbsbrust in Rieslingsahne 243
  - Ossobuco mit Safranrisotto 124 f.
  - Pochiertes Kalbfleisch mit Rote-Bete-Spätzle und Kräutersahne 190 f.
- Kaninchen in Rotwein mit Spinat-Canederli 138 f.
- Karamellisierte Kartoffeln 240 f.
- Karamellisierte Zwiebeln 56
- Karamellsauce 272
- Karelische Piroggen 30
- Kartoffeln
  - Entenbrust mit Kartoffel-Apfel-Kroketten in Moltebeerensauce 185 f.
  - Fasan in Slibowitz mit Kartoffel-Kohl-Küchlein und Backpflaumensauce 249
  - Gänsebraten mit Äpfeln, knusprigen Kartoffeln und herzhafter Sauce 236 f.
  - Geschmorte Lammhaxe mit Jansons Versuchung 148
  - Kartoffel-Wraps mit Räucherlachs und Gurken-Relish 26
  - Lachs mit Kaviarbutter, karamellisierten Kartoffeln und Erbsenpüree 240 f.
  - Lammtopf aus dem Ofen mit Kohl und Kartoffeln 105
  - Putenbrust mit Speckkartoffeln und Honigsauce 115
  - Senf-Zwiebel-Kartoffelpüree 245
  - Speckrösti mit verlorenen Eiern und Thymian-Hollandaise 96 f.
  - Tartiflette 41
- Käse
  - Havarti-Sahne 199
  - Herzhafte Zwiebelsuppe mit Käsetoasts 37
  - Käsefondue 16
  - Käsekuchen mit eiskalten Beeren und heißer Karamellsauce 272
  - Käsetoasts 37
  - Knusprig gebratene Sandwiches 46
  - Polenta-Pizza mit dreierlei Käse, karamellisierten Zwiebeln und Nüssen 56
  - Quarkküchlein mit Honigsirup 163
- Kaviar
  - Gratinierte Austern mit Blumenkohlsoufflé und Kaviar 168
  - Lachs mit Kaviarbutter, karamellisierten Kartoffeln und Erbsenpüree 240 f.
- Kirschen
  - Kirschkompott 223
  - Kirschpunsch mit Minze, heißer 75
  - Kirsch-Relish 229
  - Kirschstrudel 158 f.
- Klöße
  - Brotklöße 112 f.
  - Hüttenkäseknödel mit Pflaumenfüllung und Zimtwalnüssen 155
  - Kümmel-Klößchen 15
  - Spinat-Canederli 138 f.
  - Walnussklößchen 106
- Knusprig gebratene Sandwiches 46
- Knusprige Schweinshaxe mit Rotkohl und Apfelmeerrettich 131
- Knuspriger Strudel mit Kürbiskernmarzipan auf glasiertem Kürbis 222
- Knuspriges Apfel-Preiselbeer-Gratin 152
- Kohl
  - Cotechino mit Kürbissoufflé, Schwarzkohl und Senffrüchte-Dressing 182 f.
  - Fasan in Slibowitz mit Kartoffel-Kohl-Küchlein und Backpflaumensauce 249
  - Frikadellen mit Kohl und süßsaurem Zwiebel-Relish 101
  - Knusprige Schweinshaxe mit Rotkohl und Apfelmeerrettich 131
  - Kohlrouladen 142 f.
  - Lammtopf aus dem Ofen mit Kohl und Kartoffeln 105
  - Schnitzel in Mandelkruste mit saurem Kohl 109
- Kokos-Limetten-Makronen 221
- Korianderhuhn in Walnuss-Sauce 151
- Krapfen mit Mokkasauce 60 f.
- Kräuterbrezeln mit Senfbutter und Schinken mit Honigglasur 22 f.
- Kuchen und Gebäck
  - Bierkuchen mit Rosinen und Walnuss-Streuseln 69
  - Bûche de Noël, gefüllt mit Maronencreme 266 f.
  - Butterstollen mit Marzipan 270

Gefüllte Neujahrsbrezel 274 f.
Gewürzwaffeln mit Rhabarbersirup und Orangenbutter 93
Käsekuchen mit eiskalten Beeren und heißer Karamellsauce 272
Kirschstrudel 158 f.
Knuspriger Strudel mit Kürbiskernmarzipan auf glasiertem Kürbis 222
Knuspriges Apfel-Preiselbeer-Gratin 152
Krapfen mit Mokkasauce 60 f.
Mohn-Walnuss-Potica mit Kaffeeglasur 258
Sachertorte mit Aprikosen-Orangen-Sahne 271
Kräutersahne 45
Kümmel-Klößchen 15
Kürbis
Cotechino mit Kürbissoufflé, Schwarzkohl und Senffrüchte-Dressing 182 f.
Knuspriger Strudel mit Kürbiskernmarzipan auf glasiertem Kürbis 222

L

Lachs
Kartoffel-Wraps mit Räucherlachs und Gurken-Relish 26
Lachs mit Kaviarbutter, karamellisierten Kartoffeln und Erbsenpüree 240 f.
Lachsfilet mit Rotweinsauce auf Wirsing 213
Lakritzcreme mit Pflaumen und Kokos-Limetten-Makronen 221
Lamm
Geschmorte Lammhaxe mit Jansons Versuchung 148
Lammrücken auf Fenchel-Möhren-Gemüse mit Havarti-Sahne und Möhrenjus 199
Lammtopf aus dem Ofen mit Kohl und Kartoffeln 105
Vollkornpiroggen mit Lamm und Aubergine 52 f.
Lasagne, grüne 146 f.
Lauch
Fischfilet mit Röstikruste auf Spinat-Lauch-Gemüse 197
Getrüffeltes Huhn mit Lauch und Champagnersauce 252 f.
Lebkuchenherzen 277

M

Makronen, Kokos-Limetten- 221
Maronen
Bohnen-Maronen-Suppe mit Jakobsmuscheln und Petersilienöl 171
Bûche de Noël, gefüllt mit Maronencreme 266 f.
Gebratener Truthahn mit Maronenfüllung und Vinsanto-Trauben-Sauce 232 f.
Maronen mit Mandeln und Haselnüssen 19
Marshmallow-Schoko-Füllung 66
Meeresfrüchte-Eintopf, skandinavisch 121
Miesmuscheln im Fenchelsud 29
Mohn
Frittierte Aprikosenbällchen mit Orangen-Mohn-Eiscreme 218
Mohn-Walnuss-Potica mit Kaffeeglasur 258 f.
Möhren
Gefüllter Schweinerücken mit Pistazien und feinem Möhrenauflauf 230
Lammrücken auf Fenchel-Möhren-Gemüse mit Havarti-Sahne und Möhrenjus 199
Mokkasauce 60 f.
Moltebeerensauce 186 f.
Müsli-Pfannkuchen mit Cranberry-Apfel-Kompott und Joghurt 94

N

Neujahrsbrezel, gefüllte 274 f.
Nudeln
Grüne Lasagne 146 f.
Hühnersuppe mit Nudeln und Gemüse 33
Nudelauflauf 122
Rote-Bete-Spätzle 190 f.

O

Orangenbutter 93
Ossobuco mit Safranrisotto 124 f.

P

Panettone mit schmelzender Marshmallow-Schoko-Füllung 66
Paprikahähnchen 110
Pastete, russische, mit Huhn 134 f.
Pelmeni mit Hackfleischfüllung, angerichtet mit Kräutern, brauner Butter und Joghurt 128 f.
Petersilienöl 171
Pfannkuchen und Crêpes
Buchweizenblini mit verschiedenen Beigaben 174
Crêpes mit Backpflaumenfüllung in Karamellsauce, dazu Spekulatiussahne 224
Müsli-Pfannkuchen mit Cranberry-Apfel-Kompott und Joghurt 94
Warme Pfannkuchentorte mit Walnüssen und Schokoladensauce 164
Pflaumen
Crêpes mit Backpflaumenfüllung in Karamellsauce, dazu Spekulatiussahne 224
Fasan in Slibowitz mit Kartoffel-Kohl-Küchlein und Backpflaumensauce 249
Hüttenkäseknödel mit Pflaumenfüllung und Zimtwalnüssen 155
Süße Polenta mit Zimtpflaumen 90
Pilze
Buchweizen-Kascha mit Pilzen in Dillrahm 100
Graupensuppe mit Pilzen und Hering, dazu würzige Kräutersahne 45
Piroggen, karelische 30
Pistazien
Gefüllter Schweinerücken mit Pistazien und feinem Möhrenauflauf 230
Plätzchen
Gewürzplätzchen 262 f.
Kokos-Limetten-Makronen 221
Lebkuchenherzen 277
Pochiertes Kalbfleisch mit Rote-Bete-Spätzle und Kräutersahne 190 f.
Polenta
Polenta-Pizza mit dreierlei Käse, karamellisierten Zwiebeln und Nüssen 56
Polentakuchen mit Maronen-Honig-Fenchel-Butter 59
Schweinefleisch, in Milch geschmort, mit Polentakruste 116
Süße Polenta mit Zimtpflaumen 90
Pot au feu 205
Putenbrust mit Speckkartoffeln und Honigsauce 115

Q

Quarkküchlein mit Honigsirup 163

R

Reh
Rehmedaillons Stroganoff mit Süßkartoffelstroh 196
Wacholdergewürzter Rehrücken mit Gjetost-Sauce und Rote-Bete-Relish 210 f.
Rhabarber
Gewürzwaffeln mit Rhabarbersirup und Orangenbutter 93
Rhabarbergrütze mit Lebkuchen-Eiscreme und Gewürzplätzchen 262 f.
Rind
Filetsteak mit Foie gras, würziger Schokoladensauce und grünen Bohnen 188 f.
Rinderfilet in Parmesankruste mit einer Trüffel-Hollandaise 206 f.
Rippenbraten, geschmort in Bier und Gewürzen, mit Walnussklößchen 106
Sauerbraten mit Brotklößen 112 f.
Rote Bete
Borschtsch mit Meerrettichsahne 20
Pochiertes Kalbfleisch mit Rote-Bete-Spätzle und Kräutersahne 190 f.
Rote-Bete-Relish 210 f.
Schwedenburger »oben ohne« mit Rote-Bete-Salat 38
Rotkohl 131
Rotwein-Gemüse-Risotto 195
Russische Pastete mit Huhn 134 f.

S

Sachertorte mit Aprikosen-Orangen-Sahne 271
Safranrisotto 124 f.
Sandwiches, knusprig gebratene 46
Saucen
  Backpflaumensauce 249
  Birnensauce 244
  Feigen-Walnuss-Sauce 216 f.
  Garnelensauce 180 f.
  Gjetost-Sauce 210 f.
  Honigsauce 115
  Karamellsauce 224
  Kirschsauce 257
  Mokkasauce 60 f.
  Moltebeerensauce 186 f.
  Paprikasauce 122
  Rotweinsauce 213
  Schokoladensauce (süß) 164
  Schokoladensauce (würzig) 188 f.
  Thymian-Hollandaise 96 f.
  Trüffel-Hollandaise 206 f.
  Vinsanto-Trauben-Sauce 232 f.
  Weißbiersauce 202
  Wodka-Dill-Sauce 141
Saurer Kohl 109
Sauerbraten mit Brotklößen 112 f.
Schinken mit Honigglasur 22 f.
Schinkenbraten mit Lebkuchenglasur und Kirsch-Relish 229
Schnitzel in Mandelkruste mit saurem Kohl 109
Schokolade
  Filetsteak mit Foie gras, würziger Schokoladensauce und grünen Bohnen 188 f.
  Heiße Schokolade mit Mandeln 81
  Panettone mit schmelzender Marshmallow-Schoko-Füllung 66
  Sachertorte mit Aprikosen-Orangen-Sahne 271
  Schokoladenfondue 156
  Schokoladen-Ganache 267
  Schwarzwälder Schokoküchlein mit Kirschkompott und beschwipster Sahne 223
  Warme Pfannkuchentorte mit Walnüssen und Schokoladensauce 164
Schwarzkohl 182 f.
Schwedenburger »oben ohne« mit Rote-Bete-Salat 38
Schwein
  Erbsensuppe mit geräucherter Schweinshaxe 36
  Gefüllter Schweinerücken mit Pistazien und feinem Möhrenauflauf 230
  Kräuterbrezeln mit Senfbutter und Schinken mit Honigglasur 22 f.
  Schinkenbraten mit Lebkuchenglasur und Kirsch-Relish 229
  Schnitzel in Mandelkruste mit saurem Kohl 109
  Schweinebauch aus dem Ofen mit gebackenen Braunen Bohnen 118
  Schweinefleisch, in Milch geschmort, mit Polentakruste 116
  Schweinekoteletts mit roter Paprikasauce und Nudelauflauf 122
  Schweinerippchen mit Pflaumen 32
  Schweinerücken mit Birnensauce und Senf-Zwiebel-Kartoffelpüree 244
Senfbutter 22 f.
Senffrüchte-Dressing 182 f.
Senf-Zwiebel-Kartoffelpüree 245
Skandinavischer Meeresfrüchte-Eintopf 121
Soufflé
  Blumenkohlsoufflé 168
  Kürbissoufflé 182 f.
Speckrösti mit verlorenen Eiern und Thymian-Hollandaise 96 f.
Spekulatiussahne 224
Spinat-Lauch-Gemüse 197
Strudel von Wintergemüse 202
Suppen und Eintöpfe
  Bigos mit Entenkeulen 251
  Brotsuppe mit Bier und Knoblauchsahne 57
  Borschtsch mit Meerrettichsahne 20
  Bohnen-Maronen-Suppe mit Jakobsmuscheln und Petersilienöl 171
  Erbsensuppe mit geräucherter Schweinshaxe 36
  Graupensuppe mit Pilzen und Hering, dazu würzige Kräutersahne 45
  Gulaschsuppe mit Kümmel-Klößchen 15
  Herzhafte Zwiebelsuppe mit Käsetoasts 37
  Hühnersuppe mit Nudeln und Gemüse 33
  Skandinavischer Meeresfrüchte-Eintopf 121
Süße Polenta mit Zimtpflaumen 90
Süßsaures Zwiebel-Relish 101

T

Tartiflette 41
Taube, gebraten, mit Rosmarin auf Rotwein-Gemüse-Risotto 195
Thymian-Hollandaise 96 f.
Trüffel-Hollandaise 206 f.
Truthahn, gebraten, mit Maronenfüllung und Vinsanto-Trauben-Sauce 232 f.

V

Verlorene Eier 96 f.
Vinsanto-Trauben-Sauce 232 f.
Vollkornpiroggen mit Lamm und Aubergine 52 f.

W

Wacholdergewürzter Rehrücken mit Gjetost-Sauce und Rote-Bete-Relish 210 f.
Walnüsse
  Bierkuchen mit Rosinen und Walnuss-Streuseln 69
  Honigkuchen-Schneebälle mit Feigen-Walnuss-Sauce 216 f.
  Warme Pfannkuchentorte mit Walnüssen und Schokoladensauce 164
Warme Fischterrine mit Garnelensauce 180 f.
Warme Pfannkuchentorte mit Walnüssen und Schokoladensauce 164
Warmer Apfel-Toddy 76
Weißbiersauce 202
Wintergemüse mit Streuselkruste 49
Wintergemüse, Strudel von 202
Wodka-Dill-Sauce 141
Wraps, Kartoffel-, mit Räucherlachs und Gurken-Relish 26
Wurst
  Cotechino mit Kürbissoufflé, Schwarzkohl und Senffrüchte-Dressing 182 f.
  Hotdogs mit Bratwurst und süßem Hausmachersenf 421

Z

Zimtpflaumen 90
Zimtwalnüsse 155
Zwiebeln
  Frikadellen mit Kohl und süßsaurem Zwiebel-Relish 101
  Polenta-Pizza mit dreierlei Käse, karamellisierten Zwiebeln und Nüssen 56
  Senf-Zwiebel-Kartoffelpüree 245
  Zwiebelsuppe 37

Unser Verlagsprogramm finden Sie unter
www.christian-verlag.de

Übersetzung aus dem Englischen: Susanne Vogel
Textredaktion und Satz: Carmen Söntgerath
Korrektur: Dr. Michael Schenkel
Umschlaggestaltung: Caroline Daphne Georgiadis, Daphne Design

Die Originalausgabe mit dem Titel *Snowflakes and Schnapps* wurde erstmals 2009 im Verlag Murdoch Books Pty Limited veröffentlicht.

Fotos: Brett Stevens
Foodstyling: Lynsey Fryers

Die Deutsche Bibliothek – CIP Einheitsaufnahme
Ein Titeldatensatz für diese Publikation ist bei der Deutschen Bibliothek erhältlich.

Printed in China by 1010 Printing International Limited.

ISBN 978-3-88472-947-2

Alle Angaben in diesem Werk wurden von der Autorin sorgfältig recherchiert und auf den aktuellen Stand gebracht sowie vom Verlag geprüft. Für die Richtigkeit der Angaben kann jedoch keinerlei Haftung übernommen werden. Für Hinweise und Anregungen sind wir jederzeit dankbar. Bitte richten Sie diese an:

Christian Verlag
Postfach 400209
80702 München
E-Mail: lektorat@verlagshaus.de

WARNUNG: Eine Salmonelleninfektion ist keine Bagatelle. Besonders für Ältere, Schwangere, Kinder und Menschen mit Immunschwäche-erkrankungen birgt sie erhöhte Risiken. Daher ist diesen Personengruppen vom Verzehr von Speisen, die rohe Eier, rohes Fleisch oder rohen Fisch enthalten, abzuraten.

HINWEIS ZUM HERD: Je nach Herd können die Garzeiten variieren. Grundsätzlich sollte man bei einem Umluftherd die Backofentemperatur um 20 Grad niedriger einstellen als im jeweiligen Rezept angegeben.